Welcome to
지식인 마을

새싹마을

촘스키가

아크로폴리스

아고라

아인슈타인가

입구

지식인마을37
쇼펜하우어 & 니체
철학자가
눈물을 흘릴 때

지식인마을 37 철학자가 눈물을 흘릴 때
쇼펜하우어 & 니체

저자_ 김선희

1판 1쇄 발행_ 2011. 4. 10.
1판 7쇄 발행_ 2023. 6. 1.

발행처_ 김영사
발행인_ 고세규

등록번호_ 제406-2003-036호
등록일자_ 1979. 5. 17.

경기도 파주시 문발로 197(문발동) 우편번호 10881
마케팅부 031)955-3100, 편집부 031)955-3200, 팩스 031)955-3111

저작권자 ⓒ 2011, 김선희
이 책의 저작권은 저자에게 있습니다. 서면에 의한 저자와 출판사의
허락 없이 내용의 일부를 인용하거나 발췌하는 것을 금합니다.

Copyright ⓒ 2011, Kim Sun-hee
All rights reserved including the rights of reproduction in whole
or in part in any form. Printed in KOREA.

값은 뒤표지에 있습니다.
ISBN 978-89-349-4824-7 04160
    978-89-349-2136-3 (세트)

홈페이지_ www.gimmyoung.com   블로그_ blog.naver.com/gybook
인스타그램_ instagram.com/gimmyoung 이메일_ bestbook@gimmyoung.com

좋은 독자가 좋은 책을 만듭니다.
김영사는 독자 여러분의 의견에 항상 귀 기울이고 있습니다.

지식인마을 37

쇼펜하우어&니체
Arthur Schopenhauer & Friedrich Nietzsche

철학자가
눈물을 흘릴 때

김선희 지음

김영사

Prologue 1 지식여행을 떠나며

울고 있다, 우리 시대는. 울고 있다, 나는. 현대인의 눈에는 항상 보이지 않는 눈물이 고여 있다. 매일 울고 있으면서도 자신이 울고 있는지도 모르며 살아간다. 그러다 어느 날 통곡하고 있는 자신을 발견한다, 그것도 속으로만. 이제 느리게 우리는 눈물을 닦기 시작한다. 아픔을 보기 시작한다. 그 오랜 시간 동안 고단한 삶의 여정 속에서 돌볼 수 없었던 잃어버린 자신을 보듬기 시작한다.

나에게 철학을 공부한다는 것은 곧 나를 공부하는 것이었다. 나를 앎으로써 나에게 손을 내미는 일이었다. 그저 삶이라는 수레바퀴에 끼여서 고통스럽게 살아가는 나를 알아채고 챙기기 위한 일이었다. 철학박사 학위를 취득한 것 또한 삶이 던진 중심 물음에 대한 천착의 중간 정산과도 같았다. 그러나 그 학위를 가지고 강단에 선 순간 또 다른 과제가 주어졌다. 내가 나의 물음을 가지고 철학을 하였듯이 학생들은 자신만의 물음을 갖고 있었다. 나의 물음에 대한 답, 그리고 그 길에서 깨달은 방법이 과연 학생들에게 어떤 의미를 줄 것인가? 나의 철학이 과연 이들에게도 요긴하게 쓰일 수 있을까? 하지만 강의에서 얻은 답은 부정적이었다. 내게 그토록 흥미로운 것들에 대해 학생들은 별 반응을 보이지 않았다. 이 간극은 또 하나의 충격이었다. 이 간극을 넘어서 철학한다는 것은 무엇인가?

고민, 고민… 이때 만난 것이 철학 프락시스[philosophische Praxis]였다. 2007년 7월에 우연히 철학을 통해 자신의 삶뿐만 아니라 타인의 삶, 그리고 삶이 수반하는 고통을 이해하고 돕고자 하는 이들과 조우하게 되었다. 현 〈한국철학상담치료학회〉의 창립 멤버들이었다. 그리고 이 시기에 강원대학교 인문과학연구소에서는 현 한국연구재단의 전신인 한국학술진흥재단의 사업인 HK사업 중 하나로 〈인문학 중흥을 위한 인문 치료학〉이라는 아젠다를 준비하고 있었다. 인문 치료학에는 인문학의 다양한 분야들이 포함되었는데, 철학 역시 철학 치료라는 개념 하에 인문 치료학의 중요한 분야로 자리매김되고 있었다. 아젠다를 준비하기 위하여 독일 베를린 행 비행기에 올랐다. 이제 철학의 메카가 아니라 철학 프락시스의 메카라는 새로운 시각을 갖고서 베를린 테겔^{Tegel} 공항에 내렸다. 한 달 간의 짧은 여정 속에 철학 프락시스와 관련된 많은 것들을 경험할 수 있었다.

그다음의 독일 행은 인문 치료 연구와 더불어 심화된 니체의 관점주의 이론을 '관점 치료'라는 이론으로 전문화시켜 2009년 10월 말에 IGPP(국제철학프락시스학회)에서 연례적으로 개최하는 콜로키움에서 발표하기 위한 것이었다. 그러나 이번 독일 여행에는 또 하나의 목적이 있었다. 쇼펜하우어와 니체의 삶의 발자취를 따라가보는 것이었다. 프랑크푸르트에 도착하여 그 곳에서 잠시 머물렀다. 쇼펜하우어가 베를린을 떠나 남은 일생을 보낸 곳이자 그의 무덤이 있는 곳이다. 하룻밤을 묵으면서 이름만 덩그러니 새겨져 있는 그 유명한 프랑크푸르트 시립 공원묘지를 찾아가는 것에서 시작하여 그가 말년을 보냈던 거처를 찾아갔다. 그리고 다음 날 부퍼탈로 향하여 2박 3일 간에 걸친 콜로키움에서 국제적인 철학실천가들과 강도 있는 만남을 가진 후 베를린과 함부르크 그리고 바이마르를 경유하여 마지막으로 니체가 초등학교와 김나지움을 다녔던 곳이자 정신의 붕괴 이후 말년을 보냈던 나움부르크Naumburg를 방문하는 것으로 여정을 마쳤다.

　철학자로서 산다는 것과 철학자로 죽는다는 것은 무엇일까? 이것이 쇼펜하우어와 니체의 삶의 자취를 찾아가면서 떠오른 물음이었고, 이 물음에 대한 답을 이 여행의 여정의 화두로 삼았다. 지금까지 나의 철학은 나 자신을 위한 철학이었다. 그러나 이 여정은 나의 철학에 일종의 전환점이 되었다. 그것은 바로 나 이외의 사람들과 함께 하는 철학으로의 전환이었다. 이제 나의 철학은 자기 자신만에 의한, 자기 자신만을 위한 철학에서 벗어나서 서로 소통하려고 한다. 마치 소크라테스가 그러했듯이 철학은 그것이 하나의 화두에 관한 것이든지 방법에 관한 것이든지 과정에 있어서나 결실을 맺는 데 있어서나 함께 나눌 수 있을 때 더 철학적일 수 있지 않을까? 그러나 그러기 위해서는 공유의 방법을 고민해야 한다.

　철학 상담 치료에 대한 관심이 시작된 지점이 바로 이 곳이었다. 과연 철학하기의 내용과 방법들은 어떻게 깨우칠 수 있으며, 깨우친 내용들은 어떻게 더 잘 전할 수 있을까? 이 물음에 대한 답은 철학에 있어서보다도 철학 상담 치료에서 더 명료하게 문제 제기 된다. 왜냐하면 철학적 내담자가 자신의 문제를 스스로 풀어나가는 것을 철학 상담 치료사가 돕기 위해서는 그 방법과 내용에 대한 전문적인 지식을 필요로 하기 때문이다. 이는 철학 상담 치료사 양성에 있어서 본질적인 과제 중의 하나가 바로 철학적 방법과 내용의 전수를 가능하게 하는 구체적인 방법에 대한 모색과 실천의 가능성임을 의미한다.

　한 철학자로부터 배울 수 있는 많은 철학적 내용들 중에서 가장 중요한 것은 어쩌면 그 철학자가 깨달은 내용이라기보다는 그 철학자가 그와 같은 깨달음에 도달할 수 있었던 방법일 것이다. 철학과 더불어 철학 상담 치료는 바로 눈물을 흘리고 있는 현대인들이 자신의 문제와 고통을 스스로 해결하고 치료할 수 있는 방법을 모색해야 한다. 이는 결국 보다 행복한 삶을 영위할 수 있는 철학적 지혜를 함께 모색하는 일이다.

이와 같은 관점에서 볼 때 우리가 우리의 고통에 대한 진단적 논의와 더불어 치료적 논의를 통하여 도달해야 할 곳은 행복이다. 이 때 삶의 행복에 도달할 수 있는 길에 대한 철학적 출발을 쇼펜하우어와 니체의 사상에서 찾아보는 것은 너무나 당연한 일이다. 이 과정에서 '염세주의자' 쇼펜하우어, '허무주의자' 니체라는 우리의 선입견의 또 다른 면을 보게 될 것이다. 그리고 이 과정에서 염세주의와 허무주의의 운명에 직면하여 눈물 흘리는 현대인들은 새로운 삶의 지평, 즉 삶의 웃음을 찾을 수도 있을 것이다.

이 작은 한 권의 책이 세상에 나오기까지 철학적 산파의 역할을 해주신 이광래 은사님과 세상에서 가장 향기로운 차와 말씀을 나눠주시는 고재욱 교수님과 남상호 교수님께 깊이 감사의 인사를 드린다. 무엇보다도 시골 소녀를 철학의 세상으로 내보내 주신 사랑하는 부모님과 항상 지지와 격려를 보내준 우리 가족 모두에게 사랑을 전하고 싶다. 늘 따뜻한 가슴으로 세상과 마주서고자 하는 용기를 가진 소중한 남편과 아들 주섭에게 이 책을 바친다.

2011년 4월

김선희

Prologue 2 이 책을 읽기 전에

〈지식인마을〉시리즈는…

「지식인마을」은 인문·사회·과학 분야에서 뛰어난 업적을 남긴 동서양대표 지식인 100인의 사상을 독창적으로 엮은 통합적 지식교양서이다. 100명의 지식인이 한 마을에 살고 있다는 가정 하에 동서고금을 가로지르는 지식인들의 대립·계승·영향 관계를 일목요연하게 볼 수 있도록 구성했으며, 분야별·시대별로 4개의 거리를 구성하여 해당 분야에 대한 지식의 지평을 넓히는 데 도움이 되도록 했다.

〈지식인마을〉의 거리
플라톤가 플라톤, 공자, 뒤르켐, 프로이트 같이 모든 지식의 뿌리가 되는 대사상가들의 거리이다.
다윈가 고대 자연철학자들과 근대 생물학자들의 거리로, 모든 과학 사상이 시작된 곳이다.
촘스키가 촘스키, 베냐민, 하이데거, 푸코 등 현대사회를 살아가는 인간에 대한 새로운 시각을 제시한 지식인의 거리이다.
아인슈타인가 아인슈타인, 에디슨, 쿤, 포퍼 등 21세기를 과학의 세대로 만든 이들의 거리이다.

이 책의 구성은
「지식인마을」 시리즈의 각 권은 인류 지성사를 이끌었던 위대한 질문을 중심으로 서로 대립하거나 영향을 미친 두 명의 지식인이 주인공으로 등장한다. 그리고 다음과 같은 구성 아래 그들의 치열한 논쟁을 폭넓고 깊이 있게 다룸으로써 더 많은 지식의 네트워크를 보여주고 있다.

초대 각 권마다 등장하는 두 명이 주인공이 보내는 초대장. 두 지식인의 사상적 배경과 책의 핵심 논제가 제시된다.

만남 독자들을 더욱 깊은 지식의 세계로 이끌고 갈 만남의 장. 두 주인공의 사상과 업적이 어떻게 이루어졌으며, 그들이 진정 하고 싶었던 말은 무엇이었는지 알아본다.

대화 시공을 초월한 지식인들의 가상대화. 사마천과 노자, 장자가 직접 인터뷰를 하고 부르디외와 함께 시위 현장에 나가기도 하면서, 치열한 고민의 과정을 직접 들어본다.

이슈 과거 지식인의 문제의식은 곧 현재의 이슈. 과거의 지식이 현재의 문제를 해결하는 데 어떻게 적용될 수 있는지 살펴본다.

이 시리즈에서 저자들이 펼쳐놓은 지식의 지형도는 대략적일 뿐이다. 「지식인마을」에서 위대한 지식인들을 만나, 그들과 대화하고, 오늘의 이슈에 대해 토론하며 새로운 지식의 지형도를 그려나가기를 바란다.

지식인마을 책임기획 장대익
서울대학교 자유전공학부 교수

Contents 이 책의 내용

Prologue 1 지식여행을 떠나며 · 4
Prologue 2 이 책을 읽기 전에 · 8

초대

철학자의 눈물 · 14
　쇼펜하우어의 눈물:고통의 근원을 찾아라!
　니체의 눈물:고통의 치료제를 찾아라!
　철학으로 생각을 훈련한다 | 철학 치료의 두 길

만남

1. 쇼펜하우어의 지독한 삶 · 34
　변하지 않는 고통의 표상을 체험하다
　철학자의 길을 걷다 | 늦었지만 오래 지속된 철학자의 삶

2. 고통의 해석학 · 50
　고통을 진단하고 치료하다 | 삶은 고苦이다:염세주의적 세계관
　세계는 나의 표상이다:개념적 표상 vs. 직관적 표상
　세계는 나의 의지이다:의지의 긍정 | 성욕, 의지의 숨은 얼굴이자 고통의 근원
　사랑과 성욕 그리고 고통의 관계의 반전:플라톤의 사랑의 계보학
　의지에 대한 인식의 구속적 관계

3. 철학자의 웃음 · 80
　고통의 야누스적 얼굴 | 현대의 고통 치료와 쇼펜하우어의 고통 치료
　맹목적 의지의 노예 상태로부터 해방
　고통 치료의 도구들 | 쇼펜하우어에 대한 니체의 비판을 넘어서

4. 예술로 삶을 치료하라 · 116
　데카당스를 만나다 | 최초의 심리학자, 니체의 바그너 비판

5. 염세주의 vs. 비극 철학자 · 130
　극단적 염세주의에 대한 해독제
　대안으로서의 꿈과 도취의 세계:니체의 호접몽
　가상의 세계에 대한 실천적 관심의 축으로서 삶
　삶의 부정 vs. 삶의 긍정 | 아폴론의 예술충동에 의한 세계

꿈의 예지력과 잠의 치유력 | 디오니소스적 세계:도취의 화해력
가상과 가상의 대결: 디오니소스적 세계 vs. 이데아 세계
삶의 조형적 관점에서 본 꿈과 도취, '디오니소스적 예술가'
디오니소스적 예술가의 새로운 면모 | 삶의 실천적 변형

6. 예술과 윤리의 신 경계를 통한 삶의 건강 찾기 · 164
니체에 대한 하버마스의 공격 | 미적인 논의와 윤리적인 논의의 접목 가능성
미적인 것에 대한 하버마스의 오해의 단초들
하버마스의 비판, 그리고 니체의 가상 답변
미적인 것에서 계보학적인 것으로의 가치 전환
가치 전환의 수단으로서 계보학적 사유

7. 삶의 기예로서 사고의 고행 · 184
비판으로 존재의 근거를 밝히다 | Sapere aude!, 감히 알려고 하라!
역사의 세 유형 넘기로서 삶에 대한 진단적 성찰
역사에 대한 조형력 | 푸코에 있어서 '태도'로서의 비판
현실에 대한 존중과 전복의 실천으로서의 자유 | 진실에의 용기, '파르헤지아'
삶의 방법 선택으로서 파르헤지아의 용법 | 삶의 기예로서 아스케시스

8. 자라투스트라의 노래 · 214
완전한 허무주의, 굳센 삶의 철학을 위하여 | 자라투스트라의 가르침
최후의 인간 vs. 위버멘슈 | 정신의 3단계 변화
동일한 것의 영겁 회귀와 운명

Chapter 3 대화
돈 후안의 연인,
쇼펜하우어와 '소크라테스적 대화'를 나누다 · 246

Chapter 4 이슈
고통의 근원을 찾는 이유 · 264

Epilogue 1 지식인 지도 · 274   2 지식인 연보 · 276
3 깊이 읽기 · 278   4 찾아보기 · 280

Arthur Shopenhauer

Chapter 1

초대
INVITATION

Friedrich Nietzsche

초대
철학자의 눈물

어빈 얄롬의 소설 《쇼펜하우어의 치료》

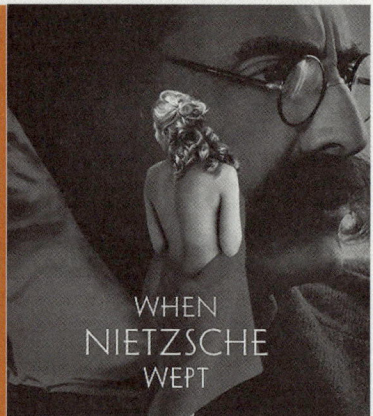
영화 〈니체가 눈물을 흘릴 때〉

철학한다는 것은 바로 사유를 통하여 물음을 던지는 일이자 던져진 물음의 답을 구하는 일이다. 삶이 고달플수록 우리에게 필요한 것은 고달픈 삶에 대한 차분한 성찰이다. 마치 쇼펜하우어가 그랬고 니체가 그랬듯이.

쇼펜하우어의 눈물 : 고통의 근원을 찾아라!

최근에 청소년들이 즐겨서 따라 부르는 대중가요 〈Again & Again〉의 한 구절이다. 무심결에 듣다 보니 귀에 들어온 가사가 심상치 않다.

> Again & Again & Again & Again
> Again & Again & Again & Again
> 이렇게 왜 내가 또 너의 집 앞에
> 또 서 있는 건지 대체 난 바본지
> 정말 속고 또 속고 또 당하고
> 또 당해도 또다시 이 자리에 와 있는지
> 내가 미쳤나 봐 자존심도 없는지
> 너에게 돌아와 쳇바퀴 돌듯이
> 이럼 안 되는데 하면서
> 오늘도 이러고 있어
> Again & Again & Again & Again
> 너에게 자꾸 돌아가
> 왜 그런지 몰라 왜 그런지 몰라
> … 중략 …
> Again & Again & Again & Again
> 너에게 자꾸 돌아가
> 그런지 몰라 왜 그런지 몰라
> Again & Again & Again & Again

너의 말에 또 속아 (나도 왜 내가)

왜 그런지 몰라 (몰라)

왜 그런지 몰라 (몰라)

노래의 가사처럼 우리의 일상은 수많은 '왜 그런지 모르는' 일들로 가득하다. 그 모든 것의 이유를 꼭 알아야만 하는 것은 아닐 테지만 이처럼 괴롭다면 그 이유에 대해 한 번쯤은 생각해봐야 하지 않을까? 하지만 이 가사 속의 주인공은 괴로움에 대한 하소연과 질문을 던질 뿐, 그 원인에 대한 진지한 답변을 찾으려고 시도하지 않는다. 이러한 현상은 우리의 일상적인 모습이기도 하다. 그래서 이와 같은 일상의 고통은 나에게나 다른 누군가에게나 끝없이 반복된다. 그렇다면 이와 같은 반복으로부터 탈출할 수 있는 방법은 없을까? 우리가 자연스러운 일상을 살면서도 이런 고통으로부터 자유로울 수 있는 길은 무엇일까? 그런 방법들 중 인류가 가장 애용하던 길이 바로 사유하기이자 철학하기이다.

철학한다는 것은 바로 사유를 통하여 물음을 던지는 일이자 던져진 물음의 답을 구하는 일이다. 삶이 고달플수록 우리에게 필요한 것은 고달픈 삶에 대한 차분한 성찰이다. 마치 쇼펜하우어^{Arthur Schopenhauer, 1788~1860}가 그랬고 니체^{Friedrich W. Nietzsche, 1844~1900}가 그랬듯이.

철학자들에게는 저마다 자신의 중심 물음이 있게 마련이다. 쇼펜하우어를 괴롭혔던 중심 물음은 삶의 고통, 즉 '삶은 왜 이다지도 고통스러운가?'였다. 그리고 이 물음에 천착한 끝에 그가 발견한 고통의 근원은 바로 의지로 대변되는 의욕과 성욕이었다. 반면에 니체를 괴롭혔던 물음은 '우리 삶의 데카당스^{décadence}나 허무주의는 어디서 왔는가?'로 대변될 수 있는데, 이는 우리 존재와 고통의 발생에 대한 물음과 더불어 인류가 이것으로부터 자유로워졌던 순간에 사용한 다양한 삶의 기예에 대한 물음이었다. 이 두 철학자는 이러한 질문을 통해 인간의 괴로움과 삶의 비극적 현상을 진단하고 그것으로부터의 자유를 추구한 이들이다.

쇼펜하우어와 니체의 이와 같은 철학적 화두가 잘 묘사된 작품이 스탠퍼드대학교의 정신과 의사인 어빈 얄롬$^{Irvin\ D.\ Yalom,\ 1931\sim}$의 《쇼펜하우어의 치료$^{The\ Schopenhauer\ Cure}$》(2005, 국내에서는 2006년 《쇼펜하우어, 집단심리치료》로 출간됨)와 《니체가 눈물을 흘릴 때$^{When\ Nietzche\ Wept}$》(1992, 국내에서는 2006년에 출간됨)이다. 전자는 심리치료사 줄리어스와 철학 상담사 필립이 각각 죽음에 대한 공포와 섹스 중독으로부터 자기 치유를 해가는 과정을 섬세하게 그려나가고 있는 작품으로, 집단 치료라는 독특한 상황과 쇼펜하우어의 일생을 교차 서술하는 방식을 통해서 철학자 쇼펜하우어의 구체적인 면면들이 잘 묘사되어 있다.

사실 쇼펜하우어가 철학을 통해서 궁극적으로 추구한 것은 일상의 불쾌한 방문자인 번뇌나 골칫거리의 시달림에서 벗어나 마음의 평정을 얻는 것이었다. 이 목적을 실현하기 위하여 그는 우리를 고달프게 하는 온갖 것들의 정체를 해명하고 더불어 해결책을 모색했다. 이에 대한 쇼펜하우어의 중심 저술이 바로 《충족이유율의 네 가지 뿌리에 관하여$^{über\ die\ vierfache\ Wurzel\ des\ Satzes\ vom\ zureichenden\ Grunde}$》(1813)와 《의지와 표상으로서의 세계$^{Die\ Welt\ als\ Wille}$

und Vorstellung》(1819), 그리고 우리에게는 《인생론》이라는 제목으로 많이 알려진 책이자 그를 하루아침에 유럽의 스타로 부상시킨 《부록과 첨가 Parerga und Paralipomena》(1851)이다.

일생을 '거의' 무직자로 지내면서 이미 어린 시절에 그를 압도해버린 거대한 화두인 고통의 정체를 밝히는 데 평생을 바친 그의 삶의 저력은 어디에서 온 것일까? 그가 부단히 자신의 삶의 화두를 멈추지 않고 유지할 수 있었던 근원에는 자기 자신에 대한 자기 자신의 관계의 중요성을 담은 '고독'이라고 하는 독특한 존재 기법의 구현이 위치한다.

> 누구나 오로지 혼자일 때만이, 온전히 그 스스로가 될 수 있다. 고독을 사랑하지 못하는 자는 자유를 사랑하지 못한다. 왜냐하면 단지 혼자일 때만이, 인간은 자유롭기 때문이다. 강제는 모든 사회의 필수 불가결한 동반자이다. …… 인간을 사교적으로 만드는 것은 고독 그 자체 속에서 스스로를 못 견디게 하는 무능력이다. …… 고독은 지적인 사람에게는 두 가지 이로움을 지닌다. 첫째는 그 스스로가 되는 것이고, 둘째는 타자와 있지 않다는 것이다.
> 《부록과 첨가》

그는 일생의 과제로 삼았던 고통의 근원에 대한 물음을 자나 깨나 연구한 '고뇌의 고독한 전령사'였다. 삶의 고통과 고뇌에 대한 그의 생생한 연구는 우리 삶의 고통과 고뇌를 이해하는 가장 해박한 철학서를 만들어냈다. 그리하여 그는 상아탑 속에서 이론적인 이야기만 하는 기존의 강당 철학자들과 달리 우리 삶의 현장에 대한 날카로운 철학적 시선으로 근대 이래 최초의 삶의 철학자가 되었다.

대중들이 그의 글로 눈길을 돌린 이유는 그의 글들이 머리로 쓴 것이 아니라 자신의 삶을 대가로 지불하면서 고뇌로 써 내려간 생생한 글이었기 때문이다. 그는 이미 존재하는 어떤 이론에 대한 주석이 아니라 자신이 접한 세계와 삶과 고통에 대하여 글을 썼다. 이와 같은 글만이 진실성과 생명력을 지닌다고 여겼다. 따라서 그의 글은 머리로 이해할 수 없고 독자의 생생한 삶의 고뇌로부터 이해될 수 있을 뿐만 아니라 바로 독자들의 삶의 고뇌에 대한 이해와 통찰을 담아내고 있다.

> **고유한 자기 사상을 지닌 사람**과 습관적으로 책을 통하여 철학하는 사람의 관계는 마치 목격자와 역사 탐구자의 관계와 같다. 자기 사상을 지닌 사람은 **사물에 대한 직접적인 고유한 견해로부터 이야기한다.** …… 이에 반해 책을 통하여 철학하는 사람은 글쓴이가 말한 것이 무엇이며 무엇을 의미하며 그래서 다른 사람이 어떻게 생각하는지에 대해 보고한다. …… 근본적으로 고유한 기본적인 사고만이 진실성과 생명력을 지닌다. 왜냐하면 사람들은 이러한 진실성과 생명력만을 완전히 이해하기 때문이다. 《부록과 첨가》

고통의 근원에 대한 탐구와 더불어 고통으로부터의 해방에 집중되어 있는 그의 철학이 인식론적 물음을 던질 때조차도 그것은 오로지 인간 고통의 출처와 치료에 대한 물음에서 유래한다.

이것이 기존의 철학적 물음과 쇼펜하우어의 물음 사이의 근본적인 차이이다. 우리는 곧 그를 만날 것이다.

니체의 눈물: 고통의 치료제를 찾아라!

쇼펜하우어의 사상에 매료된 쇼펜하우어의 후예 중의 한 사람이 바로 니체이다. 니체의 초기 저작인 《비극의 탄생Die Geburt der Tragödie》(1872)은 삶의 비극에 직면하여 철학과 예술, 그것도 음악 속에서 이를 극복하려 시도한 저술이다. 그의 화두는 부와 권력과 명예를 비롯하여 인간이 소유할 수 있는 모든 것을 지니고 있는 프리기아Phrygia의 미다스Midas 왕과 지혜의 요정 실레노스Silenos 사이에 오갔던 다음의 이야기 속에 잘 나타나 있다.

> "인간에게 최상의 것은 무엇입니까?" 실레노스의 대답은, "가련한 하루살이여, 우연의 자식이여, 고통의 자식이여, 왜 하필이면 듣지 않는 것이 그대에게 가장 복될 일을 나에게 말하라고 강요하는가? 최상의 것은 그대가 도저히 성취할 수 없는 것이네. 태어나지 않는 것, 존재하지 않는 것, 무로 존재하는 것 바로 그것이네. 그러나 그대에게 차선의 것이 있다면 그것은 바로 죽는 것이네."
> 《비극의 탄생》

인간에게 최상의 것이 무엇이냐는 미다스 왕의 질문에 실레노스는 태어나지 않는 것이 최상이요, 수난 속에 사느니 죽음을 선택하는 것이 차선이라 답하고 있다. 그것도 그럴 것이 실레노스는 디오니소스Dionysos를 기른 양부로, 그가 기른 디오니소스의 탄생과 성장 과정은 그 자체로 인간의 삶이 취할 수 있는 비극의 극단적인 형태이기 때문이다.

디오니소스는 달이 채 차기도 전에 아버지인 제우스Zeus의 번개를 맞아 죽은 어머니 세멜레Semelē의 몸에서 꺼내어져 아버지의 넓적다리 속에서 남은 달을 채워 태어났다. 물론 그의 아버지인 제우스는 헤라Hera 여신을 아내로 둔 유부남이었다. 외도를 한 것이다. 디오니소스의 비극은 여기에서 끝나지 않는다. 그는 헤라의 저주를 피해 숨어 살다가 급기야는 미쳐서 방황하던 중에 어떤 신이 제정신으로 돌아오게 했다는 설이 있는가 하면 헤라에게 발각되어 온몸이 찢겨져 죽음을 맞았다가 간신히 아폴론Apollōn에 의해 다시 꿰매어져 살아난 아이로 전해지기도 한다. 실레노스가 기른 인간이 이와 같은 비극적 운명을 겪었다면, 실레노스에게 인간의 삶이 얼마나 끔찍스러운 것으로 목도되었을 것인가? 그러니 실레

▲〈술에 취한 실레노스Der trunkene Silen〉, 루벤스Peter P. Rubens
▼배를 포도 덩굴로 만들고 악당 선원들을 돌고래로 만든 디오니소스가 그려진 그릇 | 니체는 비극을 상징하는 디오니소스의 탄생과 삶 자체에서 인간이 지니고 있는 원초적인 고통, 그리고 삶이 지니는 비극성의 극복을 찾는다.

노스가 인간의 삶에 대해 그와 같은 비극적인 험담을 하는 것도 이해할 만하다.

그리스인들은 디오니소스로 상징되는, 인간이 지닐 수밖에 없는 실존의 공포와 경악을 알고 있었고 실감하고 있었다. 그러나 니체가 실레노스의 염세적인 이야기에서 주목하는 것은 인간의 삶을 그토록 비극적인 것으로 규정해버리기 위한 것이 아니었다. 그는 오히려 비극적인 인간의 삶에 대한 고대인들의 경험을 알고자 했다. 과연 고통에 대해 극도로 섬세한 감수성을 지녔던 그리스인들은 그 고통을 어떻게 극복하고 치료했을까? 니체는 고대 그리스인들이 비극적인 실존에 대처한 삶의 기예를, 그들의 삶의 미학을 알고자 했다. 이 물음에 대한 답이 바로 우리가 앞으로 보게 될 니체의 《비극의 탄생》 속에 펼쳐져 있다.

고대 그리스인들은 그들만의 고유한 삶의 기예로 실레노스의 염세적 지혜를 전복시켜 다음과 같이 말했다. "가장 나쁜 것은 곧 죽는 것이고, 그다음으로 나쁜 것은 언젠가 죽는다는 것이다." 이렇게 고대 그리스인들에게는 실레노스에게 최상의 것이었던 죽음이 최악의 것으로 전도되었다. 최악의 것 또한 삶에서 죽음으로 전도되었다. 이처럼 염세적 세계관에서 낙천적 세계관으로의 전도를 가능하게 한 비법은 무엇일까?

실레노스의 지혜를 전복시킨 그리스인들의 비밀 열쇠는 디오니소스에게 있다. 비극을 상징하는 디오니소스의 탄생과 삶 자체는 '원초적 고통'을 대변한다. 그렇다면 디오니소스는 어떻게 고뇌와 삶의 비극에 의해서 파멸되지 않고 살아남았으며, 심지어 생명력의 상징까지 될 수 있었던가? 디오니소스를 기른 자는 바로 술 취한 지혜의 요정 실레노스이다. 실레노스가 없었다면 디오니소스의 삶은 어찌 되었을까? 니체는 인간이 지니고 있는 원초적인 고통, 그리고 삶이 지니는 비극성의 극복을 바로 디오니소스의 정신에서 찾는다.

그렇다면 고난의 신 디오니소스는 어떻게 자기 자신을 고통으로부터 자유롭게 했으며, 또한 이 과정에서 실레노스는 디오니소스에게 어떤 영향을 주었을까? 전자와 관련된 부분은 비교적 많이 알려져 있지만 후자와 관련된 구체적인 내용은 별로 언급되어 있지 않다. 분명한 점은 실레노스가 지혜의 요정이었다는 점이다. 그렇다면 실레노스는 소크라테스$^{Socrates,\ BC\ 469\sim399}$처럼 주지주의적으로 디오니소스를 양육했을까? 소크라테스가 용모에서나 지혜에서나 실레노스에 비유되곤 했지만, 못생긴 지혜의 요정 실레노스의 지혜는 머리만의 지혜가 아니라 삶에서 넘쳐 나오는 지혜였을 것이다. 이런 면에서 보자면 기존의 형이상학적 전통에서 수용되던 소크라테스와는 다른, 현대의 '철학 프락시스$^{Philosophische\ Praxis}$'나 '소크라테스적 대화$^{Sokratic\ Dialogue}$'를 통해서 재평가되고 있는 소크라테스의 모습과 일치하

> **철학 프락시스**
>
> 프락시스란 실천을 뜻하는 그리스어로 사회와 자연을 변화시키려는 이론적 실천을 의미한다. 따라서 철학 프락시스란 철학과 삶의 직접적인 연관성에 대한 고민과 이 고민의 해결을 위해 철학이 기여할 수 있는 지점에 대한 관심에서 출발한 철학 실천이라고 할 수 있다. 1981년 독일 철학자 아헨바흐(G. B. Achenbach)에 의해서 사용되기 시작했으며, 1982년 철학 프락시스 학회가 설립되었고 1998년에 국제 철학프락시스 학회로 확장되었다. 최근에는 철학상담이나 철학치료, 임상철학이라는 다양한 형식으로 활용되고 있다.

기도 한다. 그러므로 실레노스의 지혜는 심미적^{aesthetic}이었을 것이다. 그리고 이와 같은 심미적인 지혜는 고통과 광기의 신 디오니소스가 풍요의 신으로 성장하는 데 커다란 도움을 주었을 것이다.

철학으로 생각을 훈련한다

눈물을 흘리는 철학자는 세상의 고뇌를 공감하고 그것에 대해 사유하는 철학자를 의미한다. 이 책은 삶의 시작이란 고통이고

소크라테스적 대화

소크라테스적 대화란 20세기 초반에 독일의 철학자 레오나드 넬슨(Leonard Nelson 1882-1927)이 소크라테스의 대화법이 지니고 있는 산파술을 체계화하여 철학 상담의 방법으로 사용하였던 것이다. 최근에는 기타 다른 상담에서의 대화법과 구별되는 철학 프락시스의 대화법으로 사용되기도 한다. 이와 같은 경우에 소크라테스적 대화란 실재 소크라테스가 행했던 대화술 이외에 철학이 지니고 있는 고유한 대화법을 일반적으로 나타내는 대화법, 즉 철학적 대화법이기도 하다. 소크라테스적 대화에 있어서 가장 중요한 것은 인식이자 이해이다. 이는 대화자 자신에 의해 자신을 대상으로 하는 자기 인식과 이해이자 대화 상대자에 대한 타자 인식과 이해를 목적으로 하는 대화이다. 지(知)와 무지(無知) 사이에 있는 우리 인간의 중간자적 한계는 이와 같은 소크라테스적 대화를 통하여 무지(無知)에서 지(知)로의 애지의 과정을 체험하게 된다. 소크라테스적 산파술인 소크라테스적 대화를 통하여 우리는 우리의 당면 문제와 관련된 생각을 임신하고 출산함으로써 우리의 문제를 풀어나가는 생각의 열쇠를 찾게 된다.

그 끝은 죽음인 인간의 삶에 대한 두 철학자의 진솔한 철학 이야기를 담고 있다. 철학함을 통해 자신의 삶을 진단하고 치유했던 '철학도'들이자 이를 이론적으로 집대성한 '철학자'들의 이야기는 우리 삶에 중요한 의미를 부여할 것이다. 이와 같은 철학이 지니는 근원적인 활동으로서 철학하기는 실천적·상담적·치료적 힘을 지니고 있다. 철학 실천이나 상담이 지니고 있는 치료적 힘은 의학적 치료 개념과 구별되는 더 근원적인 의미의 치료이다. 의학이 인간 육체의 의학화 차원에서의 치료를, 그리고 정신 의학이 인간 정신의 의학화 차원에서의 치료를 의미한다면, 철학 치료는 인간의 삶에 대한 자기 치료를 의미한다. 이 영역은 동서양 철학의 고유한 대상이었다. 철학 치료에는 어떤 수술도, 약물도 사용되지 않는다.

철학의 실천적·상담적·치료적 힘은 인간이 고유하게 지니고 있는 철학적 힘, 즉 '사유'와 '대화'라고 하는 가장 기초적인 방법을 통하여 자신이 지니고 있는 삶의 문제에 대하여 '묻고 대답하는' 과정 속에서 이루어진다. 우리의 삶은 때로는 치료를 필요로 한다. 왜냐하면 우리가 시달리고 있는 가장 가벼운 고통에서 가장 치명적인 고통에 이르기까지 이 삶의 고통들을 방치한다면 우리의 삶 자체는 어느 순간 심각한 위협을 받을 것이기 때문이다. 쇼펜하우어도 니체도 자신의 삶을 뒤흔들고 있는 물음에 대한 철학적 사유의 과정을 통하여 자신의 삶을 건강하게 만들고자 했다. 그들에게 삶이 던진 물음에 대한 철학적 사유가 없었다면 그들은 평생을 동일한 문제에 반복하여 휘둘리며 고통스럽게 살았거나 삶을 포기해야만 했을 것이다.

철학의 기원은 세계가 인간에게 던진 수많은 질문에 대한 인간의 대답의 결과로 이루어져 있다. 그것은 때로는 자연을 향했고, 때로는 우주를 향했고, 때로는 신을 향했고, 때로는 그와 같은 질문을 품고 살아야 하는 인간 자신을 향했다. 고대의 역사가 헤로도토스^{Herodotos, BC 484?~425?}가 사용한 '지혜를 사랑하다'를 의미하는 동사 'philosophein'에서 유래한 철학^{philosophia}은 이와 같이 인간으로 하여금 끝없는 질문과 끝없는 대답을 가능하게 하는 돌쩌귀(문짝과 문설주를 연결하는 두 개의 쇠붙이, 연결 고리)인 '사랑' 때문에 가능하다. 사랑은 플라톤^{Platon, BC 428?~348?}에 있어서 에로스^{eros}*이다.

에로스는 존재와 존재를 결합시키며 인간과 인간을 결합시키는 근원적인 힘이다. 때문에 사랑은 천의 얼굴로 나타난다. 물음과 대답 사이를 연결하는 지혜에 대한 사랑이 인간에게 없다면 인간은 궁핍의 여신인 페니아^{Penia}의 신세를 면하지 못할 것이다.

에로스

사랑의 신 에로스는 일반적으로 아프로디테의 아들로 알려져 있지만 《향연》에서는 에로스의 탄생에 대한 또 다른 이야기가 나온다. 아프로디테의 생일잔치에 참석한 풍요의 신(Poros)가 술에 취해 쓰러져 자고 있었다. 때마침 구걸을 하러 잔치에 찾아온 궁핍의 신 페니아(Penia)가 포로스에게 반해 에로스를 잉태했다고 한다. 부유의 신 포로스와 궁핍의 신 페니아의 사이에서 태어난 에로스는 어머니를 닮아 항상 결핍된 상태이자 아버지를 따라 아름다운 것이나 선한 것을 추구하며 평생 지혜를 갈구하는 운명을 갖는다.

〈소크라테스의 죽음La Mort de Socrates〉, 다비드Jacques L. David | 소크라테스가 죽음의 순간에서조차 인간의 삶과 죽음의 문제에 대한 대화에 시간을 할애했듯이 쇼펜하우어와 니체는 삶의 다양한 고통을 통해서 삶의 평온을 찾아내려 했던 철학자였다.

그러나 이 사랑을 통해 인간은 풍요의 신인 포로스Poros로 통하는 돌쩌귀를 얻게 될 것이다. 즉, 인간을 풍요롭게 하는 근원적인 힘은 사랑, 지혜에 대한 사랑이며, 애지愛知야말로 궁핍한 인간의 삶을 풍요로 인도하는 다리이자 돌쩌귀라 할 수 있다.

이와 같은 의미에서 가장 철학적인 철학자에 속한다고 할 수 있는 쇼펜하우어와 니체는 마치 소크라테스가 그의 죽음의 순간에서조차 인간의 삶과 죽음의 문제에 대한 대화에 시간을 할애했듯이 삶의 다양한 고통을 통해서 삶의 평온을 찾아내려 했던 철학자들이었다. 이 때문에 많은 이들이 지금까지 이들의 저술을 오래 곁에 두고 삶의 불쾌한 방문객인 고뇌가 찾아왔을 때, 그 치료제로 사용하고 있는 것이다.

그러나 어떠한 철학자도 우리의 고통을 대신 치료해줄 수 없다. 우리를 치료할 수 있는 것은 우리 자신이다. 철학자는 바로 이와 같은 자기 치료를 돕는 이들이다. 우리는 당면한 문제를 스스로 해결할 수 없을 때 철학과 철학자의 도움으로 자신의 문제와 고통을 스스로 해결하고 치료해야만 한다. 이때 우리는 마치

〈아테네 학당La scuola di Atene〉
(부분), 라파엘로Raffaello Sanzio | 제자 알키비아데스와 대화하고 있는 소크라테스

칸트Immanuel Kant, 1724~1804가 미성숙의 상태에서 벗어나기 위한 모토로서 '자신의 오성을 사용할 용기를 가질 것Sapere aude!'을 촉구했던 것처럼 사유의 힘을 사용하여 자신의 문제를 스스로 해결하고자 하는 용기와 결단을 필요로 한다. 자신의 문제를 가장 잘 해결하고 고통을 치료할 수 있는 사람은 우리 자신이며, 스스로의 의지 없이는 그 어떤 치료적 도움도 성공적일 수 없다.

이러한 이유로 철학 치료는 철학을 배우는 것과 동일하지 않다. 교육의 주체와 객체, 타이밍과 커리큘럼은 선규정적이다. 그러나 철학 치료는 철저히 내담자 중심적이다. 따라서 철학 치료는 내담자가 준비가 되었을 때를 기다려 움직인다. 그리고 마침내 준비가 되었을 때, 내담자는 철학 치료사와의 질문과 대답 과정을 통하여 자신의 삶에 출몰하지만 그 이유를 알 수 없었던 것, 그것에 관해 아직 한 번도 제대로 생각해본 적이 없었던 것에 대해 비로소 생각하게 된다.

'생각하기'는 기존에 그에게 없었던 새로운 것이고, 이 새로운 생각은 막다른 골목에 서 있는 그에게 새로운 길을 보여준다. 그러나 이 과정이 쉬운 길만은 아니다. 이 과정은 푸코[Michel P. Foucault, 1926~1984]의 표현을 빌리자면 "사고에서의 고행"이자 "철학적 훈련"이다. 대화를 통한 생각의 과정을 통해 삶의 지혜, 자신의 고통을 치료할 수 있는 길을 찾고, 이를 통하여 마침내 자기 자신을 치료하는 길을 찾게 된다. 그리고 이와 같은 치료적 경험은 궁극적으로는 철학 치료사의 도움 없이도 혼자서 할 수 있는 훈련을 수반한다.

철학 치료의 두 길

이제 철학자는 삶을 사유하는 자인 동시에 삶을 살고 공감하는 자이다. 그래서 철학자는 생각하는 것에서 한 걸음 더 나아가 눈물을 흘릴 수 있는 자이다. 그러나 철학자는 여기에서 멈추지 않고 눈물의 근원을 묻는 자이다. 이것을 통해서 눈물에 대한 진단과 치료의 철학을 만든다. 두 철학자의 눈물의 결과는 아주 상이했다. 두 철학자는 공히 인간의 고통을 철학의 출발점으로 삼았으나 이에 대한 대답을 아주 다른 곳에서 찾았다.

쇼펜하우어는 자연이 자신의 지속을 위하여 안전장치로 설치해 놓은 '성[Sexualität]'이 지니는 괴력으로부터 오는 피할 수 없는 고통에 대한 처방을 금욕[askesis]에서 찾았다. 특히 쇼펜하우어는 성이 주는 쾌락의 합법적 양식인 결혼이 주는 고통이라는 아이러니한 현상을 통찰했다. 이 통찰의 결과 그가 내린 실존적 결단은 육체적 쾌락을 버림으로써 쾌락을 지속하기 위해 수반되는 고통으로부터 안전을 보장하는 삶이었다. 이런 쇼펜하우어가 선택한 삶은 혼자 사는 것이었다. 그러나 후자로부터 자유롭고자 하는 자는 전자의 구속으로부터는 자유로워질 수 없다. 따라서 생물학적 충동의 굴레와 그로 인한 고통으로부터 평온을 찾는 것이 쇼펜하우어에게는 평생의 과제였다.

이에 반해 니체는 쇼펜하우어처럼 독신으로 살았음에도 성이 수반하는 생물학적 충동의 위험보다는 오히려 '이성^{Vernunft}'을 더 치명적인 것으로 생각했다. 그는 이성이 지나치게 비대화되면서 야기된 감성의 죽음을 삶의 가장 비극적인 위험으로 보았다. 그리하여 그것을 치유하기 위한 처방책으로 내놓은 것이 바로 디오니소스적인 것이었다.

쇼펜하우어와 니체는 얼핏 비슷하지만 상당히 다르다. 이 두 철학자는 모두 생의 철학자나 삶의 철학자로 분류되기도 하지만 쇼펜하우어는 플라톤과 우파니샤드^{Upanisad} 철학 그리고 칸트의 철학에 깊이 영향을 받은 철학자였고 니체는 이들과 대립적인 입장에 서 있던 철학자였다. 그러나 이들의 철학은 모두 인간의 삶에 관심을 쏟는 데에서, 특히 인간의 고통과 삶의 비극적 현상에 대한 목도에서 출발한다.

쇼펜하우어는 진단의 측면에 있어서는 생물학적 관점을 토대로 반^{反}이성주의적 염세주의를 추구했지만, 치료적 차원에서 보자면 이성 중심주의적이고 낙천적인 부분을 통하여 이성주의의 강점을 최대한 활용하고 있다. 반면에 니체는 진단적 차원에 있어서도 치료적 차원에 있어서도 감성에 중점을 두며 반이성주의가 거부하고 있는 감성의 죽음에 대한 진단과 더불어 감성의 회복을 부르짖고 있다.

이와 같은 차이에도 불구하고 쇼펜하우어와 니체는 예술의 역할에 커다란 의미를 부여하고 있으며 또한 인간 이해에 있어서도 몸이 지니는 중요성을 직시하고 있다. 특히 쇼펜하우어는 전통적인 이성주의자들에게 영향을 받았지만 이들과는 달리 이성과 감성, 정신과 육체를 대립적으로 이해하기보다는 이들의 상호 관계에 주목하고 삶에 있어서 이들의 중요성을 직시하고 있다. 그러나 이 두 철학자가 예술을 활용했던 목적과 관련해서는 분명한 차이를 보이고 있다.

쇼펜하우어는 인간의 감각이나 본능과 같은 비이성적인 부분이 초래하는 고뇌를 직시하고 이로부터의 해방되기 위한 방법으로 예술이라는 매체를 활용했다. 이에 반해 니체는 이성주의에 의한 인간의 본능과 감성의 마비가 가져오는 인간의 이론화나 개념화가 지니는 위험으로서 데카당스나 허무주의적 현상을 진단했다. 그는 이와 같은 현상의 치료를 위해 감성의 복귀를 강조하고, 이를 위하여 예술의 중요성을 설파했다. 니체에게 예술은 마비된 인간의 감성의 복권, 혹은 치료를 위한 가장 효과적인 매체였다. 물론 니체의 감성 치료가 예술이라는 매체에만 의존하는 것은 아니다. 그가 주장한 감성의 복귀를 위한 다른 방법 중 하나가 계보학이다. 그의 계보학은 우리의 정체성의 유래를 묻고 이를 형성하고 있는 가치들에 대한 비판적 물음을 통해서 정체성을 변형하고자 한다. 그러나 니체의 계보학은 예술 못지않게 감수성의 퇴화 과정과 그 결과에 대한 연구를 통해 잃어버린 감수성의 복권을 위한 중요한 이론적·실천적 단초를 마련한다.

　이와 같은 차이점은 쇼펜하우어와 니체, 이 두 철학자들이 인간의 고통이라는 화두를 통해서 그들의 철학을 시작한다는 점에서 동일하나 고통의 원인을 진단하는 데 있어서는 상이하다는 점에서 기인한다. 이들의 고통에 대한 상이한 진단은 상이한 치료 철학을 가능하게 한다. 상이한 두 치료 철학은 동일한 현상에 대한 상이한 접근이어서 하나가 맞으면 다른 하나가 틀린 것이라기보다는 상이한 삶의 고통에 대한 상이한 치료 철학이기에 우리는 고통의 원인에 따라서 각기 달리 처방하면 될 것이다. 뿐만 아니라 어떤 이는 이 양자와 무관한 고통의 색을 지니고 있을 수도 있다. 이들의 고통에 대한 진단과 치유 철학의 이해는 현대인들의 고통을 이해하고 이를 위한 대안을 모색하는 데 좋은 출발이 될 것이다.

Arthur Shopenhauer

Chapter 2

만남
MEETING

Friedrich Nietzsche

만남 1
쇼펜하우어의 지독한 삶

어린 시절의 쇼펜하우어

987 "그때부터 나는 점점 고독을 응시하는 눈을 갖게 되었고, 비사교적이 되어갔다. 나는 이 짧은 여생을 완전히 나 자신을 위하여 바치기로 했다. 그리고 두 다리로 멀쩡히 걷는다는 사실만으로 나와 대등하다고 여기는 인간들과 되도록 사귀지 않기로 결심했다."

990-1 "프랑크푸르트 시민에게 프랑크푸르트는 세계 그 자체이다. …… 좁고 융통성 없으며, 안에서 보면 보잘것없고 우물 안 개구리 같은 아브데라인들의 나라와도 같다. 나는 그들과 가까이하고 싶지 않다. 나는 세계를 버린 사람으로 살아가고 싶다. 그리고 나의 학문을 위해서만 살아갈 작정이다."

변하지 않는 고통의 표상을 체험하다

쇼펜하우어는 1788년 2월 22일 독일의 단치히^{Danzig}(현재는 폴란드의 그단스크^{Gdańsk})에서 출생했다. 하지만 단치히가 1793년에 프로이센의 지배하에 들어가자 쇼펜하우어 가족은 함부르크로 이사하여 그는 유년 시절을 그곳에서 보내게 된다.

상인이었던 아버지 하인리히 쇼펜하우어$^{Heinrich\ F.\ Schopenhauer,}$ $^{1747~1805}$의 교육 방식은 상당히 독특했다. 10대였던 아들을 몇 년 동안이나 영국과 프랑스로 개인 교수까지 붙여서 여행을 시키는가 하면, 1798년에는 함부르크에서 명문가 자제를 위한 교육 지침서를 낸 철학 박사 룽게$^{Johann\ H.\ C.\ Runge}$가 교장으로 있던 사립학교에 쇼펜하우어를 입학시켜 4년 동안 교양인으로서 필요한 모든 과목을 철저히 교육받게 했다.

쇼펜하우어의 10대는 그의 진로에 결정적인 역할을 한 시기였다. 그는 이때 학자로서의 삶, 특히 철학 연구에 대한 깊은 열망에 사로잡혔다. 그러나 아버지 하인리히 쇼펜하우어는 아들의 이러한 생각에 대해 심각하게 걱정을 했다. 그는 자신의 아들이 학자보다는 사업가가 되어 안정된 삶을 살기를 원했다. 아들의 진로를 놓고 1년 이상 지속되던 부자간의 갈등은 룽게 박사의 도움으로 일단락되었다. 쇼펜하우어는 사업가보다는 학문에 뜻이 더 강할 뿐만 아니라 적성에도 맞는다는 박사의 충고를 수용하여 아버지는 아들을 김나지움(인문계 고등학교)에 입학시키기로 약속한 것이다. 이 과정에서 아버지는 아들의 뜻을 강제로 바꾸려 하기보다는 스스로 바뀌기를 묵묵히 기다렸으며 전문가의

쇼펜하우어가 유년 시절을 보낸 함부르크의 집

충고를 진지하게 수용했다. 자신의 개인적인 신념을 독단적으로 고수하기보다는 당사자와 전문가의 의견을 존중하는 지혜로운 결정이었다. 만일 아버지가 아들을 강제로 상인으로 만들려고 했다면, 쇼펜하우어는 평생 불행하게 살아야만 했을 것이고 우리는 이 위대한 철학자를 인류사에서 결코 만날 수 없었을 것이다.

아버지 하인리히가 쉽게 아들의 의사를 받아들인 것은 아니었다. 그는 자신의 뜻을 관철시키기 위해 합리적인 선에서 할 수 있는 방법을 적극적으로 시도했다. 자신의 진로에 대한 생각이 너무도 확고한 어린 아들의 생각을 바꾸려고 유혹적인 제안을 한 것이다. 그는 아들에게 가족 세계 여행을 제안했다. 선택 사항은 세계 여행 후에 상인이 되기 위한 수업을 받든지 아니면 세계 여행은 포기하고 함부르크에 남아 라틴어를 배우며 학자가 되기 위해 공부하는 것이었다. 세계 여행에 대한 동경을 품고 있던 쇼펜하우어는 아버지의 뜻을 따라 사업가가 되기로 약속을 하고 1803년 봄, 가족과 세계 여행길에 오른다. 세계 여행 중 영국 체류 기간 동안 두 달은 가족이 함께 보냈으며, 그 후에 부모

님은 스코틀랜드로 떠나고 쇼펜하우어는 런던 근교의 성직자 집에 머물면서 3개월 동안 영어를 배웠다. 그 후에 다시 가족이 함께 런던에서 한 달 반을 더 머문 뒤 여행은 계속되었다.

이어지는 세계 여행에서 그는 잊지 못할 삶의 고통의 화인이 각인되는 체험을 한다. 이 경험은 가족이 보르도, 몽펠리에, 님, 마르세유를 경유하여 프랑스 제1의 군항인 툴롱^{Toulon}에 도착했을 때 불시에 닥쳤다. 가족과 함께 툴롱에 있는 병기 공장을 방문한 어린 쇼펜하우어는 6,000명이 넘는 노예들이 쇠사슬에 묶인 채 노역하고 있는 비참한 현장을 목격했다. 이때의 충격은 어린 쇼펜하우어에게 삶의 고통에 대한 변하지 않는 표상이 되었으며, 그로 하여금 삶과 고통의 불가항력적인 연대를 예감하게 했다. 그러나 그는 단순히 이 불길한 체험에 사로잡히는 대신 과감하게 그것의 정체를 탐구하고자 했다. 이것이 철학자 쇼펜하우어의 서막이었다.

툴롱에서 경험한 고통의 화인을 간직한 채 쇼펜하우어는 이에르 제도와 리옹을 거쳐 스위스 전국을 샅샅이 여행하고 빈과 드레스덴, 베를린을 거쳐 단치히에 도착한다. 그리운 고향을 다시 찾은 가족은 이곳에서 2년을 보내고 함부르크로 돌아온다. 이로써 세계 여행의 대단원의 막이 내려졌다.

또래 아이들이 대학에 진학하기 위하여 한창 라틴어와 그리스어를 배울 시기에 아버지가 제안한 세계 여행은 어린 쇼펜하우어로 하여금 학자로서의 준비를 포기하게 하려는 의도가 숨겨진 것일 수도 있다. 그러나 그것이 상인으로서의 공부를 위한 것이었든 한 인간으로서의 공부였든, 그 당시로서든 지금으로서든

파격적인 교육 방식이 아닐 수 없다. 맹모삼천지교 孟母三遷之敎가 아닌 맹부삼천지교 孟父三遷之敎, 그것도 신新맹부삼천지교라고나 할까? 책을 통해 추상적으로 지식을 습득하는 것을 가장 지혜로운 교육으로 보았던 기존 교육관을 깨고 오히려 맹모삼천지교라는 기존의 교육 방법에서는 금기시되었던, 경험에 중점을 둔 교육을 시도함으로써 삶 속에서 빚어

쇼펜하우어의 수고

지는 수많은 희로애락을 직접 체험하게 한 셈이다. 그리고 이 실전 후에 비로소 이론 공부, 즉 서당에서 서책을 읽을 때 진정 그 책의 의미를 제대로 파악할 수 있을 것이다. 쇼펜하우어 또한 결과적으로 세계 여행을 통하여 현장 중심의 교육 코스를 밟은 셈이다.

세상 경험은 앎의 영역을 텍스트에서 시작하여 텍스트에서 종결하는 대신에 삶에서 시작하여 텍스트를 생산하고, 이 텍스트들을 다시 삶으로 불러냄으로써 삶과 텍스트의 생동적인 관계를 가능하게 한다. 우리가 일상적으로 추구하는 과도한 테이블-워크 table-work가 오히려 앎을 삶과 유리시키는 반면에, 필드-워크

field-work는 삶과 앎의 관계를 지속적으로 상호 유통시킴으로써 양자 모두를 강화시킨다. 쇼펜하우어는 삶의 현장에서의 소중한 경험 덕분에 단순히 사물의 이름이나 지식을 암기하는 대신에 사물들을 직접 보고 탐구하는 과정을 통해서 자신의 지식을 확장해나갔다. 덕분에 그의 철학은 삶이라는 현장에 대한 날카로운 관찰과 통찰에 의해서 만들어지게 되었다.

세계 여행은 쇼펜하우어에게 많은 것을 남겨주었다. 이제 쇼펜하우어 자신이 해야 할 일은 아버지와의 약속대로 상인 공부를 하는 것이었다. 여독이 채 가시지도 않은 1805년 1월 그는 함부르크의 사업가이자 시의 운영 위원이 운영하는 예니슈 회사 Firma Jenisch 상점에서 수습 생활을 시작했다. 학자를 꿈꾸던 그에게는 고통스러운 일이었다. 그는 자신의 선택을 후회했지만 그렇다고 아버지와의 약속을 어길 수는 없었다.

그러나 쇼펜하우어가 상인 수업을 시작한 지 채 넉 달도 되지 않아서 아버지의 갑작스러운 죽음을 겪게 된다. 사인은 명확하지 않았다. 정황으로 보아서는 창고에서 강 아래로 떨어진 사고로 보였지만 그것이 의도적인 것인지 아닌지는 그 누구도 알 수 없었다. 성공한 상인이었지만 우울증을 앓고 있던 그의 아버지는 58세의 나이로 그의 곁을 떠나고 만다. 아버지를 늘 자랑스럽게 생각했던 17세의 쇼펜하우어에게 아버지의 갑작스러운 죽음은 툴롱에서의 비극적인 기억을 불러냈다. 아버지를 여읜 슬픔으로 그는 삶에 대한 근원적인 번뇌와 다시 대면하게 되었고, 이는 세계에 대한 그의 염세주의적 사고가 형상화되는 결정적인 사건이 되었다. 1832년 그가 자신의 청년기에 관해 술회한 글을 보자.

> 17년의 생애 동안 …… 나는 마치 부처가 그의 소년 시절에 이미 병, 늙음, 고통, 죽음을 직시했던 것처럼 삶의 비참$^{Jammer\ des\ Lebens}$을 이해했다. 이 세상에 크게, 또렷이 울리는 진리가 내게 영향을 미쳤던 유대인의 도그마를 극복하게 했다. 그리고 이 세상은 선한 존재자의 작품이 될 수 없다는 것이 나의 결론이다. 〈유고〉

어린 철학도 쇼펜하우어는 단지 번뇌하는 것에 머무는 대신 그 번뇌의 근원에 대해서 관찰하고 성찰하고, 이를 통해 번뇌를 통찰하고자 했다. 물론 이 통찰을 위해 쇼펜하우어는 자신의 일생을 그 대가로 지불해야 했다.

철학자의 길을 걷다

여류 작가이기도 했던 쇼펜하우어의 어머니 요한나$^{Johanna\ H.\ Schopenhauer,\ 1766~1838}$는 아버지보다 스무 살이나 어려서 남편이 죽었을 때 그녀는 아직 30대의 젊은 나이였다. 1806년 하인리히의 죽음 이후에 요한나는 아홉 살의 딸 아델레$^{Adele\ Schopenhauer,\ 1797~1849}$를 데리고 바이마르^{Weimar}로 이사했고, 쇼펜하우어는 홀로 함부르크에 남아 상업 학교를 다녔다. 아버지와의 약속 때문에 학자로서의 꿈은 상상도 할 수 없었다.

바이마르에 정착한 요한나는 타고난 사교술과 문학적 재능을 발휘하여 관직을 얻어 궁정을 출입했으며, 그녀가 주최한 사교

모임은 곧 유명해져 괴테$^{Johann\ W.\ v.\ Goethe,\ 1749~1832}$를 비롯해 빌란트$^{Christoph\ M.\ Wieland,\ 1733~1813}$, 프리드리히 마이어$^{Friedrich\ Majer,\ 1771~1818}$, 페르노프$^{Karl\ L.\ Fernow,\ 1763~1808}$까지 얼굴을 내밀었다. 주위의 많은 친구들 중에 특히 그녀의 관심을 끄는 사람은 다름 아닌 그 당시 최고의 예술 전문가이자 그녀가 전기를 쓰기도 했던 페르노프였다.

쇼펜하우어의 어머니 요한나와 그의 여동생 아델레

한편 함부르크에 남아 사업가 수습 생활을 하던 쇼펜하우어는 삶의 목표를 상실하고 좌절에 빠져 있었다. 그가 이와 같은 처지를 편지로 요한나에게 하소연을 하자, 요한나는 이 편지를 페리노프에게 보여주었다. 그리고 페리노프는 요한나를 대신해 절망에 빠져 있는 쇼펜하우어에게 답장을 보냈다. 이 편지는 쇼펜하우어의 삶에 중요한 전환점을 가져왔다. 학자로서의 길을 시작하기에 너무 늦었다는 사실에 통탄하고 있던 쇼펜하우어에게 페리노프는 그가 보낸 세월이 결코 무의미한 것이 아니었을 뿐만 아니라 늦은 나이에 학문을 시작한 유명한 학자들을 예로 들면서 쇼펜하우어가 지금이라도 고전어 공부를 시작하는 것이 결코 불가능한 것이 아님을 깨닫도록 해주었다.

쇼펜하우어의 일생에 있어서 이 일이 얼마나 중요한 역할을 했는가는 1819년 31세의 나이로 베를린대학교에 제출한 '나의 반생'이라는 제목의 자기 소개서 마지막 부분에 다음과 같이 생생하게 기록되어 있다.

나는 그 편지를 받고 너무 감격하여 눈물을 흘렸다. 깊은 회한과 갈등에 사로잡혔던 나에게 새로운 결심을 굳히게 만든 편지였다. 나는 곧 사업가 수습 과정을 그만두고 바이마르로 떠났다. 그때가 1807년, 내 나이 19세가 되던 해였다.

그는 10여 년 동안 머물던 함부르크를 떠나 마르크스$^{Karl\ H.\ Marx,\ 1818~1883}$의 《고타 강령 비판$^{Kritik\ des\ Gothaer\ Programms}$》(1875)으로 우리에게 알려져 있는 고타에서 김나지움을 다니며 다시 철학자의 꿈을 꾸기 시작했다. 그러나 남들은 열한 살 때부터 시작하는 고전어 공부를 열아홉 살의 나이에 시작하는 것은 결코 쉬운 일이 아니었다. 그렇다고 대학 입학의 필수 조건인 고전어 습득을 포기할 수도 없었다. 다행히 6개월 만에 그의 라틴어 실력은 급속한 발전을 보였지만 어이없게도 한 교수와 말썽이 생겨 결국 그는 고타를 떠나 어머니 요한나와 여동생 아델레가 있는 바이마르로 향하게 된다.

그러나 그곳에서의 생활 또한 순탄하지 않았다. 아들과의 관계가 좋지 않았던 요한나는 쇼펜하우어가 오는 것을 반기지 않았다. 어쩔 수 없이 쇼펜하우어는 어머니 집이 아닌 김나지움의 교수이자 언어학자였던 파소$^{Franz\ Passow,\ 1786~1833}$의 집을 거처로 정했다. 그리고 열심히 라틴어와 그리스어, 그리고 광범위한 고전문학을 공부해나갔다. 또한 비록 함께 살지는 않았지만 때때로

요한나의 사교 모임에 참여하여 당대를 풍미하고 있던 많은 인물들과 대화할 기회를 가졌다. 이 시기에 쇼펜하우어는 윤리학과 미학에 바탕을 둔 철학적 단편들을 잠언으로 남기기 시작한다.

1809년 성인이 된 쇼펜하우어는 아버지의 유산을 받을 수 있게 되었다. 요한나는 남편이 남긴 재산 가운데 이미 써버린 부분을 제외한 3분의 1을 나눠주었으며 쇼펜하우어 집안이 소유한 전답 관리권도 넘겨주었다. 이로써 정기적인 수입을 갖게 된 쇼펜하우어는 평생 생계 걱정 없이 학자의 길을 걸을 수 있게 된다. 아이러니하게도 아들이 학자가 아닌 사업가가 되기를 바랐던 아버지의 유산이 아들에게 안정적인 학자의 길을 열어준 셈이다. 하지만 유산 문제는 이후 어머니 요한나와 또 다른 갈등의 씨앗이 된다.

젊은 시절의 쇼펜하우어

그는 존경하는 아버지의 유산을 헛되이 탕진하지 않고 오직 자신의 철학적 소명을 실현하는 데 온전하게 사용했다. 그는 바이마르의 김나지움에서 공부를 계속하여 드디어 대학 입학 자격을 인정받고, 그해 10월 9일에 괴팅겐대학교에 입학하면서 다시 어머니의 곁을 떠났다. 그리고 한 학기 후 베를린대학교로 옮겨 학업을 이어나갔다.

1813년 봄 러시아를 침공했던 나폴레옹^{Napoléon Bonaparte, 1769~1821}

《충족 이유율의 네 가지 뿌리에 관하여》

쇼펜하우어의 박사 학위 논문인 《충족 이유율의 네 가지 뿌리에 관하여》는 그의 전체 사상의 뿌리이기도 한 중요한 책이다. 이 책의 기본 논의는 고통의 해석학의 뿌리를 이루며 이 뿌리는 《의지와 표상으로서의 세계》에서 꽃을 피운다.

군대가 돌아와 베를린을 감시하고 있는 불길한 상황에서 쇼펜하우어는 어쩔 수 없이 바이마르의 어머니 집으로 들어갔다. 그러나 요한나가 열네 살이나 젊은 남자와 살고 있는 상황을 견딜 수 없었던 그는 그곳을 떠나 루돌슈타트^{Rudolstadt}로 향했고 그곳에서 예나^{Jena}대학교에 박사 학위 논문으로 제출할 《충족 이유율의 네 가지 뿌리에 관하여》를 완성한다. 이 논문은 당대 최고의 문호였던 괴테에게 강한 인상을 남겼다. 자신의 문학적 재능을 높게 평가해준 괴테가 자신이 무시했던 아들의 논문까지 극찬하자 요한나는 큰 충격에 빠졌지만 한 집안에 두 명의 천재가 나올 수 없다는 말로 괴테의 평가를 일축해버렸다. 그만큼 모자 사이의 갈등의 골은 깊었다.

1814년 5월 어느 날 어머니와 아들의 관계가 점점 더 소원해져갈 무렵, 어머니 요한나에게 아들 쇼펜하우어가 책으로 발간된 박사 학위 논문 《충족 이유율의 네 가지 뿌리에 관하여》를 전했다. 어머니는 대뜸 그의 책의 제목을 보고 "약사들을 위한 책인가 보구나?"라며 비아냥거렸고, 아들은 이에 대하여 버럭 화를 내며 "어머니가 쓰신 책이 이 세상에 완전히 사라져버려도 제 책은 오래도록 읽힐 것입니다"라고 응수했다. 어머니와 아들의 관계는 점점 더 적대적으로 변해갔다.

금전 문제와 요한나의 연인 관계에 대한 모자간의 격렬한 논쟁은 요한나의 인내심이 바닥을 드러낼 때까지 계속되었다. 그녀는 결국 쇼펜하우어에게 그녀의 남자 친구를 비롯한 다른 남자 동료들과의 관계를 절대 끊지 않겠노라고 공표했다. 이어 쇼펜하우어로 하여금 집을 나갈 것을 명령했다. 그녀는 쇼펜하우어에게 "너에 대한 나의 의무는 이제 끝났다. 너는 네 길로 가거라. 나는 이제 너와는 더 이상 할 일이 없다. …… 여기 네 주소를 남겨두어라. 그러나 내게 편지는 쓰지 마라. …… 이것이 마지막이다. …… 너는 나에게 너무도 많은 상처를 주었다. 떠나라. 그리고 최대한 행복해라"라고 마지막을 알리는 장문의 편지를 마무리한다. 결국 아들은 어머니에게 "어머니의 이름은 후세에 제 이름을 통해 알려지게 될 것입니다"라는 말을 남기고 떠난다.

 요한나는 이후에 24년을 더 살았지만 이들은 서로 만나지 않았고 사망 시에도 쇼펜하우어 앞으로 단 한 푼의 유산도 남기지 않았다. 그러나 서신은 계속 주고받았으며 당시의 대철학자이자 아들의 적대자였던 헤겔^{Georg W. F. Hegel, 1770~1831}마저도 사망하게 했던 콜레라가 아들이 있는 베를린에 퍼지기 시작하자 아들에게 걱정의 편지를 쓰기도 했다. 이 당시 쇼펜하우어는 베를린에 새로 정착하여 철학자로서의 길을 본격적으로 걷고 있는 반면 어머니 요한나는 자신의 작품들을 전집으로 낼 준비를 하고 있었다.

늦었지만 오래 지속된 철학자의 삶

칸트의 생활이 규칙적이어서 쾨니히스베르크의 시민들이 그의 산책 시간에 맞춰 시계를 맞출 정도였듯이 쇼펜하우어도 규칙적인 삶을 살았다. 칸트가 비 오는 날을 제외하고는 늘 홀로 산책을 한 것에 반해, 쇼펜하우어는 항상 자신이 기르던 푸들, 아트만과 함께 산책했다. 쇼펜하우어에게 아트만은 누구보다도 중요한 삶의 동반자, 즉 반려 동물이었다.

그의 산책 장면은 늘 변함이 없었다. 젊은 시절부터 늘 입었던 연미복 정장 차림에 흰 타이를 매고 곁에는 브라만^{Brahman}교에서 세계정신과 통하는 자아를 의미하는 단어인 아트만^{âtman}이라 불리는 애견이 함께 있었다. 그는 하루에 세 시간은 집필을 하면서 보냈고, 그 후에 한두 시간쯤은 플루트를 불었으며 추운 겨울에도 예외 없이 매일 차가운 마인^{Main} 강에서 냉수욕을 했다.

또한 그는 언제나 단골 영국식 식당에서 점심을 먹었다. 이 영국식 식당과 관련된 유명한 일화들이 많다. 그는 진지한 대화를 즐기고자 했으나 불행히도 이에 걸맞은 식사 파트너를 만나지는 못하고 늘 혼자 식사를 하면서 금 조각을 테이

아트만과 산책하고 있는 쇼펜하우어

블 위에 올려놓았다가 떠날 때면 다시 주머니에 넣고는 했다. 어느 날 한 장교가 그 이유를 물었다. 그러자 그는 "장교들이 식사를 하는 동안 말이나 개, 여자 이야기로 빙빙 도는 대화를 멈추고 진지한 대화를 하게 되면, 이 가엾은 영혼들을 위해 그 금 조각을 기부하려고 한다"라고 대답했다. 결국 그는 진지하게 이야기를 나누는 어떤 사람도 보지 못했기에 결국 금 조각을 다시 주머니에 넣고 만 것이다. 참으로 괴짜 같은 철학자이다.

잡담이나 하는 사람들에 대한 쇼펜하우어의 비아냥거림과는 다르게 그는 자신의 애완견 아트만을 "여보시오, 경"이라고 부르곤 했다. 그러나 만약 똑바로 행동하지 않으면 "여보게, 인간"이라고 호칭을 바꾸어버리겠다고 사람들 앞에서 으름장을 놓기도 했다. 이는 쓸데없는 잡담이나 하며 자신의 삶을 탕진하는 인간에 대한 쇼펜하우어의 경고적 메시지이기도 했다. 쇼펜하우어가 1851년, 즉 죽기 9년 전에 완성한 《부록과 첨가》로 순식간에 유럽의 저명인사가 되자 이 점심 식사 장면을 보기 위해 이 식당으로 수많은 방문자들이 몰려들었다. 뿐만 아니라 그의 아트만과 같은 종류의 개들이 동물 가게에서 날개 돋친 듯이 팔려나갔다.

쇼펜하우어 사상이 학식 있는 독일 대중들의 입에 오르내리기 시작하면서 심지어 1854년 덴마크에서는 키르케고르[Søren A. Kierkegaard, 1813~1855]가 신문에 "문필가의 가십 기사, 기자, 작가들이 모두 쇼펜하우어의 이야기로 바빠지기 시작했다"라고 쓰기도 했고, 영국의 유명한 《웨스트민스터 리뷰[Westminster Review]》에서는 그의 전 작품에 대해 '독일 철학자의 인습 타파'라는 제목으로 놀

랄 만한 논평을 싣기도 했다. 그리고 곧 이 논평은 독일어로 번역되어 널리 읽혔으며 프랑스와 이탈리아에서도 비슷한 종류의 글들이 등장했다. 그가 이렇게 유명세를 타면서 유명한 조각가 엘리자베트 네이 Elisabet Ney, 1833~1907가 4주간이나 그의 집에서 하루 종일 머물며 그의 흉상을 제작하기도 했다.

쇼펜하우어는 인생의 황혼기를 자신이 어려서부터 열정적으로 추구했던 학자로서의 삶의 결실이 자신의 만족을 넘어 당대를 살고 있는 많은 이들과 공유되는 것에 흡족해하며 살았다. 1859년 9월에 쓴 《의지와 표상으로서의 세계》 3판 서문에는 말년에 그 자신의 철학자로서의 삶에 대한 회고가 잘 드러나 있다.

> 이 책의 초판은 내 나이 서른이 되었을 때 나온 것인데, 일흔두 살이 된 오늘에 와서 비로소 제3판이 나온다는 것은 역시 이러

쇼펜하우어의 무덤 | 쇼펜하우어의 육체적 후손은 없지만 그의 정신적 후손들의 발걸음은 계속되고 있다.

한 사정의 결과이다. 그러나 나는 여기에 관하여 페트라르카 $^{Francesco\ Petrarca,\ 1304~1374}$의 "종일토록 뛰어다니고, 저녁때에 비로소 만족한다"라는 말에 위로를 느낀다. 왜냐하면 나도 이제야 여기까지 왔고 생애의 마지막 단계에 와서 나의 영향력이 나타나는 것을 보고 만족하며, 따라서 오래된 통례에서 보는 바와 같이 그것이 늦게 이루어진 만큼, 더욱 오래 계속되리라 기대하고 있기 때문이다.

쇼펜하우어는 다음 해 9월 21일 금요일 아침에 폐렴으로 사망한다. 쇼펜하우어의 유언 집행인 빌헬름 그비너$^{Wilhelm\ Gwinner}$는 "묘비명에 이름 말고는 날짜도 연호도 아무것도 적지 말게. 어디라도 괜찮네. 내가 어디에 있든 사람들이 나를 찾아낼 테니까"라는 그의 유언을 그대로 실행했다. 프랑크푸르트의 시립 묘지에 세워진 수많은 묘비들 사이에서 평평하게 누워 있는 그의 검은 화강암 묘비를 찾는 일은 쉽지 않다. 그럼에도 불구하고 사람들은 그의 무덤이 어디에 어떤 모습으로 있든 무관하게 그를 찾아간다. 그가 있는 곳은 그의 무덤이 아니라 그의 책이지 않은가?

만남 2
고통의 해석학

브라질의 금광 노동자들의 충격적인 사진, 세바스치앙 살가두 Sebastião Salgado

고통의 근원에 대한 물음을 철학의 중심 물음으로 가지고 있던 쇼펜하우어는 20대 초반에 그의 친구에게 보낸 편지에서 그의 철학의 과제이자 그의 삶의 과제에 대해 다음과 같이 말한다. "삶은 불쾌한 것이다. 나는 이러한 인생에 대하여 사색하며 보내기로 마음먹었다."

고통을 진단하고 치료하다

쇼펜하우어는 니체에 앞서 고통에 대한 물음을 철학의 근본 화두로 삼았던 근대 고통 담론의 원조 철학자이다. 그의 철학은 고통에 대한 물음 못지않게 고통 치료에 대한 논의 역시 심층적으로 다루고 있는데, 이를 각각 '고통의 해석학Hermeneutik des Leidens'과 '치료의 해석학Hermeneutik der Therapie'으로 변별하여 표현할 수 있다.

사실 쇼펜하우어의 철학은 니체에 의해서 적극적으로 수용됨과 동시에 격렬하게 비판받았다. 특히 니체는 《도덕의 계보Zur Genealogie der Moral》(1887)에서 유럽 문화의 데카당스와 그것의 귀결로서 허무주의의 원인 중 하나를 쇼펜하우어의 의지 부정과 동고同苦, Mitleid•의 윤리학에서 찾으며 그의 철학이 인간의 삶에 미치는 부정적인 영향력에 대해 신랄하게 비판했다. 따라서 우리가 현대인의 고통의 문제를 다룸과 동시에 그것에 대한 치료의 문제를 쇼펜하우어의 사상에서 찾고자 한다면, 니체의 비판 지점에서 쇼펜하우어를 다시 읽을 필요가 있다. 이를 위해서는 쇼펜하우어가 고통 치료의 중심 개념으로 사용하고 있는 동고가 그의 고통의 치료학에서 지니는 위상을 정확히 파악하는 것이 중요하다. 이뿐만 아니라 니체는 동고

📖 동고

쇼펜하우어의 사상의 중심 개념. '함께, 같이'를 의미하는 Mit와 '고통, 고뇌'를 의미하는 Leid의 합성어로, 고통을 함께 하는 것을 의미한다. 이때 함께할 대상으로서의 고통은 자신의 고통이 아니라 타자의 고통이다. 따라서 동고(同苦)란 자신과 타인을 구분하지 않고 다른 사람의 고통에 함께하는 것을 뜻한다.

표상

표상이란 외적 대상이 우리의 지각을 통해 우리 의식에 나타난 심상을 의미한다. 표상 개념은 때로는 관념과 같은 뜻으로 쓰이기도 하고 감각과 대립되어서 쓰이기도 한다. 또는 직관적 의식의 내용을 나타내기도 한다.

의지

무언인가를 하려는 마음의 작용을 의미한다. 넓은 뜻으로는 생물의 목적적 행동을 일으키는 작용인 요구에서 일어나는 동기 유발로부터 시작하여 목표를 구하여 요구를 만족시키기까지의 전 과정을 나타낸다. 좁은 뜻으로는 이 중에서 특히 의식적이고 자발적인 행동을 촉발시키는 과정이나 원인을 의미한다. 쇼펜하우어에게 의지는 생물체뿐만 아니라 무기물에 이르기까지 모든 존재하는 것이 지니고 있는 것이다.

를 의지의 부정과 관련하여 부정적으로 파악하는데, 이때 쇼펜하우어의 의지 긍정과 의지 부정의 정확한 의미를 파악하는 것이 필수이다.

이와 같은 고통에 대한 문제 설정을 고통의 진단과 치료라는 두 개의 개념 축을 중심으로 살펴봄으로써 쇼펜하우어의 사상에서 모순되는 것으로 보이는 표상^{Vorstellung}, 의지^{Wille}, 그리고 이념^{Idee}에 대한 인식이라는 상이한 차원들 간의 행간을 보다 섬세하게 읽어나갈 것이다. 또 표상과 의지 개념을 중심으로 고통의 해석학이라는 범주 속에서 고통을 진단적 차원에서 살펴볼 것이다. 그리고 치료의 해석학이라는 상위 범주에서 이념에 대한 인식의 중심 과제인 예술^{Kunst}과 정관^{Kontemplation}을 중심 개념으로 하는 고통의 해소에 대한 시도를 다루어 볼 것이다. 이로써 쇼펜하우어 사상 속에서 염세주의^{Pessimisus}를 넘어서 낙관주의^{Optimismus}로 갈 수 있는 길을 모색해보도록 하자.

이와 같은 방식으로 쇼펜하우어의 사상을 살펴보는 것은 그의 사상이 삶을 진단하는 것에서 멈추는 것이 아니라 그 탈출구를 모색하는 것까지 확장되어 있음을 드러냄으로써 지금까지 소홀히 다루어왔던 치료적 차원을 경험할 수 있는 길을 열어줄 것이다. 나아가 이와 같은 치료적 차원의 중요한 논의점은 진단적 차원의 의지설이나 표상설에 근거한 염세주의적 세계관으로부터 출구가 되는 예술이나 인식의 차원이 어떻게 의지론이나 표상론과 모순되지 않고 설명할 수 있는지 밝혀줄 것이다.

삶은 고苦이다 : 염세주의적 세계관

고통의 근원을 자신의 철학의 중심 물음으로 가지고 있던 쇼펜하우어는 20대 초반에 친구에게 보낸 편지에서 그의 철학의 과제이자 삶의 과제에 대해 다음과 같이 말한다. "삶은 불쾌한 것이다. 나는 이러한 인생에 대하여 사색하며 보내기로 마음먹었다." 이외에도 그의 중심 물음과 관련된 일화는 많다. 1811년 봄 방학에 어머니 요한나는 바이마르로 온 아들이 철학을 포기하고 다른 길을 걷도록 하기 위하여 당시에 문학계의 대가였던 78세의 빌란트와의 만남을 주선했다. 그 자리에서 빌란트는 쇼펜하우어에게 철학 공부에 대해 재고해볼 것을 제안하지만 이에 대해 쇼펜하우어는 다음과 같은 대답을 통하여 그의 삶과 철학의 불가피한 관계를 명시한다. "삶이란 어렵고 힘든 문제이지 즐거운 게 아닙니다. 저는 죽을 때까지 인생에 대해 깊이 생각하면서 살기로 결심했습니다."

이처럼 세계와 쇼펜하우어의 염세주의적 조우는 그를 염세적으로 살게 한 것이 아니라 세계의 본질을 통찰하도록 했다. 그 성찰의 결실이라고 할 수 있는 《부록과 첨가》는 단번에 쇼펜하우어를 유럽의 스타로 부상시켰다. 이 책에서 그는 자신의 인생론은 다음과 같이 설명한다. "우리가 살아가는 직접적인 목적은 고통이다." "인생이란 휴전 없는 싸움의 연속이며 손에 무기를 든 채 죽게 되어 있다." 결국 인생에 대한 쇼펜하우어의 쓰디쓴 성찰은 당시를 지배했던 이성 철학의 대가인 헤겔의 낙관주의적 세계 이해의 공허함을 뒤흔든다.

염세주의에서 시작된 그의 삶은 낙관주의로 포장된 당시 시대와의 부조화 속에서 오히려 조화된다. 염세주의적 세계관을 가졌던 그는 당시 유럽의 낙관주의적 시선을 통해서 자신의 이면을 보게 되고, 반면에 낙관주의가 만연했던 당시 유럽은 쇼펜하우어의 염세적 시선을 통하여 시대의 이면을 보게 된다.

그렇다면 삶에 대한 쇼펜하우어의 염세적 해석은 무엇을 의미하는가? 그가 말하는 염세주의는 단지 세상이 최악임을 말하는 것뿐인가? 인생에 대한 통찰을 삶의 과제로 삼았던 쇼펜하우어는 삶을 다 바쳐서 세상의 본질과 그 본질의 내적 근거를 밝히는 데 몰두했다. 그는 세상 속에서 삶이 인간에게 왜 염세적일 수밖에 없는지에 대하여 천착하며 합리적 인간 이해와 관념적 인간 이해의 세계관이 지니고 있는 한계를 탐색함으로써 삶에 대한 이해의 균형을 제공한다.

쇼펜하우어의 염세주의적 세계관은 그 자신의 삶의 괴로움, 불행, 고통과 깊이 연루되어 있다. 이것은 유년 시절 툴롱에서 겪은 노예 노역 현장의 트라우마일 수도 있고, 아버지의 밝혀지지 않은 죽음 때문일 수도 있고, 인간의 삶을 송두리째 앗아갔던 베를린의 콜레라 때문일 수도 있다. 대부분의 사람들이 이와 같은 고통들을 무의식적으로 수용하거나 운명으로 받아들이고 지나치는 반면, 쇼펜하우어는 이 고통의 근원을 파헤쳤다. 원인이 있는 곳에 최선의 해답이 있기 마련이다. 고통의 근원에 대한 그의 천착은 인류의 지성사에 고통의 철학적 근거에 대한 유일무이한 성과를 남기게 되었다.

그렇다면 세계에 대한 이와 같은 염세주의적 해석학은 쇼펜하우어 이전에는 없었을까? 고통에 대한 해석의 시작은 어디인가? 고통의 해석학에 관한 가장 널리 알려진 고전적인 예를 성서에서 찾아볼 수 있다. 성서는 인간과 세계 창조의 비밀을 이야기하는 동시에 인간 고통의 유래에 관해서 이야기한다. 성서는 인간 고통의 원인을 인간 자신이 스스로 범한 죄의 결과로 본다. 고통이라는 것은 인간의 삶이 필연적으로 수반하는 것도 아니고 세계가 필연적으로 지니고 있는 것도 아니다. 고통은 인간의 죄로 인하여 후천적으로 초래된 것이다. 원래 고통이라는 것은 존재의 목록에 없었던 것이나 인간의 죄의 결과로 생긴 것이다. 이와 같은 고통의 근거에 대한 존재론적 해석은 상당히 도덕적이다. 그러나 이러한 도덕적 해석은 고대인들에게 흔히 나타나는 양태 중 하나이다.

세상이 고통으로 가득 차 있다는 것은 세계가 전지전능한 신의 피조물이라는 주장과 논리적으로 불일치한다. 또한 고통의 원인을 신이 아니라 인간 안에서 찾으려 할 경우, 이는 인간 존재의 이성성이나 합리성에 대한 주장에 반하는 것이 된다. 고통의 원인을 설명하자면 신의 완전성도 인간의 합리성도 일종의 난센스임을 인정해야만 한다. 그리하여 신·인간·세계가 모두 불완전하며, 비합리적이며, 비도덕적일 수 있다는 것을 인정해야 한다. 이와 같은 관점은 세상이나 인간의 삶에 대한 염세적인 입장의 근거가 된다.

만일 고통이나 불행의 원인이 신의 불완전성에 있다면, 피조물인 인간은 이 불완전성을 극복할 어떤 방법도 없다. 인간에게 남아 있는 유일한 대안은 고통을 감내하는 것뿐이다. 그리고 만일 인간의 고통이 인간 자신의 근원적인 죄의 결과라면, 그 죄의 근원성으로 인하여 개별적 인간은 고통으로부터 자유로울 수 없게 된다. 결국 인간은 고통으로부터 자유로울 수 없다. 그러므로 이 세상은 염세적일 수밖에 없게 된다.

쇼펜하우어는 서양인들에게 가장 익숙한 텍스트인 성서에 나오는 원죄 이야기를 통하여 인간의 삶에 존재하는 고통의 불가피성에 주목한다. 이와 같은 과정을 통하여 그에게 현실의 고통은 이론적인 배경을 얻게 되고 더욱 견고해진다. 이로써 고통의 해석학은 삶에 대한 그의 철학의 중심에 자리하게 된다.

이와 같은 성서적 이야기는 단지 하나의 허구적인 신화처럼 간주되어 설득력을 지니기 쉽지 않다. 그러나 죄와 타락의 결과로 추방된 삶을 사는 현세의 과거인 고통이 없는 에덴동산 이야기 속에서 쇼펜하우어는 근대의 합리적 인간 이해의 허점을 찌를 날카로운 원리를 발견한다. 그것은 바로 인간 존재가 지니는 죄의 근원에 대한 물음에서 드러나는 인간의 욕구와 그 사악함이다. 성서적 관점에 깃들어 있는 이러한 면모는 고결한 근대적 인간의 은폐된 이면을 신랄하게 폭로하는 폭풍의 눈이 된다.

고통의 존재론적 근거에 대한 쇼펜하우어의 해석은 표면적으로는 굉장히 형이상학적이면서도 종교적인 입장을 취하고 있는 것처럼 보인다. 그러나 좀 더 심층적으로 탐색하다 보면 곧 그 아래 은폐되어 있는 또 다른 차원을 발견할 수 있다. 그것은 생물학적 차원이다. 그는 고통의 근원인 인간이 범한 죄가 인간의 욕망과 결합되어 있다는 데 주목함으로써 고통에 대한 형이상학적 차원을 생물학적 차원으로 심화시킨다. 이와 같은 고통의 근거에 대한 탐색을 통해 쇼펜하우어는 기존의 인간 이해에서 모순된 차원으로 간주되었던 형이상학적刑而上學的 차원과 형이하학적刑而下學的 차원의 공존을 이끌어낸다.

언제부터인가 철학의 영역에서 사라졌다가 쇼펜하우어에 의해서 비로소 환기된 고통의 근원에 대한 철학적 물음은 인간의 역사 이래 존재론·인식론·윤리학 못지않게 중요하게 제기되어왔던 근원적 물음이다. 그리고 현대에 들어서면서 인간의 육체적·물리적 고통 못지않게 대두된 정신적·실존적 고통이라는 화두는 고통이라는 새로운 영역을 탐험할 것을 강력하게 요청했다. 그리고 이는 인식론이나 관념론 중심의 이론적 전통에서 간과되었던 실존철학이나 생철학이 담고 있는 인간의 구체적인 삶에 대한 탐구의 위상을 새롭게 조명하는 기회를 만들었다.

세계는 나의 표상이다: 개념적 표상 vs. 직관적 표상

성서가 인간의 죄에서 고통의 원인을 찾았다면, 쇼펜하우어는 고통의 원인을 도덕적으로 해석하기보다는 우선 인식론적 차원에서 접근한다. 그는 고통의 근원에 대한 탐구를 세계의 근원에 대한 탐구에서 시작한다. 그리고 삶 자체가 고통이라는 자신의 관점을 증명하는 다양한 현상들을 나열하기 전에 세상이 그토록 염세적일 수밖에 없는 근거에 대해 묻는다. 이 물음에 대한 답이 숨겨져 있는 비밀 지도가 바로 《의지와 표상으로서의 세계》이다.

'표상 Vorstellung/representation'은 쇼펜하우어의 세계와 고통의 근거에 대한 탐구에서 사상적 핵심이 되는 개념으로, 마음 또는 의식에 현전現前하는 것을 뜻한다. 그는 우선 우리 눈앞에 보이는 세계를 세계 자체로 보는 대신에 세계에 대한 우리의 표상으로 간주한다. 표상이라는 개념은 칸트의 입장에서 보자면 선험적인 것이다. 칸트에 따르면 인간은 세계를 경험할 때 감성과 오성의 형식이라는 근본 조건의 지배를 받는데, 이는 인간인 한 누구도 예외적일 수 없는 선험적 조건이다. 그러나 칸트와는 달리 쇼펜하우어는 세계에 대한 인간의 표상을 인간 일반의 표상이 아니라 '나'의 표상임을 주장한다.

쇼펜하우어가 《의지와 표상으로서의 세계》를 "세계는 나의 표상이다 Die Welt ist meine Vorstellung"라는 문장으로 시작했을 때, 우리는 세상이 우리의 표상이 아니라 바로 나의 표상임을 알게 된다. 따라서 세계의 근거가 나의 표상이라는 전제는 곧 세계의 고통이 나의 표상에서 기원하는 것임을 뜻한다. 즉, 세계가 나의 표상의 산물이라면 나의 고통 또한 나의 표상의 산물이다. 이와 같은 주관적 세계 인식은 칸트 사상의 영향*이라 할 수 있다. 그렇다면 이와 같은 표상은 어디에서 유래하는가? 나의 세계의 근거가 나의 표상인 것은 맞지만 나의 표상이 나의 세계의 유일하고 근원적인 근거는 아니다. 따라서 쇼펜하우어는 그의 《의지와 표상으로서의 세계》 제2권을 표상의 근거에 대한 인식론적 탐구에 할애한다.

쇼펜하우어의 입장에서 보자면 지금까지 다루어진 표상은 일종의 '추상적 표상'으로, 표상의 일반적 형식에 따라 관찰된 것이다. 그러나 표상은 그것의 실질적 내용과 의미를 추상적 표상이 아니라 단지 '직관적 표상'과의 관계 속에서만 얻을 수 있다. 직관적 표상은 판단이나 추론 등의 개입 없이 대상을 직접 인식하는 것이다. 모든 표상의 일차적인 근거는 바로 직관이다. 따라

칸트의 영향

쇼펜하우어는 《의지와 표상으로서의 세계》의 머리글에서 자신의 책을 이해하기 위하여 칸트, 플라톤, 그리고 베다(Veda)의 사상이 큰 도움이 될 것임을 밝히고 있다. 쇼펜하우어가 칸트로부터 물려받은 가장 큰 정신적 유산은 코페르니쿠스적 전환으로 익히 알려진 바 있는 인식의 객관 중심주의에서 주관 중심주의로의 전환이다. 이와 같은 전환은 쇼펜하우어의 사상 형성에 직접적인 영향을 주었다. 그것의 일차적 영향은 우리가 경험하는 세계를 쇼펜하우어가 대상 세계에 근거하여 보는 것이 아니라 바로 주관, 즉 나의 표상으로 파악할 때 잘 드러난다. 칸트의 인식론으로부터 그의 표상 이론의 단초가 마련되었지만 그의 의지론은 칸트의 인식론과 대척점을 이룬다.

서 직관적 표상 없는 추상적 표상은 어떤 내용도 없고 어떤 가치도 없다. 이는 칸트가 인식을 추상적 인식과 직관적 인식으로 구분하고, 수동적인 감성 작용에 의존하는 직관적 인식을 오성에 의해서 능동적으로 작동하는 추상적 인식의 하위에 있는 것으로 본 입장을 전복시킨 것이라고 할 수 있다. 나중에 보겠지만 쇼펜하우어는 오히려 오성의 작용에 의한 부분들을 우리 인식에서 걷어내고자 한다. 이는 직관에 의한 인식을 참된 것으로 본 쇼펜하우어의 철학적 입장에 근거한다. 또한 이는 삶의 고통으로부터 벗어나 자유를 얻기 위해서는 수많은 판단을 지우고 현실적 관심에서 벗어나 오롯이 대상 자체만을 객관적으로 바라보는 것, 즉 정관靜觀에 의해서 가능하다는 그의 치료의 해석학의 핵심 내용이라고 할 수 있다.

고통의 실질적인 내용과 의의를 파악하기 위하여 꼭 필요한 것은 단지 표상이 아니라 직관적 표상이다. 우리는 직관적 표상을 참조해서만 세계와 그곳에서 일어나는 삶의 희로애락의 근거를 파악할 수 있다. 그러나 직관적 표상은 개념적으로 포착되는 것이 아니라 우리 눈앞에 나타나고, 느낌으로 다가올 뿐이다. 그럼에도 불구하고 쇼펜하우어에게 직관적 표상은 우리의 모든 것을 바쳐서 얻을 만한 흥미로운 것이자 우리의 이해를 바라며 말을 걸어오는 것이다.

쇼펜하우어는 세계의 현상을 분석하여 설명하는 수학, 자연과학 등 기존의 원인학들이 표상과 표상의 원인을 설명해줄 수 있다고 생각하지 않았다. 그가 보기에 기존의 원인학은 현상이 공간과 시간 속에 나타날 때 따르는 법칙인 질서를 알려주고, 어떤 현상이 특정한 장소에서 생길 수밖에 없는 근거를 보여주는 학문이다. 이런 관점에서 볼 때 원인학은 갖가지 현상이 특정한 법칙에 따라 그 시간과 공간에서 점령해야 하는 위치를 정해주는 것에 불과하다. 그러나 그 법칙의 일정한 내용은 경험으로 일깨운 것이지만, 그 보편적인 형식과 필연성은 경험과 관계없이 우리가 의식하고 있는 것이다.

결국 원인학은 현상의 원인이나 의미를 밝히지 못하고 '이유율$^{Der\ Satz\ vom\ Grund}$'에 따라 현상과 현상 간의 질서에 대한 설명에 그친다는 것이 쇼펜하우어의 통찰이다. 따라서 원인학이 아무리 설명을 한다고 해도, 이 현상들은 여전히 단순한 표상이기 때문에 표상의 의미 자체를 이해하는 데까지는 도달하지 못한다.

쇼펜하우어에게 인류 역사 이래의 표상들의 원인에 대한 물음, 즉 다양한 형이상학적 물음은 곧 철학의 물음이었고, 그 대상은 철학의 대상이었다. 따라서 그것의 대답 또한 철학에 의해서만 획득 가능하다. 철학이 제시하는 존재의 근거에 대한 물음은 자연 과학이 제시하고 있는 존재들의 관계, 즉 표상들 간의 관계에 대한 물음과 구분된다.

이와 같은 논의에서 보면 우리는 쇼펜하우어가 얼마나 형이상학에 충실한 철학자였는지 알 수 있다. 그는 칸트가 고심한 형이상학적 물음을 다시 제기한다. 칸트가 《순수 이성 비판$^{Kritik\ der\ reinen\ Vernunft}$》(1781)에서 모든 개별 학문들의 단초학으로서 인식론을 '선험 철학$^{Transzendentale\ Philosophie}$'을 통해 전개했듯이 쇼펜하우어는 모든 개별적 이유들을 그의 표상과 의지로서의 세계에 대한 탐구 속에서 밝혀내고자 한다. 칸트에 있어서 데카르트$^{René\ Descartes,}$

쇼펜하우어의 고통 철학의 산실인 함부르크

1596~1650의 "나는 생각한다, 고로 존재한다"라는 명제가 '나는 인식한다, 고로 세계는 존재한다'로 바뀔 수 있다면, 쇼펜하우어에 있어서는 '나는 의지한다, 고로 세계는 존재한다'로 명제화될 수 있을 것이다.

세계는 나의 의지이다 : 의지의 긍정

앞에서 살펴보았듯이 쇼펜하우어에 있어서 직관적 표상은 세계의 근거나 고통의 근거에 대한 물음의 답을 표상에서 의지로 이행시키는 열쇠 개념이다. 쇼펜하우어가 표상의 근거를 직관에서 찾고 직관의 근거를 육체Leib에서 찾고, 육체를 의지와 불가분의 것으로 보는 까닭에 고통의 해석학의 중심축은 표상론에서 의지론으로 이행한다.

　표상의 원인을 다른 표상에 의해서 설명하는 것이 아니라 표상 자체의 원인을 밝힘으로써 제시하고자 한 쇼펜하우어는 표상의 근거를 의지에서 발견한다. 모든 표상은 의지의 객관화에 불과하기에 세상의 모든 현상들, 즉 표상들의 배후에는 바로 의지가 존재한다. 이로써 쇼펜하우어에게 있어서 의지는 바로 칸트가 우리의 인식에 의해서는 결코 밝혀질 수 없다고 한 '물자체 Ding an sich'라 할 수 있다. 칸트는 인간은 선험적 주관의 형식이라는 렌즈를 통해서 세계를 경험하기 때문에 어떤 인식도 세계 그 자체나 대상 그 자체, 물 그 자체를 인식할 수 없다고 천명한 바 있다. 그러나 쇼펜하우어는 세계, 즉 우리에게 보이는 표상 세계의 원인 그 자체가 바로 의지이기 때문에 의지가 곧 물자체라고 역설한다. 의지가 바로 세계의 원인이며 고통의 원인이라는 것이다. 따라서 의지에 대한 물음을 통해서만이 비로소 고통의 진정한 충족 이유를 파악할 수 있다는 것이다. 따라서 세계의 궁극적인 원인에 대한 충족 이유율의 탐구는 바로 의지에 대한 탐구로 집중된다.

　칸트는 세계에 대한 경험, 즉 인식 성립의 근거를 세계를 수동적으로 수용하는 감성의 형식과 능동적으로 파악하는 오성의 형식인 12범주를 통하여 설명했다. 그러나 쇼펜하우어는 칸트의 12범주를 충족 이유율˙ 하나로 압축하여 이 세계가 우리에게 특정한 방식으로 표상되는 이유를 충족 이유율로 설명한다. 모든 존재하는 것, 즉 세계는 반드시 존재의 충분한 이유를 지니고 있다는 것이다. 따라서 존재 방식을 규정하는 표상 방식의 중심 범주는 바로 충족 이유율이다. 다시 말해 모든 존재는 그것이 지니는 의지의 충족 이유율에 따라서 상이한 모습으로 드러난다는 것이다.

이와 같은 의지의 바탕은 육체이다. 따라서 의지는 '원인Ursache'이나 '자극Reiz' 그리고 '동기Motiv'에 의해서 운동한다. 이때 무기물적 요소는 원인, 식물적 요소는 자극, 동물적 요소는 동기로 운동하는데, 인간은 이 세 요소 모두로 이루어져 있기에 인간의 의지는 원인에 의해서도, 자극에 의해서도, 동기에 의해서도 운동한다. 원인이나 자극에 의해 운동할 경우 의지는 목적 없는 활동이다. 그러나 인간은 외적인 자극에 의한 행동뿐 아니라 내적인 자기 지각에 의한 행동, 즉 인식에 의한 행동이 가능하다. 이것은 인간의 의지가 외부의 단순한 자극에 의해서 지배되는 경우도 있지만 그것으로부터 자유로운 경우도 있음을 의미한다.

이처럼 의지는 무기물 세계의 의지, 식물 세계의 의지, 동물 세계의 의지로 구분된다. 동물 세계의 의지는 인식적이다. 그러나 이때 인식은 의지에 의해서 지배되는 의지의 노예인 인식과

충족 이유율

모든 것은 그 존재 이류를 가진다는 원리로 라이프니츠에 의해 성립되었으나 쇼펜하우어는 이 개념을 인간이 경험하는 모든 인식 대상의 전제 원리를 설명 할 수 있는 체계를 만들기 위해 사용하며, 생성의 충족 이유율, 인식의 충족 이유율, 존재의 충족 이유율, 행위의 충족 이유율의 4가지로 나누어 설명했다.

의지로부터 자유로운 인식으로 구분된다. 전자의 경우에 우리는 표상과 의지에 의해서 기계적으로 지배를 받으며, 그 속에서 고통에 허우적거리며 산다. 후자는 인간이 의지로부터 자유로울 수 있을 때, 즉 인과율의 구속으로부터 자유로울 때 가능하다. 이를 위한 수단을 쇼펜하우어는 바로 예술^{Kunst}과 이념^{Idee}에 대한 인식에서 찾는다.

쇼펜하우어는 마치 식물이 자극에 의해서 운동하는 것처럼 동물적인 육체는 인식을 통하여 동기를 부여받는다고 본다. 모든 동물은 대상을 인식하고 이 인식이 동물의 운동을 규정하기에 운동을 하는 동물은 가장 불완전한 경우라도 오성을 갖고 있다. 오성은 모든 동물과 인간에게 같이 나타나기에 이들은 인과 관계에 대한 인식, 결과에서 원인으로의 이행, 그리고 원인에서 결과로의 이행을 인식한다. 그러나 이들이 지니고 있는 오성의 예민성 정도나 인식 범위는 다양하다. 오성의 결핍인 '우둔^{Dummheit}'은 인과 관계의 법칙을 응용하는 데 둔감하다는 것, 즉 원인과 결과, 동기와 행위의 연쇄를 직접 파악할 수 없다는 것을 의미한다. 따라서 우둔한 존재는 인과 관계의 법칙을 응용하는 힘이 부족하다.

그러나 인식 일반은 이성적인 것이든 직관적인 것이든 근원적으로는 단지 의지에서 나오는 것이기 때문에 의지에 봉사하기 위한 것, 즉 '개체 유지$^{Erhaltung\ des\ Individuums}$'나 '종의 번식$^{Fortpflanzung\ des\ Geschlechts}$'의 수단에 지나지 않는다. 인식은 단지 의지가 목적을 실현하도록 도와주는 사명을 가지고 태어났을 뿐이다. 그렇다면 개별적인 인간이 과연 의지의 이와 같은 예속에서 벗어날 수 있을까? 우리의 인식은 이와 같은 의지에 의해서 늘 구속받기만 하는 것일까? 의지와 표상으로서의 세계 속에 살고 있는 우리는 고뇌나 고통의 고리를 끊을 수 없는 것일까?

성욕, 의지의 숨은 얼굴이자 고통의 근원

쇼펜하우어는 인간의 삶이란 자연이 자기 자신을 유지하기 위해 걸어놓은 마법의 지배하에 있다고 생각한다. 자연이 걸어놓은 수많은 마법 가운데 가장 강력한 것이 성욕이다. 자연은 인간을 성욕과 쾌락이라는 거부하기 힘든 미끼로 유혹하고 그것을 얻기 위해 가장 큰 고통을 지불하게 한다. 자연은 성욕을 쾌락과 연결시킴으로써 종족 보존이라는 프로젝트를 완성하려는 것이다. 이런 관점에서 보자면 성욕에 대한 인간의 관계는 이러나저러나 인간에게는 별로 남는 장사가 아니다. 성적 쾌감이라는 달콤함의 유혹은 순간적이지만 그 대가는 지속적이기 때문이다. 성욕의 쾌감을 맛보았다 해도 인간은 그것에 대한 책임이 수반하는 고통을 감수해야 한다. 만약 그러지 않고 성욕의 쾌감을 거부한다면 해소되지 않는 끝없는 성욕의 고통에 시달려야 한다. 따라서 성욕은 인간이 취하든 버리든 고통스러운 것이다.

이와 같은 쇼펜하우어의 인간 본성에 대한 파악은 프로이트 Sigmund Freud, 1856~1939의 인간 이해를 훨씬 앞지르는 것이다. 특히 쇼펜하우어의 의지와 표상으로서의 세계에 대한 이해는 프로이트 심리학의 발전과 긴밀한 연관성을 지니고 있다. 본능의 억압

자체가 야기하는 병리적 현상에 대한 연구에서 획기적인 업적을 남긴 프로이트 정신 분석의 근간은 인간의 본능과 그 본능의 억압이라는 충돌 지점에서 초래되는 비극이라고 할 수 있다.

우리에게 익히 알려져 있는 것처럼 삶의 가장 근본적인 의지를 칸트는 선의지에서, 니체는 힘에의 의지에서, 프로이트는 쾌락에의 의지와 죽음에의 의지에서, 빅토어 프랭클^{Viktor E. Frankl, 1905~1997}은 의미에의 의지에서 찾는다. 그리고 쇼펜하우어는 삶에의 의지를 내세운다.

쇼펜하우어의 삶에의 의지는 결국 맹목적 의지를 뜻한다. 쇼펜하우어에게 의지는 물자체인 까닭에 그것은 세계의 내적 실질

빅토어 프랭클

빈(Wien)대학교 의과대학의 신경정신과 교수로 프로이트의 정신 분석과 아들러(Alfred Adler, 1870~1937)의 개인 심리학에 이은 정신 치료의 제3학파 불리는 로고테라피(Logotherapy)학파를 창시했다. 그는 1905년 오스트리아의 빈에서 태어났고, 빈대학교에서 의학 박사와 철학 박사 학위를 받았다. 제2차 세계 대전 당시 홀로코스트 생존자이다. 그는 나치 강제 수용소에서의 경험을 《죽음의 수용소에서(Trotzdem Ja zum Leben sagen:Ein Psychologe erlebt das Konzentrationslager)》에서 날카롭게 그려내고 있다. 그는 염세주의밖에 발견할 수 없을 극단의 상황 속에서 발견한 인간 실존의 고귀함을 로고테라피라는 새로운 치료 영역을 통해 정립했다. 수감되는 순간 수감자들로부터 나치는 그들의 이름을 비롯하여 그들이 가지고 있던 모든 것을 빼앗았으나 그들의 실존 속에 가능성으로 존재하는 자유에의 영원한 의지만은 빼앗을 수 없었다.

이자 본질이다. 반면에 현상과 같은 가시적인 세계는 의지의 거울에 불과하다. 육체와 밀접히 연결되어 있는 다양한 의지 행위의 근본 주제는 욕구 충족이다. 욕구 충족은 개체 유지와 종족 번식으로 환원된다. 이때 육체의 힘에 의해서 육체를 유지하는 것, 즉 개체를 유지하는 것은 의지의 긍정 정도가 낮은 상태에서 이루어진다. 이 경우에 육체는 일정 순간 지속되지만 언젠가 소멸될 운명이고, 이와 더불어 육체 속에 나타나 있던 의지도 소멸한다. 따라서 이를 통해서는 개체 유지나 종족 번식은 근본적으로 좌절될 수밖에 없다. 쇼펜하우어는 육체가 지니고 있는 물리적인 힘보다 더 강한 것을 상정하는데, 이것이 바로 성적 충동이다. 육체의 소멸과 더불어 소멸하는 의지의 한계는 성적 충동을 충족시킴으로써 극복 가능하다. 성적 충족은 생식의 힘을 통하여 개체의 생존이나 유지를 넘어서 종의 번식을 가능하게 함으로써 의지의 긍정 정도를 상승시킨다. 삶에 대한 의지의 긍정은 바로 성욕을 충족시키는 생식에 의하여 가장 잘 강화된다.

결국 자연이 인간에게 부여한 삶에의 의지나 성욕은 개체 자체의 보존을 위한 것이 아니라 종족 보존을 위한 안전장치이다. 그것은 소멸하지 않고 끝없이 종족을 보전하기 위한 자연의 교활한 장치라는 것이 쇼펜하우어의 해석이다. 개체 속에 작동하는 삶에의 의지를 통하여 자연이 확보하고자 하는 것은 개체 자체의 생명이 아니라 종족의 보존이다.

기존의 개체가 새로운 개체로 넘어가는 재생산의 절차에서 중심적인 역할을 수행하는 것은 생식기이다. 따라서 생식기는 의지 세계의 정수라 할 수 있다. 이와 같은 해석은 전통적인 인식

쇼펜하우어가 학자로서 자신의 철학을 단련했던 베를린의 거처에서 훔볼트대학교 사이의 거리

론에서 표상 세계의 대표 주자로 내세우고 있는 두뇌에 극적으로 대비된다. 고매한 두뇌가 아니라 욕정의 상징인 생식기가 생명 유지와 무한한 생명을 보증하는 원리로서 파악된다.

쇼펜하우어는 분명히 의지를 긍정하고 있다. 앞으로 살펴보겠지만 니체는 쇼펜하우어에게 이처럼 명백한 의지 긍정으로 이해되는 사실을 의지 부정으로 이해하고 비판한다. 그렇다면 니체가 이렇게 판단한 이유는 무엇일까? 쇼펜하우어의 의지의 긍정과 부정 사이의 행간을 해독하는 것은 쇼펜하우어 이해에 있어서 본질적인 과제 중의 하나이다. 쇼펜하우어 사상에 있어서 의지의 부정은 긍정과 마찬가지로 분명한 사실이다. 그렇다면 의지 부정은 무엇인가? 이 모순되어 보이는 두 대립적 범주는 쇼펜하우어 사상의 모순을 드러내는 오류 지점인가? 아니면 두 범주들 간의 어떤 차원의 차이에서 유래된 것인가?

사실 지금까지 살펴보았던 의지의 긍정은 일종의 존재적 차원 또는 사실적 차원의 긍정이다. 의지는 분명히 우리의 삶에 존재하는 사실이다. 심지어는 물자체이기까지 하다. 즉 표상 세계의 근거로서 존재하는 가장 명백한 진리이다. 그렇다면 의지 부정은 무엇인가? 쇼펜하우어 사상에서 의지 부정은 일종의 가치적 차원의 부정으로 해석될 수 있다. 즉 명백히 존재하는 사실이지만 그것의 가치적 차원이나 당위적 차원의 문제로 해석되어야 할 부분이다. 만약 인간 삶의 고통의 원인이 의지 자체라면, 그 고통의 해소나 치료를 위한 일차적 문제 대상 역시 의지 자체이다. 따라서 치료 대상으로서의 의지는 바로 부정의 대상으로 해석된다. 그렇다면 명백한 사실로서의 의지를 어떻게 부정할 수 있을까? 이 물음에 대한 답변이 바로 쇼펜하우어에 있어서 치료적 차원의 의지 부정에 대한 논의의 화룡점정이다.

니체가 문제로 삼은 쇼펜하우어의 의지 부정은 이와 같은 맥락에서 볼 때, 존재적 차원의 부정이 아니라 가치적 차원의 부정이라고 할 수 있다. 또한 생물학적 차원의 부정이 아니라 인식론 차원의 부정으로 이해될 수 있다. 만일 니체의 비판이 타당한지 알아보려한다면, 다음 장에서 살펴보게 될 고통 치료의 해석학에서 수행될 가치적 차원의 의지 부정이 과연 인간의 삶을 오히려 병들게 할 것인지 아니면 건강하게 할 것인지에 주목해야 할 것이다.

사랑과 성욕 그리고 고통의 관계의 반전: 플라톤의 사랑의 계보학

쇼펜하우어가 가장 큰 영향을 받은 철학자 중의 한 명인 플라톤의 저서 《향연 Symposium》은 사랑에 관한 많은 이야기를 담고 있다. 《향연》에 등장하는 소크라테스의 이야기를 통해서 성과 사랑 그리고 삶의 역학 관계를 살펴보는 것은 이들에 대한 쇼펜하우어의 염세적 해석과는 다른 해석을 볼 수 있는 좋은 기회가 될 것이다. 우선 《향연》의 내용을 간단히 살펴보자.

사랑의 신 에로스에 대한 찬미의 내용을 담고 있는 《향연》은 플라톤의 친구이자 플라톤의 저서 《파이드로스 Phaidros》의 주인공이기도 한 파이드로스 Phaidros에 의해서 시작된다. 여기서 파이드로스는 사랑의 신을 신들 중에서 가장 오래된 신으로 여긴다. 그리고 고대인들의 사랑관을 담고 있는 헤시오도스 Hēsiodos의 말을 인용하며 태초에 카오스 Chaos가 생긴 후에 대지와 더불어 에로스가 생긴 것으로 봄으로써 에로스의 존재를 다른 존재들을 앞서는 것으로 여

〈프시케와 에로스 Psiche ravvivata dal bacio di Amore〉, 안토니오 카노바 Antonio Canova | 사랑의 신 에로스Eros, 그리고 에로스와의 사랑을 통해 신의 지위를 얻은 프시케Psyche

긴다. 에로스, 곧 사랑을 사람의 일생을 통해 훌륭한 생활을 할 수 있도록 이끌어주며 인류에게 덕과 행복을 마련해주는 가장 유력한 존재로 높이 평가하는 것이다.

그러나 소피스트^{sophist}였던 파우사니아스^{Pausanias}는 에로스에 대한 무조건적 찬미에 대하여 반대하면서 에로스의 본성이 찬미를 받아 마땅한 경우에 한해서만 찬미해야 한다고 주장한다. 즉, 세속적인 사랑이 아니라 천상의 사랑일 경우에만이 사랑은 찬미받을 수 있다는 것이다. 의사인 에릭시마코스^{Eryximachos}는 이와 같이 사랑을 분별하여 보는 것을 의미 있는 것으로 보며 이것을 좀 더 분명하게 하고자 했다. 그는 우선 사랑이 인간이나 신은 물론이고 동물이나 식물에도 존재하는 것으로 본다. 따라서 사랑은 모든 일에 영향을 미치고 있음을 주목한다. 그러나 사랑이 신체에 있어서 좋은 요소와 건강한 요소를 갖게 하는 것은 아름다운 일이지만 그와 반대의 경우는 부끄러운 일이며 의술을 업으로 하는 사람이면 해서는 안 될 것으로 본다.

에릭시마코스는 의학을 충족과 배설을 둘러싸고 체내에서 일어나는 여러 가지 사랑의 현상에 관한 인식으로 보았다. 완전한 의사란 아름다운 사랑과 추한 사랑을 잘 구별할 수 있는 사람으로 본다. 그는 사랑은 세상 어디에서나 발견되는 것이기에 천상의 사랑과 마찬가지로 세속의 사랑도 잘 보살펴야 함을 환기시킨다.

이에 대해서 희극 작가 아리스토파네스^{Aristophanes, BC 445?~385?}는 에로스야말로 신들 가운데 가장 많이 인간을 도와주는 신이며 인간의 온갖 고뇌를 치유해주는, 인간에게 최대의 행복을 가져다주는 의사로 본다. 그러나 에로스와 인간의 관계를 잘 알기 위해서는 인간의 본성을 먼저 알아야 한다고 역설한다. 그에 따르면 인간이라는 존재는 원래 온전한 존재였으나 신에게 저항한 벌로 반쪽으로 쪼개져 불완전한 존재가 되었다. 그리고 제우스가 인간이 다시는 그와 같은 저항을 하지 못하도록 인간의 머리를 잘라진 반쪽을 보도록 돌려놓음으로써 인간은 자신의 상처를 영원히 상기해야 하는 불행한 존재가 되었다.

이와 같은 상처를 지닌 불완전한 존재를 완전하게 하고 치유하는 근원적 힘이 바로 에로스이기에 사랑이 찬미받을 수 있다고 주장한다. 인류가 행복해지려면 사랑을 완전하게 해야 하는 것이다. 에로스 신을 잘 경배하면, 그는 인간에게 과거의 본성을 회복시켜주고 병을 고쳐주고 축복되고 행복하게 해줄 것이라는 것이 이 희극 작가의 사랑론이다.

그러나 사랑의 위대함에 대한 최고의 근거는 바로 비극 작가인 아가톤Agathon에 의하여 조목조목 펼쳐진다. 그가 언급한 에로스의 많은 본성들 중에 특히 주목을 끄는 것은 에로스의 부드러운 성품이다. 그는 신들 중에서 에로스가 가장 부드러운 존재임을 강조한다. 에로스는 인간처럼 땅 위를 걷지도 않고 현혹과 광기의 여신처럼 인간의 머리 위를 걷지도 않는다. 그는 바로 신들과 인간들의 가장 부드러운 부분인 영혼과 심성을 관장하기에 그의 발은 그 어느 존재보다도 부드럽다. 심지어는 그 부드러운 영혼과 심성조차도 그것이 거칠면 곧 떠나버리기 때문에 사랑의 본성은 모든 존재 중에 가장 부드럽다.

이와 같은 에로스가 지닌 사랑은 그의 덕을 드러낸다. 사랑의 힘은 우선 공정의 덕을 지니고 있다. 사랑은 부정한 일을 하지 못하게 하며 당하지도 않게 하는 힘을 지니고 있다. 뿐만 아니라 사랑은 절제심을 선물한다. 에로스가 최고의 절제의 신인 이유는 인간의 절제력을 무너뜨리는 쾌락과 욕망조차도 에로스의 지배를 받기 때문이다. 또한 용기의 덕목에 있어서도 심지어는 용기의 대명사인 아레스Ares조차도 사랑에 빠지며 그리하여 에로스의 지배하에 있게 된다. 그리고 에로스가 지닌 마지막 덕목이 바로 지혜이다. 이 이유를 아가톤은 에로스의 손길이 닿기만 하면 누구나 시인이 되는 것에서 찾는다.

바로 이와 같은 근거를 들어 아가톤은 사랑의 신인 에로스가 신들 중에서도 가장 행복한 신이라고 주장한다. 따라서 인간이 이와 같은 에로스의 본성을 자신 속에서 발전시킨다면 불완전성과 상처를 극복하는 최고의 명약을 쓸 수 있는 명의가 되어 행복한 삶을 영위할 수 있게 될 것이다.

사랑론의 절정은 바로 그다음에 이어지는 소크라테스에 의해서 극대화된다. 소크라테스가 에로스를 탐색하기 위한 첫 번째 물음은 바로 에로스의 대상에 대한 물음이다. 과연 사랑은 무엇을 추구하는가? 그리고 그다음의 물음은 인간이 사랑을 추구하는 이유에 대한 물음이다. 이 두 물음을 소크라테스는 자신이 그 전에 이 주제와 관련하여 디오티마Diotima라는 여사제와 했던 대화를 통하여 풀어나간다. 이를 통해 소크라테스는 에로스가 찬미받아 마땅하고 인간이 사랑을 자신의 본성 속에서 잘 구현해야 하는 분명한 근거를 제시한다.

사랑이 추구하는 대상에 대한 물음의 답은 바로 좋은 것이나 아름다운 것이다. 에로스나 에로스를 닮은 인간이 추구하는 것은 바로 좋은 것이자 아름다운 것이다. 그렇다면 왜 에로스는 이들을 추구하는가? 그가 아름다움과 선함을 결핍하고 있기에 그것을 추구하는 것일까? 만일 에로스가 아름다움과 선함을 이미 지니고 있다면 그는 그것을 추구하지 않았을 것이다. 그렇다면 에로스는 추하고 악하다는 말인가? 그는 에로스가 아름다움과 추함, 선함과 악함의 중간에 있다고 한다. 중간자로서 에로스는 특히 가사적^{可死的}인 것과 불사적인 것의 중간에 존재한다.

그렇다면 과연 이 중간 영역이란 무엇인가? 가사적인 인간의 영역과 불사적인 신의 영역 사이에 존재하는 중간자의 형태는 바로 영靈, 즉 다이몬^{daimon}이다. 영들은 인간들의 이야기를 신에게 전하는 동시에 신의 이야기를 인간에게 전달하는 역할을 한다. 이 영들은 저들의 중간에서 이들의 간극을 메우고, 만물을 묶어 하나가 되게 한다. 신과 인간의 유일한 교제는 단지 이 영들을 통해서만 가능하다.

이 중간의 영역에 에로스가 존재하기에 에로스는 좋은 것을 추구하는 것이다. 따라서 사랑이 자신의 잃어버린 반쪽을 찾음으로써 완전해지는 것이 아니라 그 찾는 것이 단지 좋은 것일 때만이 인간은 완전해지고 행복해질 수 있다는 것이다. 그렇다면 과연 사랑이 추구하는 이 좋은 것이란 무엇일까? 그것은 궁극에는 소멸할 수밖에 없는 모든 가사적인 것이 그러하듯이 인간은 그 본성이 미치는 데까지 불사하며 영생하는 것이다. 그러나 이것이야말로 가사적인 존재가 가장 얻기 힘든 것이다. 그렇다면 과연 인간은 무엇의 힘으로 이것을 실현하는가? 바로 사랑이다.

사랑은 생식^{生殖}의 전제 조건이다. 인간이 불멸하기 위하여 필요한 것은 생식이다. 생식이란 낡고 늙은 것 대신 새롭고 젊은 것을 두고 가는 것이다. 가사적인 존재인 인간은 그러나 육체적으로뿐만 아니라 영적으로 생식하기를 원한다.

육체적이고 영적인 불사는 모든 노력과 사랑이 추구하는 궁극적인 것이다. 하지만 인간이 에로스의 본성을 실현하고자 하는 것은 단지 불사 자체만을 중시하는 것이 아니라 아름답고 좋은 것 속에서의 불사를 중시하는 것이므로 육체적인 생식보다는 영적인 생식을 중시하게 된다. 따라서 가사성에서 불멸성으로 넘어가게 하는 매체인 사랑은 그 이행 과정에서 수반되는 모든 고통을 기꺼이 감수하게 한다. 이로써 인간은 단지 생물학적 생식에 지배되는 기계적인 고통의 삶을 사는 존재가 아니라, 영적인 삶을 통하여 고통 속에서도 자신의 아름다움과 선함을 추구하며 행복한 삶을 발견하는 존재가 된다.

이와 같은 플라톤의 사랑론은 쇼펜하우어의 진단적 해석에서 생물학적 차원의 전적인 지배를 받고 있는 것으로 표현되는 인간 삶과 대비된다고 할 수 있다. 그러나 이와 같은 대비는 다음 장에서 다룰 쇼펜하우어의 치료의 해석학이 부재한 상태에서 논한 것이기에 완전하다고 볼 수 없다. 쇼펜하우어의 인간 삶에 대한 염세주의적 입장은 치료의 해석학에서 반전의 반전을 맞는 동시에 플라톤과의 관계를 뫼비우스의 띠 관계로 전환시킨다.

의지에 대한 인식의 구속적 관계

쇼펜하우어에게 인식과 의지의 관계는 양가적으로 파악된다. 그의 진단적 차원에서는 인식이 의지에 종속된다. 그러나 곧 다룰 치료적 차원에서는 의지가 인식에 의해서 지배받는다. 이 점을 염두에 두고 일단 전자의 관점에서 인식과 의지의 관계를 살펴보자. 인식과 의지의 관계에 대한 쇼펜하우어의 해석은 전통적인 이성 중심주의적인 입장과 판이하게 다르다. 인간의 의지는 의지를 실현하기 위한 수단으로서 인식을 필요로 한다. 세계의 배후에서 표상을 찾고, 표상의 배후에서 의지를 발견한 쇼펜하우어의 도식에서 인식은 단지 의지의 수단에 지나지 않으며, 의지에 대한 봉사를 자신의 사명으로 한다.

 주지하다시피 쇼펜하우어는 의지와 표상으로서의 세계에 대한 그의 치밀한 고찰 속에서 인식을 이데아^{idea}에 봉사하는 것인 동시에 의지에 봉사하는 것으로 본다. 마치 머리가 몸통에서 나온 것처럼 인식은 의지에서 나온다. 그리고 하등 동물에게는 머리와 몸통이 구별 없이 붙어 있듯이 의지와 인식이 구분되지 않거나 인식이 결핍될 경우 인식과 의지의 봉사 관계가 폐기된다.

 그러나 인간의 경우 머리가 몸체 위에 자유롭게 존재하는 데서 알 수 있듯이 몸체는 오로지 머리를 받들기 위하여 존재한다. 따라서 머리는 몸체로부터 독립적이다. 이와 같은 특징에 대한 상징적인 예를 쇼펜하우어는 아폴로상에서 발견한다. 멀리 주위를 둘러보고 있는 시의 신인 아폴로의 머리는 그 무엇의 구속도 받지 않고 양쪽 어깨 위에서, 완전히 몸의 무게로부터 벗어나 이

벨베데레 궁전의 아폴로상 | 쇼펜하우어는 멀리 주위를 둘러보고 있는 아폴로상이 인간의 인식이 맹목적인 의지에서 독립되어 있음을 상징한다고 보았다.

미 몸체의 일은 전혀 신경을 쓰지 않고 있는 것처럼 보인다.

바로 이 지점이 쇼펜하우어가 인간의 인식을 단지 의지의 노예 상태에 국한하여 보기보다 맹목적 의지로부터 독립되는 어떤 지점이 있음을 예고하는 순간이다. 이와 같은 의지와 인식의 연관성에 대한 그의 새로운 조망은 인간의 사랑을 단지 종족 보존의 수단으로 보는 인간에 대한 생물학적 입장이나 이를 근거로 한 염세주의적 입장으로부터 전환의 가능성을 암시한다.

의지와 인식의 접목 지점은 의지의 사실적 긍정에서 의지의 당위적 부정으로 이행하는 지점이다. 이뿐만 아니라 맹목적 의지의 지배하에서 이루어지는 한갓 도구적이고 수단적인 삶의 이해의 다른 차원이 드러나는 지점이다. 의지의 노예에 불과했던 오성이 인식을 대변하는 것이 아니라 오성을 넘어서는 예술과 정관에 의한 이념의 인식이라는 새로운 지평이 열린다. 이 차원에서 표상과 의지에 의한 염세주의적 해석이 예술과 이념에 대한 인식을 통한 낙관주의적 해석으로 바뀌는 것이다. 이 부분이 염세주의자로 알려진 쇼펜하우어 철학의 위상을 재평가하는 데 결정적 요소가 되는 지점이다.

만남 3
철학자의 웃음

〈슬퍼하는 남자 Man van Smarten〉, 제임스 엔소르 James Ensor

쇼펜하우어에게 고통이란 나의 고통이고 표상은 나의 표상이기 때문에, 고통은 나의 표상의 산물이자 나의 의지의 산물이다. 따라서 고통 치료의 대상은 나이고 나의 표상이다. 나의 고통의 출처인 표상 작용은 나의 의지의 맹목적인 운동의 지배를 받는다. 이 맹목성에 따라서 우리의 삶은 울고 웃는다.

고통의 야누스적 얼굴

앞에서 언급했던 의지 긍정과 의지 부정 사이의 존재적 해석과 당위적 해석의 차이와 더불어 의지 부정의 치료적 절차와 효과에 대한 쇼펜하우어 철학의 위상을 주시하며 이제 쇼펜하우어의 고통 치료의 해석학으로 넘어가보자. 이미 살펴보았듯이 쇼펜하우어에게 고통이란 나의 고통이고 표상은 나의 표상이기 때문에, 고통은 나의 표상의 산물이자 나의 의지의 산물이다. 따라서 고통 치료의 대상은 나이고 나의 표상이다. 나의 고통의 출처인 표상 작용은 나의 의지의 맹목적인 운동의 지배를 받는다. 이 맹목성에 따라서 우리의 삶은 울고 웃는다. 따라서 고통으로부터 탈출하기 위해서는 먼저 나의 의지의 맹목적인 지배에서 벗어나야 한다.

그러나 나를 지배하는 맹목성과 이 맹목성을 깨닫지 못하는 나의 존재 사이에 놓여 있는 심연을 건너뛸 수 있는 힘을 나는 지니고 있는가? 있다면 그것은 무엇일까? 나를 지배하고 있는 이 맹목성에 대한 극복의 주체가 나 자신일 때만이 비로소 그 극복의 고유한 가능성과 가치가 드러날 수 있다. 이와 같은 부분들은 고통의 치료라는 과제를 풀어나가기 위한 근본 화두인데, 이때 화두 중의 화두가 바로 의지이다. 과연 고통의 치료, 즉 고통의 근원에 대한 치료에서 의지의 부정이 의미하는 것은 무엇인가?

《의지와 표상으로서의 세계》에서 쇼펜하우어는 맹목적 의지와 고통의 역학 관계에 중점을 두고 있지만 의지 자체의 존재보다 의지의 과잉이라는 가정에서 보는 것도 시도해볼 만한 관점이다. 왜냐하면 의지의 기원이 인간의 육체와 필연적인 관계를 가지는 한, 인간이 의지로부터 벗어나는 것은 불가능해 보이기 때문이다. 따라서 인간의 삶에서 행복과 불행이라고 하는 화두를 의지의 정도 문제와 연결하여 살펴보고, 의지의 정도에 있어서 의지의 적절함의 다른 두 극단의 형태라고 할 수 있는 '의지의 과잉'과 '의지의 결핍' 차원에서 접근해보는 것은 쇼펜하우어의 고통과 치료의 해석학의 행간을 읽는 중요한 지점이다. 이와 같은 가정에서 보면 인간의 고통은 의지 자체에서 오는 것이라기보다는 의지 과잉과 의지 결핍에 근거한다. 따라서 고통의 근원을 치유하는 데 있어서 중요한 과제는 이와 같은 극단에 대한 문제의식을 갖는 것이고, 그 극단과의 소통적 관계를 마련하는 것이다.

쇼펜하우어에게 있어서 의지 과잉은 욕구 과잉의 상태로 드러난다. 과잉된 욕구가 지니고 있는 실현에 대한 강한 의지는 현실이라는 상황 속에서 실존적 한계에 직면하기 마련이다. 하고자 하는 욕구와 실존적 한계의 간극에서 고통이 야기된다. 비록 쇼펜하우어 자신이 사용하지는 않았지만 그의 사상의 행간을 좀 더 명료화하기 위하여 사용된 '실존의 결여태'(이 표현은 필자가 자체적으로 사용한 용어이다)가 고통의 근원이다. 즉 생^{生}이 수반할 수밖에 없는 노^老·병^病·사^{死}에 고통이 근거한다. 노·병·사는 의지의 실현을 방해하는 근본적인 장애물이다. 쇼펜하우어의 고통의 해석학은 의지의 결핍보다는 의지 과잉에 주목하고 있다. 의욕이 넘치는 사람에게는 모든 것이 부족해보일 수밖에 없듯이 의지 과잉은 실존의 결여적 해석을 유도한다. 의지가 강할수록 노

·병·사와 같은 실존의 결여적 속성은 더 강한 고통을 야기한다. 만약 의지가 약해진다면, 이러한 고통 또한 약해질 것이다. 따라서 고통의 정도는 의지 강약의 정도와 그것의 실현 가능성의 역학 관계에 의존할 것이다.

그러나 만일 인간의 의욕이 충족된다면, 그리하여 인간의 의지가 휴지기에 들어간다면, 인간의 고통은 어떠할까? 인간의 욕구가 순간적으로 실현되고 아직 새로운 욕구가 발생하지 않았다면 어떨까? 그렇다면 인간은 더 이상 고통스럽지 않을 것인가? 쇼펜하우어는 실존의 결여태와 마찬가지로 '실존의 잉여태'(이 표현은 필자가 자체적으로 사용한 용어이다) 또한 인간에게 고통임을 역설한다. 비록 쇼펜하우어의 철학이 의지 과잉에 초점을 두고 있기는 하지만, 의지 결핍에서 오는 고통 또한 간략하게 언급한다. 쇼펜하우어에 있어서 의지 과잉에서 오는 실존의 '결여적 고통'이 아직 추구해야 할 끝없는 욕망의 대상을 지니고 있는 데 반하여, 의지의 결핍에서 오는 실존의 '잉여적 고통'은 더 이상 욕구할 것을 발견하지 못하는 데서 온다. 의지가 욕구할 수 있는 모든 물질적 조건들이 충족되었기 때문에 욕구의 대상은 더 이상 존재하지 않고, 의지도 더 이상 작동하지 않는다. 이 순간은 인간이 영원한 휴식과 행복을 약속받는 순간이다.

그러나 이 약속은 오래 유지되지 않는다. 인간은 잠시의 기쁨과 행복을 누린 후에 곧 지루함과 권태^{Langweile}라는 복병에 의해서 고통에 시달린다. 이렇게 볼 때 의욕은 운명적으로 결핍의 고통과 잉여의 고통을 수반한다. 이 시계추의 폭은 단기적일 수도 있고 장기적일 수도 있다. 이와 같은 현상은 삶에는 영원한 휴식이 없음을 의미하는 동시에 영원한 고통도 없음을 암시한다. 그러나 우리는 고통이 언제든지 우리를 덮칠 수 있다는 위기의식에서 헤어나기 힘들기 때문에 그 짧은 휴식의 시간조차 제대로 향유하지 못한다. 특히 현대의 장기적인 잉여적 고통에 해당되는 권태의 경우, 문제가 되는 의욕 상실이나 감각의 마비, 감수성의 죽음 또한 고통의 진단과 치료에 있어서 빼놓을 수 없는 중요한 요소로 자리매김하고 있다.

이와 같은 실존의 고통의 원인과 관련된 양면적인 현상은 충분히 분석할 가치가 있다. 왜냐하면 만일 고통의 원인을 실존의 근본적 한계인 노·병·사의 문제로 볼 경우, 고통의 해결은 인간이 늙지도 않고 병들지도 않고 죽지도 않을 때에야 가능하다. 그러나 만일 인간이 늙지도 않고 병들지도 않고 죽지도 않음에도 불구하고 행복하지 않다면, 결여적 고통에 대한 치료적 해석만으로는 인간이 다시 새로운 고통에 사로잡히는 것을 근본적으로 막지 못할 것이다. 이러한 차원에서 본다면 고통에 대한 결여적 해석은 고통의 궁극적인 처방력을 상실할 수밖에 없다.

곤궁이나 고통이 인간에게 휴식을 주자마자, 곧 지루함, 즉 권태가 인간에게 다가오기 때문에 쇼펜하우어의 통찰대로 고통을 추방하려는 쉴 새 없는 노력은 고통의 형태를 바꾸는 것 이외의 다른 선택의 여지가 없게 된다. 이제 인간은 그야말로 심심해서 고통스럽다. 인간을 움직이게 하는 것은 생존에 대한 노력인데 생존이 보장되자마자, 인간은 알 수 없는 혼란에 빠지게 된다. 인간은 노력해야 할 목표를 잃고 허무에 빠지게 된다. 이와 같은 상황에서 인간에게 유일하게 주어진 노력의 목표란 기껏해야 권태 면하기의 극단적 형태인 '시간 죽이기$^{\text{die Zeit zu tödten}}$'이다. 인간은 이제 곤궁과 근심에서 벗어나기 위해 애쓰는 대신에 지루함에서 벗어나기 위해 애써야 한다. 이 노력이 실패할 경우에 초래될 위험은 곤궁의 위험과 마찬가지로 치명적이다. 쇼펜하우어는 이와 같은 고통의 이중적 현상을 《의지와 표상으로서의 세계》에서 "곤궁은 서민에게 쉴 새 없는 채찍이지만, 권태는 상류 사회에 대한 채찍이다"와 같은 문장 속에서 날카롭게 지적한다.

잉여적 고통을 통하여 결여적 고통의 한계적 여백이 드러난다. 그렇다면 쇼펜하우어는 이 여백을 어떻게 자신의 고통 해석학에 수용했을까? 고통에 대한 잉여적 해석을 통하여 인간의 삶에 대한 염세주의적 입장은 더 심화되는가? 아니면 잉여적 해석을 통하여 고통의 결여적 해석이 어떤 출구를 발견하는가? 일면적으로 보면 잉여적 해석을 통하여 고통의 해석학은 이제 일종의 고통 가치의 반전을 맞이하게 된다. 고통으로부터의 자유는 소극적으로 보면 고통이 없는 상태를 의미하지만 이것만으로는 부족하다. 인간의 삶은 고통이 없는 것만으로는 충분하지 못하다. 근본적으로 고통이 없다는 것이 곧 인간의 행복을 의미하지는 않는다.

의욕의 주체이기 때문에 영원한 행복도 영원한 불안도 가능하지 않은 존재로서 인간이 지니는 고통의 원인과 관련된 피할 수 없는 이 야누스적 양면성은 고통이 곧 삶의 본질임을 의미한다. 이와 같은 해석을 교차적으로 전개해보면 결국 곤궁의 상태에서 소모적으로 진행되는 노동은 곤궁한 사람에게는 독이지만 지루한 사람에게는 약이 될 수 있으며, 지루한 사람에게는 독이 되는 무료함도 곤궁한 사람에게는 약이 될 수 있다. 노동이 아이러니

> **파르마콘**
> '약'과 '질병'이라는 뜻을 동시에 가지고 있는 그리스어로, 경우에 따라서는 독이 되기도 하고 치료제가 되기도 하는 것을 말한다. 플라톤이 《파이드로스》에서 글(문자)을 비판하기 위한 맥락에서 이 개념을 사용했다.

하게도 독과 약이라는 파르마콘Pharmakon의 양면성을 지닌 것과 마찬가지로 무료함도 독인 동시에 약의 기능을 지닌다.

그 어떤 것도 그 자체로 독이거나 약일 수 없고 다만 그것의 정도에 따라서 약이 될 수도 독이 될 수도 있다. 따라서 지금까지 논의한 결여적 고통에서 문제가 되었던 결핍은 삶에 있어서 불필요하거나 파괴적인 것인 동시에 긍정적이고 창조적인 위상을 지니게 된다. 인간은 영원히 행복할 수도 없지만 영원히 고통스러울 수도 없기 때문에 결국 삶의 본질이 고통이라는 정식이 설득력을 갖는 만큼 삶의 본질이 행복이라는 정식도 설득력을 얻게 된다. 그렇다면 쇼펜하우어에게 있어서 행복에 도달하는 방법은 무엇인가? 고통에 대한 이와 같은 관점의 대전환은 어떻게 가능할까?

현대의 고통 치료와 쇼펜하우어의 고통 치료

최근 자연 과학의 발전은 실험실의 발전에 힘입어 인간에 대한 연구에서도 수많은 성과를 이루었다. 그러나 아쉽게도 인간에 대한 연구에서 적지 않은 부분이 실험으로 상징되는 자연 과학적 방법에 의존하면서 실험실을 벗어난 다른 방법은 비과학적인 것으로 치부되어 논외의 대상으로 취급되곤 했다. 또 한편으로는 동물 실험의 결과를 바탕으로 인간에 대한 논의가 이루어짐으로써 인간에 대한 이해가 동물과의 유사성 속에서 제한적으로 이루어지는 경향이 발생했다. 이와 같은 최근의 인간 연구는 결국 인간에 대한 연구 방법을 특수화하여 전통적인 인문학적 연구 방법과 그 연구 성과가 정당한 학문적 인정을 받지 못하게 했다. 이로 인해 인류의 역사를 통해 축적된 가치 있는 인문학적 성과들이 경시되는 상황에 도달했다.

기존의 인문학적 인간에 대한 연구는 서서히 어마어마한 재정적 지원을 통한 자연 과학적 성과들로 대체되었다. 인간이 지닌 천연적인 사고방식들에 의해서 축적되어온 인문학적 성과들은 보급에 있어서도 최소한의 비용을 통해서 누구나 쉽게 사용할 수 있는 경제적 비용을 필요로 하는 반면, 천문학적인 자본에 의존하고 있는 자연 과학적 성과들은 그 보급에 있어서 이익의 창출이라고 하는 자본의 논리를 따르기 때문에 자본이 없이는 구입할 수 없는 생산품들을 끝없이 산출해낸다.

얼핏 보기에 자연 과학이나 인문학이나 모두 하나의 학문으로서 인류의 발전과 행복에 공동으로 기여하는 듯 보이지만, 자연 과학적 성과들이란 자본이 있는 곳에서만 발전이나 행복에 대한 약속을 지킬 뿐이며, 그렇지 못한 곳에서는 인류의 어떤 발전이나 행복도 제공하지 않는다. 이와는 달리 인류의 출현과 더불어 발전해온 인문학적 결실들은 자본에 대한 최소한의 의존성 속에서 인간의 발전과 행복에 기여해오고 있다. 비록 현대인들이 의식하고 있지 못할지라도, 인문학은 인간의 삶에 있어서 가장 기초적이고 궁극적인 가치들을 창출함으로써 마치 공기와 같은 역할을 해오고 있다.

이와 같은 인문학의 근원적 힘은 인간이 지니고 있는 감성과 지성과 관련되어 있다. 자연 과학이 기하학적 투자에 의해서, 기하학적 자원의 사용에 의존하여, 기하학적인 비용의 도구들을 생산하고 유통함으로써 막대한 환경 파괴를 수반하는 데 반해서, 인문학적 성과들은 그것의 생산이나 유통 그리고 사용에 있어서 거의 어떤 자연 파괴나 손실도 초래하지 않는다. 인문학에서 인간은 단지 자신의 능력 속에 주어진 것들만 사용하여 인간의 발전과 행복에 기여한다. 이러한 관점에서 볼 때 인문학은 친환경적이고 평화적인 학문이라고 할 수 있다.

쇼펜하우어의 고통 치료의 해석학에서도 우리는 고부가가치라는 허울만 그럴듯한 미명하에 고가의 비용을 부담하는 수많은 치료의 도구 대신에 인간 자체의 능력 속에서 인간 고통의 문제를 다루고자 하는 평화적이고 친환경적인 치료의 차원을 발견한다. 이와 같은 부분은 그가 행복의 근원을 재물이나 명예보다 자아에서 찾으려 한 데서 잘 드러난다. 이러한 이야기는 금방 눈에 보이는 것만을 믿고, 돈만 지불하면 코앞에 모든 것이 제공되는 물질 만능의 시대에 살고 있는 우리에게는 불행하게도 거의 설득력이 없는 이야기로 들릴 수도 있다.

쇼펜하우어의 통찰에 따르면 인간의 자아, 즉 인격과 그 가치는 인간의 행복과 안녕에 직접 영향을 주는 유일한 것이지만, 그 밖의 것들이란 간접적인 것에 지나지 않는다. 이와 같은 관점에서 보자면 우리의 삶에서 중요한 것은 끝없이 개발되는 과학의 신상품들이 아니라 정신의 충만함과 감수성의 세련됨이다. 우리가 자연 과학이라는 미명 아래 간과해왔던 인간 자신의 가치와 인간 속에 내재해 있는 천연의 자기 감성 능력이나 진단·치유 능력을 쇼펜하우어라는 철학자를 통하여 진지하게 다루어보는 것은 삶의 위기에 처해 있는 현대인들에게 값진 시도라고 할 수 있다. 자, 이제 우리 안의 상업주의 논리가 쇼펜하우어의 천연 치료의 해석학을 어떻게 받아들이든 이 논의에 억지로라도 한번 귀를 기울여보자.

맹목적 의지의 노예 상태로부터 해방

쇼펜하우어는 인간과 동물의 차이에 대한 통찰 속에서 고통의 근거를 해부하는 동시에 고통 치료의 도구들을 발견하려 시도한다. 의지와 표상으로서의 인간에 대한 진단적 이해에서 주로 부각된 것이 인간과 동물의 유사성임에 반해, 예술과 이념에 대한 인식을 통한 치료적 해석에서는 인간과 동물의 차이가 부각된다. 이 지점이 바로 표상과 의지의 노예인 인간이 그것들로부터 자유로울 수 있는 근거를 제시하는 곳이다.

모든 존재가 의지의 지배하에 있지만, 이 의지의 지배로부터 자유로울 수 있는 가능성을 지니고 있는 유일한 존재가 인간이다. 인간의 행동과 동물의 행동의 현저한 차이는 의식 안에 있는 추상적 개념에서 비롯된다. 추상적 개념이란 일반적으로 여러 가지 사물이나 개념에서 공통되는 특성이나 속성 따위를 추출하여 파악함으로써 구체적인 경험 내용으로부터 추출된 어떤 성질·관

〈아터 호숫가의 시골집Schloss Kammer am Attersee I〉, 클림트Gustav Klimt | 관조적인 화가의 시선에 의해 포착된 풍경

계·상태를 의미한다. 쇼펜하우어에게 있어서 추상적 개념의 유무는 마치 눈이 있는 동물과 눈이 없는 동물의 차이와 같다. 눈이 없는 동물은 촉각에 의해 자기들과 가까운 공간 속에 있는 것, 자기들에게 닿는 것만을 인식하지만, 눈이 있는 동물은 원근의 넓은 시야에 보이는 것을 인식한다.

감각적 능력에 의지하지 않고 개념적으로 사유할 수 있는 능력을 뜻하는 이성의 유무도 이와 마찬가지이다. 이성이 없는 동물은 단지 눈·코·귀·혀·살갗을 통하여 바깥의 어떤 자극을 알아차림으로써 시간 속에서 직접 마주 대하고 있는 직관적 표상, 즉 실재적 표상만을 인식한다. 이에 반해서 이성을 지니고 있는 인간은 추상적 인식 덕분에 좁은 현실적 실재 외에도 과거와 미래 전체, 또한 넓은 가능성의 영역을 인식한다. 인간은 바로 추상적 인식 덕분에 현재와 현실을 뛰어넘어 자유롭게 모든 방면으로 인생을 전망한다. 쇼펜하우어에게 있어서 인간과 동물과의 관계는 마치 해도·나침반·상한의 등으로 자기 항로를 알고 대양의 위치를 정확하게 아는 선장과, 파도와 하늘만을 보고 있는 무지한 선원의 관계에 비유된다.

이와 같은 이유로 쇼펜하우어는 구체적인 생활 외에 추상적인 생활의 놀라운 의의를 강조한다. 구체적인 생활 속에서 인간은 현실의 모든 폭풍우와 눈앞의 영향에 몸을 맡긴다. 그러나 이성적인 생각을 통한 추상적 생활 속에서 구체적인 세계에 대한 고요한 영상을 경험하게 된다. 이 경지에 이르렀을 때 인간은 구체적인 생활에서 마음을 점령당한 강렬한 움직임으로부터 벗어나 자유로운 방관자나 관찰자가 된다. 자기 자신의 상태나 행위를 돌아보는 이성의 반성^{reflection} 능력으로 도달하는 이와 같은 경지는 쇼펜하우어에게 있어서 마치 배우가 자기 역할을 잠시 끝내고 구경꾼들 틈에 앉아 자신이 섰던 무대에서 일어나는 일을 태연히 보는 것과 같다. 그러나 이와 같은 인간의 '태연함^{Gelassenheit}'은 동물의 '생각 없음^{Gedankenlosigkeit}'을 의미하는 것이 아니다. 태연함은 오성이 있되 오성의 범주가 제공하는 잡다한 해석으로부터 자유로운 상태에서만이 획득되고 유지될 수 있다. 따라서 단순한 오성 작용은 가능하지만 해석 능력 자체가 결핍되어 있는 동물의 생각 없음과는 근본적으로 구분되는 것이다. 이 태연함의 상태는 곧 살펴보게 될 치료의 해석학의 중심 과제이기도 하다.

추상적 인식에게 쇼펜하우어가 부여한 이와 같은 가치는 사실 돈만 지불하면 인간의 온갖 편의를 제공해줄 준비를 갖추고 있는 자본주의 사회 속에 살아가는 우리들에게는 코웃음거리에 불과할 수도 있다. 그러나 자신이 원하는 것을 이미 소유하고 있음에도 불구하고 삶이 덧없고 허무한 이들이나, 이와는 대조적으로 원하는 것이 있음에도 불구하고 소유할 수 있는 것이 전무후무한 이들에게 남아 있는 유일한 대안이자 건강한 대안 중에 하나가 바로 추상적 인식이 될 것이다.

추상적 인식의 힘은 우리가 볼 수는 없지만 분명히 존재하는 우리 지평의 한계 밖으로 우리를 안내하는 내비게이션 역할을 한다. 시간적, 공간적인 제약으로 인해 구체적인 생활 속에서 경험할 수 없는 그것의 여백으로 우리를 안내하는 것이 바로 추상적 인식이다. 현대에는 감각 경험과 실증적 검증에만 의존하는 실증성이라는 과학의 거대한 유니콘에 의해서 추상적 인식력이 점점 쇠퇴하고 있다. 뿐만 아니라 과도하게 양산되고 있는 알 거리와 살 거리들은 우리가 자신을 되돌아볼 수 있는 시간을 재빠르게 빼앗아 우리의 마음을 더욱 분주하고 산만하게 만드는 경향이 강하다. 그러나 추상적 인식력은 바로 이와 같은 맹목적 의지의 지배로부터 거리를 두게 함으로써 고통으로부터 자신을 해방시키는 가장 건강하고 친환경적인 통로를 제공한다.

우리를 사로잡고 불안하게 하고 괴롭히는 것은 피할 수 없는 악도 아니고, 도저히 수중에 넣을 수 없는 재물도 아니다. 그것은 인간이 피할 수 있거나 수중에 넣을 수 있는 것들의 정도 문제일 뿐이다. 쇼펜하우어에게 행복이란 우리의 요구와 우리가 얻은 것 사이의 균형에 바탕을 두는 것이며, 고통이란 그들 사이의 불균형에서 야기되는 것이다. 그러나 우리의 요구에 상응하는 것을 소유함으로써 얻게 되는 기쁨도 엄밀한 의미에서 보자면, 단지 오류와 망상의 자식일 뿐이다. 왜냐하면 우리의 요구와 충족의 관계란 쇼펜하우어에게는 우연으로부터 잠시 빌려온 것이며, 우리는 언젠가 우리도 모르는 사이에 그것을 반납해야 하기 때문이다.

모든 고통은 맹목적 의지에 지배받는 삶에서 소유가 준 이와 같은 순간적인 망상이 사라졌을 때 나타나는 증상이다. 쇼펜하우어는 이와 같은 오류와 망상의 원인을 불완전한 인식에서 찾는다. 잘못된 관계는 인식에 의한 것이기에 이는 더 높은 식견에 의해서 없어질 수 있다. 따라서 마음의 어지러움은 불완전한 인식에서 생겨난 것이기에 이 망상으로부터 자유로운 현자에게는 고통도 항상 멀리 떨어져 있기 마련이며 마음의 '평정^{平靜, ataraxia}'을 방해하는 일도 일어나지 않는다. 현자가 지니고 있는 추상적 인식에 의한 지식은 불완전한 인식에 기인하는 고통으로부터 우리를 자유롭게 한다. 이와 같은 쇼펜하우어의 고통에 대한 진단과 치료적 해석은 스토아 철학^{Stoicism}에 대한 그의 높은 평가에 기인한다.

쇼펜하우어는 스토아 철학자들 중에 에픽테토스^{Epiktētos, 50?~138?}의 철학을 자주 언급한다. 그는 있는 그대로의 '자연'을 인식하고 우리의 의지를 그것에 일치시키기 위한 '수련^{修練}'을 철학으로 보았기에 "나는 신과 함께 선택하고, 신과 함께 원하며, 신과 함께 의지^{意志}한다"고 천명했다. 희로애락의 근거를 세계에 대한 판단에서 찾는 에픽테토스에게 있어서 우리의 정서는 바로 우리의 생각에서 기원하는 것이다. 따라서 우리가 마음의 불편함으로

> **평정**
> 마음이 부동(不動)한 상태, 즉 잡념에 사로잡히지 않고 동요가 없이 고요한 마음의 상태를 말한다. 에피쿠로스(Epikouros, BC 342?~271)의 철학에서 이것은 행복의 필수조건이며 철학의 궁극적인 목표이다. 헬레니즘 철학은 이것을 이상으로 삼는다. 피론(Pyrrhōn, BC 360?~270?)은 판단을 중지함으로써 이 경지에 들어갈 수 있다고 했고, 에피쿠로스는 모든 것을 원자(原子)의 운동이라고 해석하면 이 경지가 온다고 말했다.

부터 자유로워지기 위해서 필요한 것은 세계에 대한 부질없는 판단들을 경계하는 것이다.

스토아 철학*은 노예 출신의 에픽테투스부터 네로$^{Nero, 재위 54~68}$의 스승인 세네카$^{Seneca, BC 4?~AD 65}$ 그리고 황제인 아우렐리우스$^{Marcus Aurelius, 재위 161~180}$의 철학에 이르기까지 실로 다양하다. 스토아 철학

스토아 철학

고대 그리스·로마의 철학. 모든 탐구의 목표는 평온한 마음과 확실한 도덕을 낳는 행동 양식을 인간에게 제시하는 것이라고 주장했다. 초기 스토아 철학은 이전 철학과 달리 지식의 추구 자체를 목적으로 삼지 않았다. 헬레니즘 철학을 대표하는 스토아 철학은 보편적이고 평온하며, 질서 있는 존재와는 거리가 먼 생활 조건에서 살아가는 사람들을 위해 삶의 방편(ars vitae)을 내놓았다. 스토아 철학자들이 보기에 영원한 우주 질서와 불변적인 가치의 근원을 드러내는 일은 이성만이 할 수 있기 때문에 이성은 곧 인간 존재가 따라야 할 모범이었다. 그들에 따르면 이성의 빛이란 세계 전체에 경이로운 질서를 부여하며 인간이 스스로를 통제하여 질서 있게 살아가는 기준이다. 스토아 도덕 철학도 세계가 통일을 이루고 있는 하나의 커다란 도시라는 생각에 바탕을 두고 있다. 인간은 이 도시의 충성스러운 시민으로서 덕과 올바른 행위에 대한 믿음을 가지고 세상일에 적극적이어야 할 의무가 있다. 스토아 도덕 철학은 도덕 가치, 의무, 정의, 굳센 정신 등과 같은 덕목에 중심을 두고 보편적인 우애와 신처럼 넓은 자비심을 강조함으로써 가장 호소력 있는 학설 가운데 하나로 자리 잡았다. 스토아학파는 처음 형성된 후 2세기까지 그 영향력이 가장 컸으며, 이후 사상의 발전에도 뚜렷한 영향을 미쳤다. 후기 로마 시대와 중세에 이르는 동안 스토아 도덕 철학의 일부는 그리스도교·유대교·이슬람교 등이 인간과 자연, 국가와 사회, 법과 제재에 관한 이론을 형성하는 데 적용되었다. 현대에 와서도 스토아 철학의 개인 중시 사상 및 갈등과 불확실성의 세계에서 가치의 중요성을 강조하는 학설은 실존주의와 비정통 프로테스탄트 신학에서 다시 주목받았다.

의 창시자인 제논$^{Z\bar{e}n\bar{o}n,\ BC\ 335?\sim263?}$은 에픽테토스보다 앞서서 '가장 좋은 것$^{das\ höchste\ Gute}$'과 '행복의 넘침^{Glückseligkeit}' 상태에 도달하기 위해 가장 중요한 것은 자기 자신과 합치하여 사는 것임을 주장했다. 즉 철저하게 '이성적으로', 즉 '개념들에 의해서 자기 규정'함으로써 변화하는 여러 인상과 일시적인 기분에 휘둘리지 않는 것이다. 이때 우리는 고통의 근거들을 해소

스토아 철학자 에픽테토스

하기 위하여 행하는 판단을 경계하는 일과 개념들에 의해 자기 규정하는 일의 양립 가능성에 회의를 느낄 것이다. 이때 판단을 경계하는 일은 결국 자연을 있는 그대로 인식함으로써 가능한 일이며, 이것이 바로 진정한 의미의 개념들에 의한 자기 규정으로써 잘못된 판단들을 철회하는 것을 의미하는 것이다. 이와 같은 입장에서 보면 양자는 충분히 양립 가능하다.

혼란으로부터 벗어나 평정에 도달하는 방법에 대한 스토아학파의 사색의 결과는 쇼펜하우어에게 많은 영감을 주었다. 성과나 외부 사정은 우리로서는 어찌할 수 없지만 행동의 준칙은 우리가 구사할 수 있다는 스토아학파의 삶에 대한 핵심적 성찰을 통해 쇼펜하우어는 인간의 생활에 항존하는 고통을 초월하여 인간의 품위를 향유할 수 있는 지침을 발견했다.

스토아학파에 대한 쇼펜하우어의 지대한 관심은 그의 철학이

어떤 점에서 니체와 커다란 차이를 지니고 있는지를 명시하는 부분이다. 니체가 적대자로 삼고 있는 철학, 즉 플라톤이나 그의 후예로서 스토아학파를 극찬할 뿐만 아니라 칸트 철학에 대한 비판과 더불어 칸트 철학의 물음을 더 완숙한 경지로 도달하게 한 철학자가 바로 쇼펜하우어이다. 바로 이와 같은 지점은 고통의 해석학을 넘어 치료의 해석학으로 이동하는 지점에서 가장 잘 드러난다. 그의 고통의 해석학적 고찰은 인식론 못지않게 비이성주의, 생물학적 인간 이해, 기계적 인간관에 많은 신세를 지고 있지만, 치료적 차원에서 인간에 대한 그의 접근은 바로 전통적 형이상학이나 합리주의적 전통 속에서 인간 이성의 복권을 강하게 설파하고 있다. 이 양면성이 그의 철학에서 어떻게 공존할 수 있는지 주목하면서 그의 치료의 해석학을 살펴보자.

고통 치료의 도구들

인간의 고통이 표상과 밀접한 관계가 있음을 통찰하고 있는 쇼펜하우어는 고통의 근원인 표상이 의지와 밀접하게 연결되어 있음을 지적했다. 그렇다면 우리의 삶과 표상이나 의지의 관계는 고정적인 것일까 아니면 유동적인 것일까? 우리의 고통은 과연 완화되거나 해소될 수 있는 것일까? 그리고 만일 그것이 가능하다면, 우리는 어떻게 고통으로부터 자유로울 수 있는가? 쇼펜하우어는 고통에 주목함과 동시에 고통으로부터 자유의 가능성을 탐구했다. '인간의 삶은 고통이다'라는 정식의 변형 가능성을 담보하는 핵심적인 장치를 인식에서 발견하고 있는 쇼펜하우어는 무엇보다도 이데아의 인식이라고 하는 전통 형이상학자 플라톤의 핵심 개념에 주목한다. 각 사물의 일반적인 인식에서 이데아의 인식으로 이행한다는 것은 인식이 의지에 대한 봉사로부터 해방되고, 주관이 단지 개체적인 주관이 아니라 순수한 인식 주관이 됨을 의미한다. 그렇다면 순수한 인식 주관이 된다는 것이 의미하는 바를 알기 위하여 쇼펜하우어의 말을 들어보자.

> 만일 우리가 정신의 힘이 고양되어 사물에 대한 관습적인 관찰 방식을 단념하고, 즉 이유율의 여러 형태를 가지고 자신의 의지에 대한 관계를 궁극적인 목표로 하는 사물 상호 간의 관계만 추구하는 것을 그만둔다면, …… 독일어 표현법에 따르면 대상 속에 자신을 완전히 '잃는다'는 것이 있는데, 그것은 자신의 개체, 자신의 의지를 잊고, 오직 순수한 주관으로서 객관을 비추는 거울로 존재하는 것이다. 따라서 거기에 존재하는 것은 대상뿐이며, 대상을 지각하는 사람은 없는 것처럼 생각된다. 그래서 직관하는 사람과 직관은 이미 구별될 수 없으며, 둘은 하나가 되는 것이다. 왜냐하면 의식 전체가 오직 하나의 직관적인 상으로 채워지고 점령되어 있기 때문이다. 《의지와 표상으로서의 세계》

순수한 인식 주관이 된다는 것은 의지와 표상으로부터의 해방 상태를 의미한다. 이를 통하여 비로소 감각 세계가 아닌 이데아를 인식하게 된다. 쇼펜하우어에 따르면, 의지의 노역에서 벗어나 순수 인식 상태로 들어가 이데아를 인식한 사람은 자신이 처한 곳이 감옥이든 궁궐이든 관계없이 일몰의 아름다움을 인식함으로써 그것을 향유하게 된다. 자유로운 인식의 상태에서는 우리를 구속하고 있던 모든 것으로부터 벗어나게 된다. 불행과 더불어 행복 또한 사라져 우리는 이미 개체의 세계가 아니라 이념의 세계에 거주하게 된다.

(1) 예술을 통한 고통 치료

플라톤은 예술을 이념 인식에 적대적인 것으로 간주하여 이상국가의 성립에 있어서도 예술가를 배척해야 할 위험 대상의 리스트에 올렸다. 그러나 쇼펜하우어는 이념의 인식이라고 하는 측면에서는 플라톤과 입장을 함께하지만 이념의 인식 매체와 관련해서는 큰 차이를 보인다. 특히 이념 인식과 예술의 관계에 대해서 플라톤이 부정적인 입장을 고수한 데 반해서, 쇼펜하우어는 긍정적 입장에서 예술을 이념 인식의 근원적인 매체로 높이 평가한다. 전통적 형이상학의 인식론과 그것에 의해 배척되었던 예술의 밀접한 결속은 쇼펜하우어에 와서 이루어진 큰 전환점이라고 할 수 있다.

쇼펜하우어는 물자체, 즉 세계의 직접적이고 적절한 객관성인 '의지'를 고찰하는 방식을 바로 예술과 천재의 작업에서 발견한다. 미적 정관이 지니고 있는 무관심성을 근거로 하여 미적 정관이 지니고 있는 자율성 영역을 고찰한 칸트로부터 깊은 영향을 받은 쇼펜하우어는 예술이 재현하는 것을 '순수 정관$^{\text{reine Kontemplation}}$'에 의해서 파악된 영원한 이데아로 평가함으로써 칸트와 플라톤의 오묘한 조합을 그의 형이상학 속에서 이끌어낸다. 모든 사물의 원인이자 이성에 의해서만 파악될 수 있는 이데아는 모든 현상에서 우연적이고 단절적인 것에 대비되는 본질적이고 연속적인 것을 의미한다. 쇼펜하우어에게 있어서 예술의 유일한 기원은 이념의 인식이며, 예술의 유일한 목적은 이와 같은 인식의 전달이다.

원인학에서 볼 수 있듯이 과학이 개체를 대상으로 이유율과 개별자의 원리에 의해 지배받는다면, 이념은 이와 같은 과학의 힘으로 포착할 수 있는 것이 아니다. 과학은 원인과 결과의 부단한 변화의 물결에 따름으로써 개별적인 목적에는 도달하나 궁극적인 목적에는 도달하지 못한다. 이에 반해 예술은 그 정관을 통하여 대상을 세상만사의 물결 속에서 끄집어내어 자기 앞에 세우기 때문에 도처에서 목적에 도달한다. 이 때문에 예술에서 개별적인 것은 전체의 대표이자 공간과 시간 속의 무수한 것들의 등가물이 된다. 예술의 대상은 오직 본질적인 것, 즉 이데아이며, 이것을 가능하게 하는 예술의 주체는 바로 정관이다. 이러한 까닭에 경험과 과학이 육안에 충실한 이유율에 따르는 '봄'의 방식인 데 반해, 예술은 영혼의 눈을 통하여 사물들의 이유율을 넘어서는 '봄'의 방식을 취한다.

이처럼 쇼펜하우어는 이데아를 대상의 표면에서 배회하는 것이 아니라 그 속으로 몰입하는 순수 정관에 의해서만 파악될 수 있는 것으로 이해한다. 따라서 천재의 정관은 자신과 대상과의 관계에 대한 망각을 통하여 가장 완전한 객관성을 담보한다. 이는 인식에 있어서 자기 자신, 곧 의지로 향하는 정신의 주관적인 방향과 대비를 이룬다. 이와 같은 활동을 통하여 천재는 작품을 만들고 사람들이 이념을 인식할 수 있는 동기를 제공한다. 여기서 예술가는 바로 이념 인식의 중요한 매개자 역할을 한다.

그러나 여기서 주의해야 할 것은 쇼펜하우어에 있어서 예술이 지니는 순수 정관이 무감각 상태나 과잉된 감각을 의미하지 않을 뿐만 아니라 예술이 때때로 제공하는 이성의 마비 상태나 감각의 도취 상태를 의미하는 것도 아니라는 것이다. 이와 같은 지점을 조금 더 자세히 살펴보기 위하여 그가 제시한 현실적인 삶의 세 가지 형태를 살펴보자. 쇼펜하우어에게 삶은 다른 현상과 마찬가지로 의지가 객관화된 것이지만, 의지는 목표도 없고 결말도 없는 노력인 까닭에 맹목적인 경향을 지닌다.

이와 같은 삶을 이론적으로 극단화시켜서 구분해보자면, '폭력적인 의욕das gewaltige Wollen', '순수한 인식das reine Erkennen' 그리고 '극도의 무감각die größte Lethatgie'으로 구분된다. 특히 지금 논의되고 있는 부분은 삶의 두 번째 형태인 순수한 인식과 관련된 것으로서 이것은 첫 번째 형태인 폭력적인 의욕이나 극도의 정열과 구분되는 동시에 세 번째 형태인 극도의 무감각, 즉 권태나 공허한 동경과도 구분된다.

그러나 개인의 삶은 진단적 차원에서 볼 때, 이 세 형태 중 어느 하나에 고정되기보다는 그것들 사이를 약하게 동요하면서 접근하여 간신히 자신의 지루함이나 고통을 모면한다. 하지만 쇼펜하우어의 치료적 차원에서 보자면 폭력적인 의욕과 무감각 상태는 치료의 대상이지 목표가 아니다. 세 형태는 우리 삶의 양상으로 분명히 존재하는 것이지만 고통의 진단과 치료의 해석학자로서 쇼펜하우어는 이 세 가지 양상을 인간에게 고통을 부여하는 것과 그 고통을 치료하는 힘을 지니고 있는 것으로 구분한다.

다시 말해 삶의 세 가지 형태를 진단적 차원에서 존재하는 것과 치료적 차원에서 존재의 가치가 있는 것을 구분한다. 이와 같은 관점에서 볼 때, 치료적 고찰의 목표는 순수한 의식이라고 할 수 있다. 쇼펜하우어는 추상적 인식을 통하여 궁극적으로 도달해야 할 내적인 상태를 동물의 생각 없음과 변별하여 생각은 있되 이 생각에 집착하지 않고 놓아두는 상태를 의미하는 태연함에서 찾았듯이, 고통의 치료를 위한 단서를 폭력적인 의욕이나 마비와 같은 무감각으로부터 구별되는 순수한 인식에서 발견한 것이다.

따라서 비록 진단적 차원에서 현실적인 삶이 세 가지로 구분되어 당당히 존재하고 있지만, 치료적 차원에서 보자면 폭력적인 의욕과 무감각 상태는 지양해야 할 상태이다. 의욕의 과잉을 나타내는 폭력적인 의욕과 의욕의 결핍을 나타내는 무감각 상태는 극과 극의 상태이지만 이 둘 모두가 고통을 야기하는 것이고, 때문에 치료적 조치를 필요로 한다. 전자의 경우에 필요한 치료적 조치가 적절한 진정 작용이라면, 후자의 경우는 적절한 자극이다. 치료제로서 예술의 역할에서도 이 양자를 지양하는 것이 중요한 과제이다. 과잉과 결핍의 정도를 적절히 조절함으로써 사물들을 있는 그대로 볼 수 있을 때 인간은 고통으로부터 벗어날 수 있다. 따라서 비록 쇼펜하우어는 의욕의 과잉을 고통의 주된 원인으로 파악하여 이에 상응하는 예술의 기능을 강조하고 있지만 엄밀한 의미에서 보자면 특정한 예술이 모든 상황에 동일하게 적용된다기보다는 욕구 과잉이나 결핍과 같은 특정 문제 상황에 따라 그에 상응하는 특정 예술이 적용되어야 할 것이다.

고통 치료와의 관계에서 예술을 좀 더 살펴보자면, 쇼펜하우어가 모든 예술을 긍정하는 것은 아니다. 그는 예술의 기원이라고 한 이념의 인식과, 예술의 유일한 목적이라고 한 이념 인식의 전달을 전제로 한 예술만을 긍정한다. 따라서 예술의 기능을 진정과 자극이라는 두 축에서 볼 때, 쇼펜하우어에게 있어서 후자의 차원은 예술의 기원에 상응하는 부분이 아니다. 따라서 이와 같은 예술은 쇼펜하우어가 추구하는 예술이 아니다. 그러나 그가 강렬한 욕구의 진정과 더불어 무감각 상태로부터 자유를 추구했기 때문에 순수 인식은 이 양자적 기능을 동시에 행할 수 있는 것으로 볼 수 있다. 과잉된 의지뿐만 아니라 결핍된 의지 또한 이념에 대한 인식의 힘으로 회복될 수 있을 것이다. 왜냐하면 앞서 말했듯이 쇼펜하우어가 환기시키는 '태연함'은 동물의 '생각 없음'이 아닐 뿐만 아니라 무감각 역시 아니기 때문이다.

이와 같은 맥락에서 보자면 쇼펜하우어에 대한 영국의 철학자 코플스턴 Frederick C. Copleston, 1907~1994 의 비판은 설득력이 약화될 수밖에 없다. 즉 《위대한 철학자들 The Great Philosophers : An Introduction to Western Philosophy》(1987)에서 코플스턴은 브라이언 매기 Bryan Magee, 1930~ 와의 인터뷰에서 쇼펜하우어의 철학이 단지 염세주의에 머무는 것이 아니라 그것으로부터의 출구 또한 모색하고 있음을 인식하지만, 이 탈출구와 관련된 논의에 있어서 두 가지 한계를 보인다고 지적한다. 즉, 한편으로 코플스턴은 쇼펜하우어 사상의 염세주의로부터의 출구 모색이라는 부분을 제대로 보지만, 구체적인 출구에 대한 논의를 예술에 한정하여 논의한다. 이 때문에 또 다른 출구, 즉 치료 수단이라고 할 수 있는 정관이나 금욕과 관련된 부분의 위상을 제대로 파악하고 있지 못하다. 그리고 다른 한편으로 예술에 대한 이해와 관련하여 쇼펜하우어의 예술 논의가 지니는 이원적 구조, 즉 진정 작용과 자극 작용의 구조를 주목하지 못함으로써 예술이 지니는 후자와 관련된 진단적 해석을 전자적 차원의 치료적 해석과 모순되는 것으로 파악하는 오류를 범한다.

이와 같은 코플스턴의 쇼펜하우어 이해의 한계는 그로 하여금 결국 쇼펜하우어에 있어서 플라톤의 이데아 수용과 플라톤이 거부한 예술에 대한 수용이 어떻게 연관될 수 있는지를 전혀 파악할 수 없게 만든다. 뿐만 아니라 이하에서 논의될 그의 의지설과 이와 대립되는 것으로 보이는 그의 동고의 개념이 어떻게 쇼펜하우어 철학에서 연결될 수 있는지를 전혀 이해할 수 없게 한다.

쇼펜하우어에게 있어서 이념 인식을 위한 핵심 매체로서 예술은 인간의 미적 경험을 격동으로 몰아넣어 인간으로 하여금 자아를 망각하게 하는 파토스^{pathos}의 세계도 아니고 인간의 감각을 마비시킨 무감각의 세계도 아니다. 이 세계는 존재에 대한 이념의 정관을 통해 평온한 세계이다. 이는 인간의 희로애락의 근원인 이유율의 구속으로부터 자유로워진 예술의 세계에서 경험하곤 하는 것이다. 인간이 지니고 있는 의지의 노예 상태에서 자유로워지는 것, 특히 쇼펜하우어가 '익시온^{Ixíon}의 수레바퀴*'에 비유한 성욕으로부터의 자유를 위한 중요한 수단이 바로 예술이다. 예술을 통해서 인간은 개체화의 원리에서 빚어지는 고통으로부터 정화되는 경험을 하게 된다.

  이러한 까닭에 예술이 제공하는 세계는 욕망의 세계라기보다 고행과 금욕의 세계이다. 그러나 이때 분명히 주목해야 할 점은 금욕과 고행이 목적하는 바는 무감각 상태도 아니고 생각이 없는 상태도 아니라는 점이다. 이 지점은 니체의 쇼펜하우어 비판에 대한 논의에서 특히 주목해야 할 부분이다. 이 세계는 쇼펜하우어가 정관을 통하여 욕망의 세계가 수반하는 고통의 세계에서 벗어나 마침내 도달하고자 했던 욕망에 집착하지 않고 놓아두는 태연함의 세계이다.

(2) 고통의 진정제, 이념의 인식 그리고 동고

그렇다면 과연 쇼펜하우어의 의지설이나 표상설과 모순되는 것으로 보이는 이념에 대한 인식이나 동고의 개념은 어떻게 모순 없이 이해될 수 있을까? 쇼펜하우어의 표상과 의지에 관한 이론에 따르면 인간의 희로애락의 출현은 바로 삶에 대한 의지의 긍정 원리인 개체화 원리의 실현에 있다. 개체화의 원리에

익시온

그리스 신화에 등장하는 라피타이(Lapithai)의 왕. 신들의 연회에 초대받아 갔다가 헤라의 미모에 반해 흑심을 품었다. 이를 눈치챈 제우스가 그를 시험하기 위해 구름으로 헤라의 형상을 만들어 가까이 가게 했더니 익시온은 그 구름을 헤라로 착각하여 덮쳤다. 이에 크게 화가 난 제우스는 익시온을 바로 지옥에 떨어뜨리고 영원히 멈추지 않는 수레바퀴에 매달아버렸다.

빠져 있는 삶은 개별적인 사물과 그 자신에 대한 사물들의 관계만을 인식하는 데 머문다. 이와 같은 과정 속에서 사물들은 부단히 의욕에게 새로운 동기를 불러일으키고, 이것은 인간에게 끊임없는 고뇌와 고통을 야기한다. 현대인들의 삶에서도 존재는 상품화되고, 인간은 소비자로 축소됨으로써 인간의 삶은 생산품에 대한 끊임없는 갈망과 이 갈망을 실현시키기 위한 소모적인 노동의 악순환 속에서 고통에 시달린다.

이런 현대 사회에도 고통의 출처는 상품 시장 속에서 공급·유통되는 수많은 광고 속의 표상들과 이 표상의 배후에 있는 삶에 대한 맹목적 의지이다. 이 맹목적 의지에 의해서 추동되는 우리의 욕구를 스스로 통제할 수 있는 방법을 찾는 것은 현대인들에게 중요한 화두임에 틀림없다. 그렇다면 맹목적인 욕망에 휘둘리고 있는 우리가 이것으로부터 거리를 두거나 빠져나올 수 있는 길은 무엇일까? 이와 같은 거리 두기에서 가장 중요한 절차가 바로 이념에 대한 인식을 통해 개체화의 원리를 간파하는 것이다. 모든 현상들 속에서 작동되는 의지의 그와 같은 맹목적인 동일성에 대한 직접적인 인식의 명료화가 자유에 이르는 지름길이다.

이 명료화는 결국 자신의 표상과 의지를 지배하고 있는 원리들의 파악이자 자기에 의한 자기의식이다. 이와 같은 과정을 통하여 우리의 눈을 가리고 있는 '마야^{Māyā}의 베일*'이 걷히게 된다. 이를 통하여 개체화의 원리가 느슨해지면서 자기와 타자에 대한 이기적인 구별 또한 사라지게 된다. 이 구별의 소멸은 인식 차원에서의 구별뿐만 아니라 정서적 차원에서의 구별 또한 약화시킨다. 그리하여 타자의 고뇌와 자신의 고뇌의 구분이 사라지고 타

> **마야의 베일**
>
> 마야란 베단타(Vedanta)파 중에 샹카라(Samkara)파의 술어로서 환(幻) 또는 화상(火像)을 뜻한다. 일반적으로 환영(幻影)이나 환영을 낳게 하는 힘을 의미한다. 마야의 베일이란 결국 참된 세계를 가리고 있는 것이다. 이 베일에 의해서 우리의 눈에는 가상 세계만이 보이게 된다.

자의 고뇌를 자신의 고뇌처럼 대하게 된다. 이와 같은 동고는 자신의 가장 깊고 참된 모습을 인식함으로써 가능하다. 이 인식을 바탕으로 타자의 고뇌도 자신의 고뇌처럼 느끼고, 전체 세계의 '아픔^{Schmerz}'을 자신의 것으로 생각하는 경지에 도달한다. 이 사람들에게는 세계와의 소통이 자유롭고, 존재들에 대한 공감 활동이 활발하게 이루어진다.

개별화의 원리에 대립되는 인식으로서 전체에 대한 인식, 즉 물자체의 본질에 대한 인식은 모든 의욕의 '진정제^{Quietiv}'의 역할을 한다. 그러나 여기서 분명한 것은 이 진정제가 마취제를 의미하는 것은 아니라는 점이다. 진단적 차원에서 표상을 좌우하는 것이 의지였다면, 즉 인식을 좌우하는 것이 의지였다면, 치료적 차원에서는 이 인식과 의지의 관계가 역전되어 인식이 의지를 좌우하게 된다. 바로 이러한 역전의 순간에 우리는 자발적인 체념을 통해 참된 평온의 상태에 도달한다.

그러나 우리는 인식의 매체뿐만 아니라 일상생활에 있어서 경험하게 되는 고통 자체라는 매체를 통해서도 이와 같은 동고의 현상을 경험할 수 있다. 동병상련(同病相憐)이라는 말이 있는 것처럼 마야의 베일에 가려져 있는 평범한 사람도 때때로 자신의 고통스러운 경험을 매체로 타자의 고뇌를 생생하게 인식하고, 생의 공허함과 쓰라림에 접근할 때가 있다. 따라서 우리는 고행처럼 의도되거나 고도로 단련된 이념의 직관에서뿐만 아니라 흔히 접하는 일상적인 경험을 통해서도 욕망으로부터 자유로워져 고뇌의 통로를 차단하고, 자기를 정화하고 성스럽게 하는 기회를 가질 수 있다.

그러나 이 모든 시도에도 불구하고 개별화 원리를 좌지우지하던 마야의 베일은 언제든지 다시 나타날 수 있다. 의지는 육체가 존재하는 한 항상 존재하는 것이므로 의지의 활동이 잠시 약화되는 일은 있어도 의지 자체가 사라지는 일은 없다. 어떤 순간에라도 우리는 곧 다시 현상의 망상에 현혹되어 인식이 아니라 의지에 의해서 지배될 수 있다. 우리는 의지 자체로부터는 결코 헤어날 수 없다. 표상과 의지가 세계와 접속하는 순간에 인간은 언제든지 다시 의지의 세계, 즉 개별화의 원리에 의해 포박당할 수 있다. 특히 예술이라는 매체는 임시방편적인 경향이 강하기 때문에 예술 작품에 의한 감상의 순간이 끝나고 나면 인간은 다시 개별자의 원리에 의해서 지배를 받게 된다.

쇼펜하우어가 비록 이념의 인식을 중시했다고 할지라도, 그에게 있어서 인식의 위상은 다른 이성주의자들과 명백한 차이를 지닌다. 예를 들자면, 이성주의자들이 인간을 윤리적 주체로 파악하여 인간의 행위가 이성에 의해서 충분히 이행될 수 있다고 믿는 반면 쇼펜하우어는 인간의 삶이나 인식에 있어서 이성의 능력을 과대평가하지도 않을 뿐만 아니라 의지의 강력한 지배력을 과소평가하지도 않는다. 이뿐만 아니라 그는 인식의 능력과 관련하여 전통적인 이성주의에서 말하는 이성의 능력을 강하게 선호하는 동시에 직관을 이성 능력의 핵심에 둔다. 칸트와 대비하여 보자면, 쇼펜하우어는 인간의 윤리적 힘의 원천을 추상적 인식이나 이성 이외에 감성에 근거하는 동고에서 찾는다. 칸트가 진실한 선과 덕을 추상적 반성이나 의무의 개념 그리고 정언 명법에서 추상함으로써 이성 중심의 관점을 유지하고 있는 것에 반해, 쇼펜하우어는 단순한 개념은 진짜 예술에 있어서와 마찬가지로 진짜 덕에 있어서 효력이 없는 것으로 본다. 그리하여 모든 참되고 순수한 사랑은 동고이며, 동고가 아닌 사랑은 이기심이라고 말한다.

그렇다면 타자의 고통이 나의 고통이 되는 것, 즉 동고는 정관한 사람에게 어떻게 가능한가? 이미 각성하여 정관의 상태에 들어서서 의지의 굴레로부터 벗어난 상태라면 마땅히 고통이란 없을 것이다. 그런데 어떻게 타인의 고통을 함께할 수 있는가? 이때의 동고는 무엇을 의미하는가? 쇼펜하우어에게 있어서 동고는 타자의 고통을 자신이 직접 느낀다는 것을 의미하는 것이 아니다. 이미 밝혔듯이 의지의 노예 상태로부터 해방되어 개체를 지배하는 원리에서 자유로워진 자에게 희로애락이라는 것은 더 이상 존재하지 않는다.

그러나 이때 사라진 것은 나의 고통이지 세계의 고통이 아니다. 나의 표상과 나의 의지로부터는 자유로워졌지만 다른 표상과 다른 의지에 의한 다른 사람들의 고통은 여전히 존재한다. 세상은 여전히 그 개별화의 원리가 휘두르고 있는 폭력적 인과율의 고통에서 벗어나지 못하고 있다. 따라서 동고는 나의 고통에 대한 고통이 아니라 타자의 고통에 대한 고통이다. 개별화의 원리에서 해방된 존재는 나의 관점에서 세상을 보는 것이 아니라 세상의 관점에서 세상을 보고 느끼고 생각한다. 이것을 상징으로 드러내는 개념이 바로 쇼펜하우어의 동고 개념이다.

  인간은 정관을 통해서 비로소 이와 같은 동고를 경험하게 된다. 인과율의 고리에서 해방된다는 것은 그 순간 존재하던 것이 사라진다는 의미가 아니다. 세상은 여전히 존재한다. 정관 이후의 세상이란 존재에 덮여 있던 마야의 베일이 벗겨짐을 의미한다. 정관을 통해 베일과 사물의 관계를, 그리고 베일이 없는 상태의 사물을 내가 볼 수 있게 되는 것이다. 마음의 병이나 고통은 표상이라는 매체를 통해 자기를 실현하려는 의지 때문에 생겨난다. 또한 그것은 의지의 육체적 표현이라고 할 수 있는 의욕이 부여한 과도한 술어들이나 의미들에 의해서 발생한다. 이와 같은 과도한 의미 세계를 정화하는 정관에 의해서 동고가 가능하고 이러한 과정 속에서 마음의 평온, 즉 태연함이 획득된다.

  정관 상태에서는 삶의 이치에 따라서 이해 작용이 이루어진다. 존재가 지니는 생로병사가 인간의 삶에 있어서 불변의 진리, 즉 이치임을 깨달음으로써 인간은 생로병사에 대한 과도한 집착에서 벗어나게 된다. 인간이 고통에 시달리는 것은 자연의 이치를 거스르면서 버티려 하기 때문이다. 삶과 죽음 사이에 있는 명료한 실존의 진실을 받아들일 때, 즉 인간은 태어나서 살고 노화하고 병들고 죽는다는 사실을 인정하고 삶의 이치를 정관하고 받아들일 때, 인간은 마음의 평화를 얻을 수 있다. 이 정관은 우리와 멀리 떨어져 있는 것이 아니다. 우리는 일상에서 비록 일시적인 형태이지만 수시로 정관을 체험한다. 즉 아름다운 음악을 듣는 순간이나 감동적인 영화를 보는 순간이나 좋은 책을 읽는 순간뿐만 아니라 길을 가다 스쳐 지나가는 풍경 속에서도 정관을 체험한다. 늘 그런 것은 아닐지라도 분명히 일상에서 체험하고 있다는 사실을 우리가 깨닫지 못하고 있을 뿐이다.

(3) 고통 치료의 제3의 길, 금욕과 고통 자체

예술이나 정관에 의한 이념 인식도 고통 치료에 순간적인 도움 밖에 주지 못한다는 한계에 대한 쇼펜하우어의 통찰은 이 순간성을 연장시킬 수 있는 매체의 발견으로 관심을 확대시킨다. 이와 같은 쇼펜하우어의 문제의식이 도달한 곳이 바로 금욕 또는 고행으로 번역되는 '아스케시스^{Askesis}'이다. 예술을 통해 잠시나마 개별화 원리의 본색을 파악한 사람은 예술이 주는 순간적인 위안으로 만족하지 않는다. '덕^{Tugend}' 또한 마찬가지이다. 덕이 인간의 의지와 욕망을 열어놓은 상태에서 문제의 순간에 대한 대처라면, 금욕은 이제 이 욕망의 작용 자체와의 직접적인 대면이다. 이와 같은 전환을 쇼펜하우어는 '덕에서 금욕으로의 이행'이라고 표현한다.

금욕이나 고행에 의한 고통의 치료는 자발적인 금욕으로 자신의 의지를 지속적으로 부정함으로써 이루어진다. 의지의 진정제 효과에 대하여 신중하게 접근하는 쇼펜하우어는 의지 부정의 상태가 마치 획득한 재산 위에 안주하는 것처럼 그 위에 안주할 수 있는 것이 아님을 경고한다. 의지에 대한 부정은 고행처럼 끊임없는 투쟁으로 새로이 획득되어야 하는 어떤 것이다. 육체는 의지 자체를 의미하는 것이기에 육체가 있는 한 생에 대한 우리의 의지도 살아 있을 뿐만 아니라 부단히 새로운 격정적인 욕망과 열정 속에서 작동한다. 따라서 우리가 존재하는 한, 근본적으로 의지로부터 완전히 자유로워지는 것은 불가능하다.

쇼펜하우어는 성자들의 삶에서 볼 수 있는 '평온^{Ruhe}'이나 '열락^{Seligkeit}'을 의지의 끊임없는 극복으로 생긴 순간적인 꽃송이로 묘사한다. 따라서 성자들의 내적인 삶의 역사란 영혼의 투쟁, 시련, 은총의 이반離反으로 가득하기 마련이다. 따라서 모든 동기를 무력화시키고, 모든 의욕을 가라앉히는 보편적인 진정제는 결국 가장 깊은 평화를 주는 동시에 부단히 배반을 겪을 운명이다.

이와 같은 의지에 대한 긍정과 부정 사이의 투쟁에서 삶의 평온을 구하기 위해서 의지의 부정 상태를 지속시키고자 하는 사람은 언제나 다시 일어나는 의지를 억누르기 위하여 모든 조치를 취하고자 한다. 과연 이와 같은 고행이나 금욕의 매력은 무엇일까? 쇼펜하우어는 '해탈^{Erlösung}'의 가치를 이미 알고 있는 사람이 이를 유지하기 위하여 행하는 신중한 배려에 주목한다. 특히 의지의 상이한 움직임을 상기시키는 무죄의 향락이나 '공허^{Eitelkeit}'의 사소한 움직임에도 불안이 감지된다. 이 공허는 마지막까지 의지의 주변을 배회하는 것으로서 인간의 모든 성향 중에서 가장 활동적이고, 가장 어리석고, 가장 파괴하기 어려운 것으로 파악한다.

이처럼 예술이나 인식을 통한 이념의 인식에 의해서도 완전히 획득되지 않는 인간의 해탈을 위한 제3의 길은 고통 그 자체이다. 의지의 부정에 도달한 사람들이 그 경지에 지속적으로 머무르기 위하여 취하는 전략이 바로 고통, 즉 고행이다. 이 길은 의외로 대다수 사람들이 이 길을 통해서만 의지의 부정에 도달할 정도로 애용되는 길이다. 의지 부정의 길을 인식만으로 성취하거나 만족하는 사람들은 극소수에 불과하다. 왜냐하면 인간은 삶의 의지 작용에 의해서 끝없이 의지 부정의 장애물을 만나기 때문이다.

 이와 같은 까닭에 의지의 좌절, 즉 자기 부정은 고통과의 조우에 의해서 이루어진다. 고통의 극복은 고통을 통해서 실현된다. 점점 더 커가는 곤궁을 거쳐, 가장 심한 저항을 받으면서, 절망의 끝에서 우리는 갑자기 자기 자신으로 되돌아가 자기 세계를 인식하고, 자기의 본질 전체를 바꾸고, 자신과 모든 고통을 초월한다. 고통에 의한 고통의 정화를 통하여 평온과 열락과 숭고에 안주한다. 결국 이와 같은 고통에 의한 고통 극복이라는 도식을 우리는 삶을 살아감으로써 삶을 완성한다는 도식으로 바꿀 수 있을 것이다. 고통을 겪는 것 이외에 더 안전한 고통 극복의 길은 없으며, 삶을 견디는 것 이외에 더 안전한 삶의 방법은 없다. 아무리 발버둥을 쳐도 결국 고통은 오며 우리는 살아낸다. 이 때문에 우리는 이미 "피할 수 없으면 즐겨라!"라는 표어를 유용하게 사용하고 있지 않은가?

 고통은 그 자체가 이미 이와 같은 과정을 거쳐서 순수 인식의 형태를 취하고, 그다음에 이것이 '의지의 진정제$^{\text{Quietiv des Willens}}$'로서 참된 체념을 초래하게 되므로, 해탈을 향한 또 하나의 길이다. 이와 같은 이유 때문에 커다란 육체적 고통이나 정신적 고뇌를 짊어진 사람들, 또는 힘겨운 육체노동을 수행하는 사람들이 참으면서 불평하지 않을 때, 우리는 이들 속에서 고통스러운 치료를 받고 있는 어떤 환자가 이 치료의 고통을 기꺼이 그리고 심지어는 만족감을 가지고 견디는 모습을 떠올린다. 이 환자는 고통스러우면 고통스러울수록 병인이 더 많이 파괴되고, 이를 통해서 현재의 고통은 치료의 척도가 되는 것임을 아는 사람이다. 이와 같은 고통은 일종의 수행 과정과도 같다. 그것은 때로는 고행과 같을 수도 있지만 결국 수행 과정의 또 다른 이름인 것이다.

완전한 체념이나 성스러운 경지라고 할 수 있는 생에 대한 의지 부정은 언제나 의지의 진정제에서 생긴다. 의지의 진정 작용은 우리의 생물학적인 의지 자체의 부정이 아니라 의지의 내면적인 모순이나 살아 있는 모든 것들의 고통 속에 표현되는 의지의 본질적인 무성無性에 대한 인식에서 비롯된다. 참된 치유, 생과 고뇌로부터의 해탈은 의지의 전적인 부정 없이는 생각할 수 없지만 이때의 전적인 부정이란 존재론적 차원의 부정이 아니라 가치적 차원의 부정이며, 이 부정은 인식을 통하여 이루어진다. 이처럼 쇼펜하우어에게 있어서 인도가 가장 고대적이고 원시적인 지혜의 땅이었듯이, 그의 사상은 고단한 삶을 살아가는 실존들에게 가장 진단적이고 치유적인 사유의 영토일 것이다.

쇼펜하우어에 대한 니체의 비판을 넘어서

쇼펜하우어의 고통론 혹은 고통의 해석학에 있어서 기존에 간과해왔거나 무차별적으로 수용되어왔던 많은 부분이 쇼펜하우어의 사상을 크게 왜곡하게 만들었다. 우리는 쇼펜하우어의 고통의 해석학과 더불어 치료의 해석학의 연관성을 통하여 쇼펜하우어의 고통론에서 치료의 해석학이 지니는 위상에 적절히 다가갈 수 있다. 보통 쇼펜하우어 하면 떠올리는 것이 의지 긍정설이거나 의지 부정설이었다. 그러나 고통의 해석학과 치료의 해석학을 통해서 우리가 다루어왔듯이 의지의 긍정이나 부정이라는 용어는 신중하게 다루어져야 한다. 쇼펜하우어는 사실로서 또는 존재론적인 차원에서 의지 자체를 물자체처럼 확고한 것으로 자리매김한다. 따라서 쇼펜하우어는 명백히 의지 긍정론자이다. 이것은 주로 고통의 근원에 대한 물음이 주를 이루는 그의 고통의 해석학의 중심을 이루는 논의이다. 그러나 그는 치료의 차원에서는 의지 또는 삶에의 의지를 부정할 것을 강력하게 주장한다. 그러나 이때의 부정은 의지의 존재 자체에 대한 부정, 즉 존재론적인 부정이 아니라 그것의 가치와 의의에 대한 부정이다. 쇼펜하우어에게 의지의 부정은 일종의 과제 혹은 도덕적 요구와 같은 것이다. 그것은 존재하는 것, 즉 진단적인 차원의 것이 아니라 아직 이루어지지 않은 것, 우리의 과제 수행을 통하여 비로소 존재하게 될 어떤 것이거나 상태를 의미한다. 그것도 엄밀한 의미에서 의지 자체의 존재에 대한 긍정이나 부정이 아니라 우리의 의지와 우리의 삶의 관계에 대한 물음인 것이다.

따라서 쇼펜하우어에 있어서 인간의 삶에는 천재나 부처가 아니고서는 늘 명백히 의지가 존재하고 긍정된다. 단지 예술이나 이념을 대상으로 하는 삶에 있어서만 의지는 순간적으로 부정되거나 금욕의 도움으로 조금 더 지속적으로 그것의 지배로부터 자유로울 수 있다. 따라서 평범한 인간들의 삶은 끝없는 의지들 사이의 갈등에 의한 고통의 출몰을 피해 갈 수 없다. 치료적 차원을 중심으로 볼 때 의지 부정은 고통의 치료를 위한 불가피한 조건이다.

이와 같은 차원에서 보자면 니체에 있어서 의지의 부정과 관련된 쇼펜하우어에 대한 비판은 존재론적 차원이 아니라 가치적 차원에서 다루어져야 한다. 이때의 목표물은 명백히 존재하는 의지를 당위적 차원으로 전환시킨 것의 결과와 관련된 것일 수밖에 없다. 쇼펜하우어의 입장에서 보자면 개별화의 원리에 의해서 발생한 인간의 실존적 병들이 수반하는 고통을 치료하기 위하여 선행되어야 할 과제로서 의지의 부정이 제시되는 반면, 니체의 경우는 무의욕·허무주의·데카당스·권태와 같은 실존적 병을 치료하기 위하여 의지의 긍정, 삶에의 의지의 긍정이 과제로 제시된다.

사실 니체에 있어서 의지의 긍정은 사실로서의 의지의 긍정이라기보다 당위로서의 의지의 긍정이라고 할 수 있다. 의지는 전통적 형이상학 중심의 철학이 야기한 이론적 인간의 탄생 속에서 퇴화된 것이다. 니체는 이렇게 상실된 의지를 다시 회복하고자 하는 당위적 차원에서 의지의 긍정을 촉구하고 있다. 따라서 쇼펜하우어에 있어서 의지의 긍정이 사실적 차원이라면 니체에 있어서는 당위적 차원이며, 쇼펜하우어에 있어서 의지의 부정이 당위적 차원이라면 니체에 있어서는 사실적 차원이라고 할 수 있다. 양자의 시대 또는 이 두 철학자가 지니고 있는 인간 실존 양태의 상이성은 그들에게 있어서 당위적 요구의 상이성을 촉발시킨다.

만남 4
예술로 삶을 치료하라

〈카르멘Carmen〉, 비제Georges Bizet

〈니벨룽겐의 반지Der Ring des Nibelungen〉, 바그너Wilhelm R. Wagner

니체에 있어서 예술의 진정한 과제는 의지의 마취가 아니라 의지의 고취이자 삶의 자극이다. 이 지점이 니체와 쇼펜하우어의 극적인 분기점이다. 예술의 도덕화를 강력하게 비판하면서 펼쳐지는 니체의 예술론은 예술을 도덕의 수단으로 보는 것이 아니라 '예술을 위한 예술'이라는 정식이 환기하듯이 예술을 목적으로 위치시킨다.

데카당스를 만나다

《이 사람을 보라$^{Esse\ homo}$》(1889)에서 니체가 '미소 짓는 악마'라고 부른 에세이, 《우상의 황혼$^{Götzen\text{-}Dämmerung}$》(1889)에서 니체는 인간이 숭배해온 모든 가치들의 전폭적인 전복을 추구한다. 지금까지 우리가 진리라고 믿어온 것이나 우리가 신봉하고 있는 우상들은 우리의 발명품일 뿐이다. 그럼에도 우리는 우리가 도달할 수 없는 우상들을 창조함으로써 결국 현실을 그것의 부산물로 평가 절하한다. 우상을 신봉함으로써 자신을 경멸하게 되는 것이다. 그 결과 우리는 존재하지 않는 것을 얻는 대신 존재하는 것을 상실한다.

우상에 비추어진 자신의 모습은 비루하기 이를 데 없다. 때로는 우상이 우리의 비루함을 포장해줌으로써 자신에 대한 혐오감에서 벗어나 자신감을 얻기도 하지만 우상으로 치장한 자신은 곧 우상이 비추어준 거울 속의 초라한 현실과 대면하게 된다. 이처럼 우상과 자신의 차이에서 만들어진 균열은 삶에 대한 심한 현기증과 구토를 수반하게 마련이다.

니체 사상의 핵심은 우상의 그늘에서 인간이 자유로워지는 것, 인간의 이름으로 인간이 존재하는 것이다. 우상은 우리를 강화시켜주는 것이 아니라 우리를 약화시킴으로써 더 초라하게 만들며, 삶에 의미를 주는 것이 아니라 의미를 말소한다. 따라서 삶을 건강하게 만들기 위해서는 우리의 삶에서 우상의 흔적들을 말소해야 한다.

니체는 인간의 상처 내부에는 자기 치유력이 있음을 통찰함으로써 상처를 통해서 정신이 성장하고 새 힘을 얻을 수 있음을 발견한다. 그러나 이와 같은 치유력은 자기 긍정이라고 하는 새로운 프로젝트에 의해서 현실화된다. 이때 니체가 긍정하고자 한 대상은 쇼펜하우어의 의미에 있어서 전통 형이상학적인 이성이나 인식의 주체로서의 인간이 아니다. 그것은 몸이자 감각이다. 그리고 우리가 긍정할 세계란 형이상학이 말하는 참된 세계가 아니라 형이상학이 경멸하는 가상의 세계이다.

따라서 그는 소크라테스나 플라톤을 쇠약의 징후이자 그리스를 와해시키는 도구이자 반反그리스적인 것으로 간주한다. 이들이 펼치는 삶에 대한 가치 판단들은 단지 징후로서만 가치를 가질 뿐이며 결코 참이 아니다. 그리고 인간이 고통으로부터 자유로워지는 유일한 방법을 의지의 부정이라고 주장하는 쇼펜하우어에게서 니체는 쇠약의 징후를 다시 발견한다. 니체는《우상의 황혼》에서 쇼펜하우어의 의지 부정을 "그리스도교를 제외한다면 역사상 가장 엄청난 심리학적 날조"라고 지적한다.

쇼펜하우어가 말하는 예술 그리고 예술의 대상인 '미^{Schönheit}'란 단지 그가 두려워했던 의지로부터의 구원자이자 '성적인 것^{Geschlechtlichkeit}'으로부터의 구원자 역할을 하는 것일 뿐이다. 니체는 쇼펜하우어의 미 속에서 아이러니하게도 생식 충동이 부정되는 사실을 직시한다. 니체가 봤을 때 쇼펜하우어가 지향하는 예술이 필연적으로 수반하는 심미적인 것에 대한 긍정이란 그의 성욕에 대한 부정과 모순되는 것이었다. 왜냐하면 자연 속의 소리, 색채, 향기, 리듬감의 운동에 아름다움이 깃들어 있는 이유는 바로 생식을 자극하기 위한 것이기 때문이다. 니체는 이처럼 예술의 효과와 생식 사이의 불가분의 관계를 지적하면서 쇼펜하우어가 주장한 예술이 지니는 심미적인 것에 대한 긍정과 성에 대한 부정은 양립할 수 없는 과제임을 드러낸다.

니체는 예술에 대한 쇼펜하우어적인 접근을 비판하며 '예술의 도덕화'라는 표현을 사용한다. 마치 플라톤이 그러했듯이 쇼펜하우어 역시 예술을 인식과 도덕의 하위 개념으로 전락시킨다는 것이다. 이와 같은 경향에 맞서 니체는 예술 안에 있는 도덕화 경향을 강력하게 반대한다. 오히려 예술의 도덕화, 즉 예술을 의지로부터 해방시키기 위하여 사용하는 쇼펜하우어적인 경향성이란 염세주의자로부터 나온 시각인 동시에 염세주의를 퍼뜨리는 마취제임을 지적한다. 니체에게 있어서 삶의 마취제로서 예술은 삶의 치료제가 아니라 삶의 독약이다.

예술을 삶의 마취제로 사용하는 쇼펜하우어의 입장에 반대하여, 니체는 예술을 삶의 '위대한 자극제$^{das\ grosse\ Stimulans}$'로 이해한다. 니체에 있어서 예술의 진정한 과제는 의지의 마취가 아니라 의지의 고취이자 삶의 자극이다. 이 지점이 니체와 쇼펜하우어의 극적인 분기점이다. 예술의 도덕화를 강력하게 비판하면서 펼쳐지는 니체의 예술론은 예술을 도덕의 수단으로 보는 것이 아니라 '예술을 위한 예술'이라는 정식이 환기시키듯이 예술을 목적으로 위치시킨다. 그러나 니체는 이것이 결코 자기의 꼬리를 물고 있는 어떤 벌레를 의미하는 것이 아님을 분명하게 밝힌다.

그는 예술의 근원에 존재하는 삶의 지향성을 다음과 같은 한 심리학자의 물음을 통하여 역설한다.

"도덕적인 목적을 갖느니 차라리 어떤 목적도 갖지 않으련다!"
— 단순한 격정은 이렇게 말한다. 이와는 반대로 한 심리학자는 묻는다. 예술이 하고 있는 일이 무엇이란 말인가? 예술은 칭찬하지 않는다는 말인가? 예술은 찬미하지 않는다는 말인가? 예술은 골라내지 않는다는 말인가? 예술은 두드러지게 하지 않는다는 말인가? 예술은 사실 이 모든 일을 하면서 특정한 가치 평가들을 강화시키거나 약화시키거나 하는 것인데 …… 이것이 단순히 부수적인 일에 불과하다는 말인가? 우연이란 말인가? 이것이 예술가의 본능이 전혀 개입하지 않는 어떤 것이라는 말인가? 아니면 그 반대로, 예술가가 그럴만한 능력이 있다는 것이 전제 조건이 아니라는 말인가? …… 그의 가장 심층적인 본능은 예술을 향하고 있는가, 오히려 예술의 의미인 삶을 향하고 있지는 않은가? 삶이 소망할 만한 것으로 향하고 있지는 않은가? — 예술은 삶의 위대한 자극제이다. 그런데 어떻게 그것이 목적이 없다거나, 예술을 위한 예술이라고 이해될 수 있다는 말인가?

예술은 결코 도덕의 수단이어서는 안 될 뿐만 아니라 예술 자체를 위한 것이어서도 안 된다. 예술은 단지 삶을 위한 것이어야 한다. 니체에 있어서 예술의 목적은 삶이다. 예술의 존재 가치는 삶에 대한 예술의 기여도에 근거한다. 니체는 자극제로서의 예술을 삶에 기여하는 것으로 본 반면, 마취제로서의 예술은 삶을 파괴하는 것으로 보았다.

그렇다면 니체가 삶의 마취제로 본 예술과 자극제로 본 예술은 어떤 것일까? 이것은 '데카당스'를 몰고 오는 예술과 데카당스를 극복하는 예술로 표현될 수 있다. 니체는 자신의 저서 《바그너의 경우Der Fall Wagner》(1888)에서 한 철학자가 자기 자신에게 가장 먼저 그리고 가장 마지막에도 요구하는 바를 "자기가 사는 시대를 자기 안에서 극복하며 '시대를 초월'하는 것"으로 규정한다. 따라서 그가 가장 격렬한 싸움을 벌여야 하는 대상은 바로 그 시대의 아들, 즉 시대의 '데카당' 즉, 퇴폐자다.

니체가 데카당에 몰두하는 이유는 이와 같은 데카당이 곧 삶의 황폐이며 종말에의 의지와 큰 권태 자체를 그 안에 숨기고 있기 때문이다. 쇼펜하우어에게 있어서 부수적으로 문제시되었던 권태의 증후는 니체의 중심 문제로 등장한다. 데카당의 예술적 경향을 나타내는 데카당스는 도덕이라는 가장 신성한 이름과 가치 정식들 밑에 잠복해 있다. 니체는 데카당스와의 싸움을 통하여 자신 안에 들어와 있는 몰락의 증거인 온갖 병인에 대항하고자 했다. 그리고 이로써 현대인들의 고질적인 병을 '치유Genesung'하고자 했다.

그러나 데카당스는 단지 감각을 마비시키는 예술뿐만 아니라 인간을 혼미하게 만드는 예술에 의해서도 유발된다. 니체는 반反심미주의자들 못지않게 극단적인 심미주의자들의 퇴폐적인 자극 추구 또한 인간을 병들게 하는 것으로 파악한다. 바로 이와 같은 면이 금욕주의자뿐만 아니라 극단적 쾌락주의자들과도 니체를 변별해준다.

니체는 그 자신 또한 예술에서 비롯된 병이 있음을 고백하면서 그가 지니고 있는 이러한 병 중에 하나를 바그너Wilhelm R. Wagner,

¹⁸¹³~¹⁸⁸³로 보았다. 그는 바그너라는 병을 현대의 영혼이 지닌 미궁의 내막에 가장 정통한 인도자가 가하는 현대성에 대한 영향력에서 오는 것으로 보았다. 그는 바그너가 바로 현대성의 요약본이기 때문에 현대성의 병증을 파악하기 위하여 무엇보다도 바그너의 부정이 아니라 바그너의 긍정을 통하여 바그너라는 병에 대해 정통해야 한다고 주장한다.

니체가 바그너와 결별하고 발견한 음악가는 비제Georges Bizet, ¹⁸³⁸~¹⁸⁷⁵이다. 특히 비제의 〈카르멘Carmen˙〉은 그가 《바그너의 경우》를 저술할 당시 스무 번이나 들었을 정도로 격찬한 작품이다. 이에 반해 바그너의 〈니벨룽겐의 반지Der Ring des Nibelungen〉를 인간을 병들게 하는 대표 작품으로 혹평했다. 과연 니체는 왜 그토록 바그너를 위험한 것으로 평가했을까? 니체에게 바그너는 데카당스의 상징이며, 이에 반해 비제는 데카당스의 대척자였다.

니체와 바그너

1868년 젊은 학자였던 니체는 당시 위대한 오페라 작곡가 바그너와 만났고, 두 사람은 곧 친구가 되었다. 바그너의 사상은 니체에게 주요한 영향을 주었고, 니체는 바그너의 비극 오페라 〈트리스탄과 이졸데〉에 크게 감동하여 자신의 첫 저서인 《비극의 탄생》을 바그너에게 헌정하기도 했다. 하지만 이후 바그너의 작품이 점점 기독교적 이상에 가까워지면서 두 사람의 관계는 소원해지기 시작했고 결국 《바그너의 경우》와 《니체 대 바그너》에서, 니체는 바그너의 작품을 퇴폐하고 타락한 것으로 비난하기에 이른다.

니체는 바그너가 쇼펜하우어와 학문적으로 조우하면서 그의 작품에서 데카당스가 출현한 것으로 파악한다. 바그너 자신에게 있어서 하나의 구원이 된 쇼펜하우어와 바그너의 만남을 니체는 역사에 있어 가장 불운한 사건 중의 하나로 본다. 이와 같은 불행한 상황을 그는 《바그너의 경우》에서 "데카당스 철학자여야 데카당스 예술가에게 자기 자신을 선사하는 법"이라고 신랄하게 비난한다. 결국 바그너는 쇼펜하우어의 의지 부정의 철학을 그

〈카르멘〉

비제가 작곡한 4막의 오페라로서 메리메(Prosper Mérimée, 1803~1870)의 같은 이름의 소설을 바탕으로 하여 알레비(Ludovic Halévy, 1834~1908)와 메이약(Henri Meilhac, 1831~1897)의 리브레토를 대본으로 한 작품이다. 1875년 3월 3일 파리 오페라 코미크 극장에서 초연되었다. 집시 여인 카르멘과 돈 호세의 비극적인 연애를 다룬 내용으로서, 스페인을 무대로 한 이국 정서가 풍부한 것이 특징이다. 〈전주곡〉·〈하바네라〉·〈미카엘의 영창〉을 비롯하여 유명한 아리아가 많이 들어 있는 작품으로서, 오페라 코미크의 대표적인 레퍼토리이자 세계에서 가장 인기 있는 오페라의 하나이다. 그러나 초연 당시에는 4막이 시작될 때 대부분의 관객들이 자리를 떴을 정도였을 뿐만 아니라 작품에 대한 비평도 워낙 신랄하여 이에 대한 비제의 상심이 죽음에 이를 정도로 컸다고 한다. 결국 이 작품이 대중들에 의해서 이해되는 데는 7년의 시간이 필요했다. 물론 비제의 사망 7년 후였다. 프랑스의 희가극 양식으로서 노래에 싣지 않는 구어체 대사와 음악적으로 완결된 노래들이 번갈아 등장한다. 초기 오페라 코미크는 풍자적 성격의 희극에 노래가 중간 중간 포함된 정도였지만, 나중에 본격적인 음악극으로 발전하여 구어체 대사를 노래로 부르지 않는다는 점을 빼고는 프랑스의 다른 본격 오페라들과 다를 바가 없게 되었다. 비제의 〈카르멘〉은 비극적 주제를 다루면서도 노래에 싣지 않는 대화체 대사를 계속 고수한 최후의 작품이었다.

바그너 | 니체는 자신에게도 예술에서 비롯된 병이 있음을 고백하면서 그중 하나를 바그너로 보았다.

비제 | 니체가 바그너와 결별하고 발견한 음악가 비제. 특히 니체는 《바그너의 경우》를 집필하면서 〈카르멘〉을 스무 번이나 들으며 격찬했다고 한다.

의 음악의 정수로 만듦으로써 니체가 그의 음악을 데카당스의 음악이라고 비난하는 원인을 제공한다.

바그너는 쇼펜하우어의 열렬한 찬미자였지만 쇼펜하우어는 사실 바그너에 동조하지 않았다. 쇼펜하우어가 말년에 유럽의 스타가 되었을 때 바그너의 〈니벨룽겐의 반지〉를 '쇼펜하우어의 모방작'이라고 비난했음에도 바그너는 〈니벨룽겐의 반지〉에 '존경과 감사의 마음을 담아서'라는 자필의 헌사까지 써서 쇼펜하우어에게 보낸 적이 있다. 그는 이 작품을 쓰면서 접한 쇼펜하우어의 《의지와 표상으로서의 세계》를 1년 동안 무려 네 번이나 읽었다고 한다. 이후에도 바그너는 〈트리스탄과 이졸데 Tristan und Isolde〉, 〈파르치팔 Parzival〉과 같은 작품을 통해 쇼펜하우어의 의지 부정을 통한 구원이라는 공식을 음악 속에서 구현했다. 그러나 쇼펜하우어는 바그너를 음악이 뭔지를 모르는 사람으로 평가하여 그를 음악가가 아니라 시인 정도로 생각했다.

최초의 심리학자, 니체의 바그너 비판

바그너에 대한 니체의 입장이 구체적으로 피력된 저서가 1888년에 쓴 《니체 대 바그너 Nietzsche contra Wagner》이다. 그는 이 책의 부제를 '어느 심리학자의 문서 Aktenstücke eines Psychologen'라고 표현함으로써 바그너와 자신에 대한 이 저술이 바로 한 심리학자의 고찰임을 명시하고 있다. 뿐만 아니라 같은 시기에 쓴 《이 사람을 보라 Ecco homo》에서도 자신을 철학자들 중 최초의 심리학자라고 주장하고 있을 뿐만 아니라, 그 이전에는 어떤 심리학도 존재하지 않았음을 주장한다.

일반적으로 철학이라는 범주 속에 자리매김된 니체나 쇼펜하우어가 심리학과 밀접한 관계를 맺고 있다는 것은 이미 잘 알려진 사실이다. 인간의 심리에 대한 연구는 철학자들에게 있어서 결코 생소한 영역이 아니다. 동시대의 덴마크 철학자 키르케고르 역시 탁월한 심리학자였다. 심리 연구가 철학의 영역에서 소원하게 된 데는 어쩌면 1900년대 초 이래 심리학이 본격적으로 독자적인 학문으로서의 길을 걷기 시작한 것이 큰 역할을 했을 것이다. 이로써 겨우 시작된 철학의 새로운 영역으로서의 심리 연구는 금세 철학의 영역에서 배제된다. 그리고 이와 같은 현상은 현대 철학에 제공되었을 철학과 심리학의 풍요로운 만남을 사전에 차단하는 결과를 가져왔다.

어쨌든 아직 그 누구도 방문한 적이 없는 인간 존재의 미지의 세계에 니체는 발을 들여놓았고 이로써 아직 그 누구에 의해서도 사고되지 않은 인간의 영역을 문자화하기 시작한다. 그러나 그는 이와 같은 최초의 심리학적 경험을 저주이자 운명으로 보았으며, 이에 수반되는 인간에 대한 '구토^{Ekel}'를 최초의 심리학자가 당면할 수밖에 없는 위험으로 보았다. 인간의 심리 영역으로의 여행은 결코 유쾌하지만은 않을 것이라는 것이 니체의 예상이었다. 그리고 이와 같은 경험은 이미 그에 앞서 쇼펜하우어가 겪은 것들이었다. 과연 그곳은 음울하고 고통으로 일그러져 있고 온갖 탄식과 절규로 가득한 곳일까?

자신을 심리학자로 규정하고 있는 니체는 데카당스를 상징하는 바그너를 "고통 받고 억압받으며 탄압받는 영혼들의 영역에서 음조를 발견하고, 말 없는 불행에 언어를 부여하는 데 다른 어느 음악가보다 더 대가인 음악가"라는 심리적인 시각으로 포착하기 시작한다. 그는 바그너와 그 자신을 대척자로 규정하고 있으며, 이 대척의 본질을 바로 심리적인 것에서 찾는다. 왜냐하면 《니체 대 바그너》라는 작품이 바로 심리학자를 위한 책이라고 스스로 선언했기 때문이다. 이런 의미에서 어쩌면 바그너가 최초로 인간의 심리 세계를 발견하고 개발한 자일 수 있다. 그리고 니체는 바로 이와 같은 바그너 음악이 지니는 인간 심리 영역에서의 파급력을 최초로 통찰해낸 철학자일 것이다.

니체가 바그너의 음악을 건강하지 못한 것으로 생각한 까닭은 인간의 심리적인 면에 바그너가 미치는 치명적인 영향력 때문이다. 그리고 니체의 바그너 음악에 대한 심리적 반박의 근저에는 다시 생리적인 것에 대한 고찰이 있다. 심리적인 것은 생리적인 것과 밀접히 연결되어 있기에 인간의 삶에 대한 생리적 증후들은 심리적 요인들과 상호 작용하게 된다. 니체에게

뭉크 Edvard Munch가 그린 니체

예술이 담당하고 있는 미학이란 심리적 조작을 통한 응용 생리학의 활성화에 지나지 않는다. 따라서 미학이 생리적 건강에 봉사할지 아니면 단지 생리적 병만을 유발시킬지의 여부는 바로 미적인 것에 대한 그의 반박 근거이다. 따라서 니체는 심리와 생리에 미치는 예술의 영향력에 관심을 집중한다. 니체에 있어서 심리와 생리는 분리되어 있는 듯 보이지만 사실 결합되어 있기 때문에, 예술은 심리와 더불어 생리적인 것도, 생리와 더불어 심리적인 것도 병들게 할 수 있다.

니체는 바그너 예술의 암울한 비법을 기존 음악의 생리적 조건들에 대한 전복에서 찾았다. 니체가 바그너를 처음 알았을 때, 그는 바그너의 음악을 정확하게 파악하지 못했다. 그러나 쇼펜하우어와 자신의 차이를 간파한 것처럼 니체는 곧 바그너와 자신의 차이를 부각했다. 예술이 지니고 있는 미세한 심리적이고 생리적인 힘의 차이가 인간의 삶에 어떤 치명적인 영향력을 행

사하는지를 니체는 바그너의 예술을 통해 탐색하기 시작한다.

　이와 같은 탐색을 통하여 니체가 발견한 사실은 예술과 철학이 지니는 삶과의 밀접한 연관성이었다. 예술이나 철학이 단지 추상적이고 우연한, 사소한 사건이 아니라 삶에 치명적인 독이 될 수도 있고 약이 될 수도 있다는 사실을 발견한다. 따라서 예술이나 철학은 우리가 가볍게 스치고 지나갈 수 있는 어떤 것이 아니라 꼼꼼히 그것의 정체를 살펴보아야 할 대상이다. 그가 펜을 통하여 분노와 혐오를 드러낼 때 그곳에서 우리는 그가 파악한 삶의 몰락의 현장을 대면할 수 있다.

　그는 이러한 맥락에서 삶이 치유를 필요로 할 때, 이에 상응하는 예술과 철학이 펼치는 처방전을 살펴본다. 이때 치유의 대상은 두 종류의 고통 받는 자들이다. 한 종류는 삶의 충일로 고통 받는 자들이고 다른 한 종류는 삶의 빈곤으로 고통 받는 자들이다. 후자가 원하는 예술과 철학은 안식, 고요, 잔잔한 바다이자 도취와 경련과 마비의 예술과 철학이다. 그리고 니체는 이것을 제공하는 예술이 바로 바그너의 예술이자 쇼펜하우어의 철학이라고 비판한다. 이들은 결코 디오니소스적인 인간을 원하지 않는다. 따라서 니체에게 모든 종류의 예술가는 다음과 같은 기준에 의해서 변별된다. 즉 그 예술가의 예술에서 '삶에 대한 증오'가 창조되는가 아니면 '삶의 충일'이 창조되는가 하는 것이다. 니체는 후자만이 생리학적으로 건강한 자의 예술이며, 생리학적으로 건강한 삶에 기여할 수 있다고 주장한다.

　바그너의 예술에 대한 니체의 이와 같은 이해는 결국 독일이 바그너를 근본적으로 오해하고 있음을 지적하는 데로 나아간다. 바그너의 예술이란 고작해야 감성과 오성의 마취제를 양산하는 역기능을 수행하여 결국 인간을 병들게 할 뿐이며 이와 같은 예술 속에서는 결코 어떤 건강한 감성도 삶도 탄생할 수 없다는 것이 니체의 진단이다. 따라서 〈파르치팔〉과 같은 예술은 니체에게 있어서 삶의 전제들에 대항하는 책략과 복수욕 그리고 은밀한 독살 이외의 다른 것이 아니다. 쇠약한 자는 쇠약한 예술을 만듦으로써 사람들을 쇠약하게 만들고, 쇠약해진 사람은 다시 쇠약한 음악을 아편처럼 찾는다. 하나의 반(反)자연은 그것으로 끝나는 것이 아니라 제2의, 제3의 반자연을 양산하며 악순환을 거듭한다. 그리고 그것의 결과가 데카당스와 허무주의의 출현이라는 것이다.

만남 5
염세주의 vs. 비극 철학자

〈아르카디아에도 나는 있다 Et in Arcadia Ego〉, 구에르치노 Guercino   〈아르카디아의 목자들 Les Bergers d'rcadie〉, 니콜라스 푸생 Nicolas Poussin

죽음이라는 존재는 인간이 존재하는 어디에든 있는 것이다. 인간은 그 누구도 죽음으로부터 자유로울 수 없다. 바로 이 때문에 인간을 '죽을 수밖에 없는 존재'를 의미하는 '모털 mortal'이라는 단어로 표현한다.

극단적 염세주의에 대한 해독제

앞의 왼쪽 그림은 17세기 이탈리아 화가 구에르치노^{Guercino, 1591~1666}의 〈아르카디아에도 나는 있다^{Et in Arcadia Ego}〉라는 작품으로 이상향의 나라를 상징하는 아르카디아에도 어김없이 에고^{ego}, 즉 내가 있다는 주제를 담고 있다. 오른쪽 그림은 구에르치노에 영향을 받은 푸생^{Nicolas Poussin, 1594~1665}의 〈아르카디아의 목자들^{Les Bergers d'Arcadie}〉이라는 작품이다. 이 작품에서 화폭의 인물들이 심각하게 주시하고 있는 문구는 "Et in Arcadia Ego", 즉 '아르카디아에도 나는 있다'이다. 여기서 여기서 말하는 '나'는 바로 죽음이다. 죽음이라는 존재는 인간이 존재하는 어디에든 있는 것이다. 인간은 그 누구도 죽음으로부터 자유로울 수 없다. 이 때문에 인간을 '죽을 수밖에 없는 존재'를 의미하는 '모털^{mortal}'이라고 표현한다.

이와 같은 인간 실존의 비극적 유한성에 대한 상징은 《비극의 탄생》에서 인간에게 최상의 것은 무엇인가라는 미다스 왕의 질문에 대한 실레노스의 대답, 즉 태어나지 않는 것이 최상이라는 대답 속에서도 분명히 나타난다. 그렇다면 태어나지 않는 것이 최상의 것이라는 말은 무엇을 의미하는 것일까? 왜 실레노스는 온갖 부귀영화를 누리고 있는 미다스 왕에게조차 최상의 것이 태어나지 않는 것이라고 했을까? 왜 어떤 생로병사에 대한 직접적인 고통도 겪은 적이 없던 싯다르타^{Siddhārtha Gautama}조차 부와 권력의 상징인 왕위를 버리고 진리를 찾는 고행의 길을 선택했던 것일까?

신들의 관점에서 보자면 인간의 삶은 아주 하찮은 것일 수 있다. 이는 마치 우리 인간이 하루를 산다는 하루살이의 인생을 보고, '그것도 인생이라고 할 수 있을까?'라고 생각하는 것과 같은 이치일 것이다. 그러나 단지 인생이 걸치고 있는 물리적 시간이 짧다는 이유만으로 그러지는 않았을 것이다. 시간의 유한성과 더불어 실존 자체의 유한성이 문제로 보였을 것이다. 이 불완전한 존재가 인생길에서 감당해야 하는 수많은 고통들이 실레노스나 싯다르타로 하여금 인간의 삶의 의미에 대하여 회의하게 했을 것이다.

하지만 삶이 초래하는 물리적 고통에 버금가는 치명적인 것은 정신적 고통, 특히 고통 자체의 무의미이다. 우리가 살아가면서 겪는 고통이 어떤 의미를 지닌다면 비록 고통스러울지라도 삶은

〈미다스와 바쿠스Midas et Bacchus〉, 푸생 | 디오니소스가 자신의 스승인 실레노스를 융숭하게 대접한 미다스 왕에게 소원을 들어주겠다고 말하고 있다. 로마 신화의 바쿠스는 그리스 신화의 디오니소스이다.

의미 있는 것이 될 것이다. 그러나 그 고통이 단지 허무주의로 귀결된다면 그 결과는 치명적이다. 특히 삶의 의미가 사라지면 본능과 의지가 퇴화되면서 삶은 권태와 피로와 귀찮음에 저당 잡히게 된다. 앞에서 살펴보았듯이 쇼펜하우어의 진단적 인간상이 의지 과잉과 욕망의 고통으로 몸부림치는 인간이라면, 니체의 진단적 인간상은 권태와 무감각으로 물들어 있는 무의욕의 인간이다.

불교나 기독교 그리고 전통적 형이상학의 순기능이 과잉된 욕망과 의지의 폭력으로부터 인간의 삶을 보호하는 것이었다면 그 역기능은 바로 현대의 데카당스와 허무주의라 할 수 있다. 과도하게 관념화되고, 과도하게 이론화되고, 과도하게 도덕화 되어 자신의 반쪽을 퇴화시킨 인간 삶의 병리 현상이 바로 허무주의이다. 욕망의 과잉이 문제이듯이 욕망의 결핍 역시 또 다른 문제를 가져온 것이다. 이처럼 무취미·무의욕·무기력·무의미에 빠져 있는 현대의 신新데카당스인 신종 허무주의로 인해 우리의 삶이 점점 위태로워지고 있다. 니체는 이렇게 무기력증에 빠져 있는, 데카당스에 허우적거리며 허무주의의 늪으로 점점 빠져드는 현대의 병리적 현상에 대한 대안을 꿈과 도취와 같은 가상 세계에를 환기시키는 것에서 찾고자 한다.

대안으로서 꿈과 도취의 세계 : 니체의 호접몽˚

우리의 삶은 현실 공간에서의 삶과 가상 공간에서의 삶으로 이루어져 있다. 현실적인 삶과 가상적인 삶은 이미 우리의 삶의 두 영역이라고 할 수 있다. 그러나 이들은 교묘히 서로 섞여 있다. 과연 이 상이한 두 세계의 유래는 어디인가? 인간의 가상적인 삶은 인간의 출현과 더불어 존재해온 세계인가? 아니면 현실 공간의 결여성에 의해서 만들어진 창조적인 공간인가?

인간은 현실만으로 만족하지 못하고 다른 삶, 다른 공간을 원하기 마련이다. 다른 공간은 다른 심미적 경험을 우리에게 선사한다. 이와 같은 가상적 '심미성 Ästhetizität'을 경험할 수 있는 고전적이면서도 일상적인 형태가 바로 상상이나 꿈, 도취, 예술 작품들과 같은 가상체이다. 이들은 가상적임에도 불구하고 현실의 삶에 실질적인 영향력을 행사한다. 가상은 현실의 척박함에 묶여있는 존재들을 변형시킬 뿐만 아니라 심미적 경험의 영역을 확장시킴으로써 삶 자체도 변화시킨다. 현실의 삶에 대한 가상의 힘을 우리는 니체의 비극에 대한 연구 속에서 생생하게 묘사

호접몽

어느 날 장자(莊子, BC 369~289?)가 제자를 불러 들려주었던 나비꿈 이야기로서 내용은 다음과 같다. "내가 어젯밤 꿈에 나비가 되었다. 날개를 펄럭이며 꽃 사이를 즐겁게 날아다녔는데, 너무도 기분이 좋아서 내가 나인지도 잊어버렸다. 그러다 불현듯 꿈에서 깨었다. 깨고 보니 나는 나비가 아니라 내가 아닌가? 그래서 생각하기를 아까 꿈에서 나비가 되었을 때는 내가 나인지도 몰랐다. 그런데 꿈에서 깨고 보니 분명 나였다. 그렇다면 지금의 나는 정말 나인가, 아니면 나비가 꿈에서 내가 된 것인가? 지금의 나는 과연 진정한 나인가? 아니면 나비가 나로 변한 것인가?"

되는 '꿈Traum'과 '도취Rausch' 그리고 이들과의 '유희Spiel'를 중심으로 하는 예술에 대한 논의 속에서 선취할 수 있다.

꿈과 도취에 대한 니체의 탐색은 지금까지 주로 예술의 범주에서 심미적 차원으로 한정되어 해석되고는 했다. 그러나 꿈과 도취에 대한 그의 사유는 심미적이라는 협소한 범위에서 한걸음 더 나아가 삶 자체를 조형하는, 삶에 대한 실천적인 관심에까지 이어진다. 다시 말해, 그는 꿈과 도취를 생리학적으로 주어진 수동적인 심미적 현상으로만 보는 것이 아니라, 꿈꾸는 자나 도취자 자신에 의해서 능동적으로 형성되는 실천적 과정으로 본 것이다. 꿈과 도취에 대한 니체의 사유 속에서 우리는 수동적 심미 세계를 넘어 능동적으로 조형되는 실천적 세계를 발견할 수 있다.

이와 같은 능동적인 실천은 우리 삶을 변화시키는 동시에 새로운 삶의 가능성을 제시한다. 이것은 니체가 심미성을 강조하는 것이 단지 이성에 의해 억압된 심미적인 세계의 회복에 머무는 것이 아니라 삶 자체의 회복으로 향하고 있음을 의미한다. 뿐만 아니라 그의 꿈과 도취 그리고 그들과의 유희로서 예술에 대한 관심이 단지 주어진 삶에 대한 심미적 변형, 즉 존재 세계를 그대로 둔 채 그것에 대한 우리의 심미적 반응만을 일시적으로 바꾸는 것뿐 아니라 현실 세계 자체나 우리 주체 자신을 변형시키는 조형적 실천을 내포하고 있음을 의미한다.

이러한 새로운 삶에 대한 니체의 사유는 현실과 비현실, 현실과 가상 세계 사이를 분열적으로 오가는 것이 아니라 이 양자의 실천적 조형을 시도한다. 심미적인 세계, 가상 세계, 예술 세계에 대한 니체의 관심의 중심에는 바로 현실에 대한 그의 강렬하면서도 변치 않는 관심이 있다. 현실에 대한 관심과 정열에서 오는 삶의 조형에 대한 니체의 관심은 그의 사유가 단지 심미적인 차원에 머무는 것이 아니라 삶의 변형이라는 실천적인 차원과 연계되어 있음을 드러낸다. 따라서 그의 심미적 관심 속에서 우리는 한편으로는 현재 자신의 삶을 조형하는 주체로서, 그리고 다른 한편으로는 그 조형의 대상, 즉 객체로 자리하고 있다. 삶에 대한 이러한 실천적 조형을 매개하는 소재 혹은 조형의 중심 모티브가 바로 니체의 초기 저서인 《비극의 탄생》에서 다루고 있는 두 가지 예술 충동의 세계인 꿈과 도취의 세계이다.

가상의 세계에 대한 실천적 관심의 축으로서 삶

니체의 철학적 실천은 해체와 파괴이자 건설과 창조의 과정이다. 일반적으로 니체의 초기 예술론은 심미적인 것을 중심으로 이해되고는 한다. 그러나 그의 초기 저작은 표면적으로는 예술을 중심으로 하는 심미적 세계나 경험을 부각하면서도 그 이면에는 심미적인 영역을 넘어서는 문제의식들을 함축하고 있다. 특히 그의 중·후기 특징으로 알려져 있는 건설과 창조의 실천적 특징은 이미 그의 초기 철학에서 나타나는 예술을 통한 변형이라는 논의 속에서 분명히 드러나고 있다.

초기의 니체는 주로 기존 철학의 이성 중심적 방법론과 예술이 실현하는 미적인 경험의 강조를 통해 진리를 획득하려는 전통적인 철학과 변별되어 그려졌다. 하지만 이러한 모습은 초기의 니체를 지나치게 심미적으로 축소하여 이해한 것이라고 할 수 있다. 왜냐하면 니체의 예술 철학이 앎에의 욕망보다는 심미적인 것에 대한 욕망을 강조한다고 할지라도, 그가 현실과의 관련 속에서 꿈과 도취를 논의할 때, 그의 예술에 대한 관심 속에는 심미적인 세계를 현실의 세계와 연결시키고자 하는 현실 중심적이고 실천적인 사유가 섬세하게 드러나기 때문이다.

니체의 초기 저작인 《비극의 탄생》 역시 지금까지 주로 예술의 심미성에 초점이 맞추어져왔다. 이 과정에서도 예술에 대한 니체의 문제의식의 저변에 깔려 있는 삶에 대한 실천적 관심은 간과되거나 부수적인 것으로 간주되었다. 그런 의미에서 미다스 왕과 실레노스와 같은 신화적인 비유를 통해서 니체가 드러내는 것 역시 불멸의 존재인 신의 삶에 비하면 하루살이와 같은 인간 삶의 덧없음이다.

현실 세계는 무의미할 뿐만 아니라 고통과 번민으로 가득 차 있다. 특히 니체가 살았던 시대는 현실을 무의미한 것으로 간주하고 새로운 세계인 천국과 지옥을 발명해냄으로써 새로운 삶을 약속했던 중세가 끝나고 이성에 의한 객관적인 학문이 발전하며 심미적인 것이 상실된 모던 세계였다. 심미적이거나 예술적이거나 가상적인 세계를 금기시한 세계 속에서 삶은 차가운 이성의 지배에 의해 점점 더 탈색되고 표백되어갔다. 니체가 심미적인 것과 예술에 대해 지대한 관심을 기울인 것도 바로 이처럼 생기를 잃어가는 삶의 에너지를 회복하기 위한 것이었다. 예술이 문제인 것은 삶을 위해서 그러한 것이다. 따라서 니체의 예술에 대한 관심은 삶에 대한 관심의 하위에 놓여 있다. 그리고 그가 심미적인 것을 요구할 때 그것은 단지 삶을 위한 요구일 뿐이다.

삶의 부정 vs. 삶의 긍정

니체는 삶으로부터 심미적인 것이 추방되는 경향을 그 자신이 속해 있던 모던이라는 시대적 상황 속에서 발견했다. 이 시대는 오로지 도덕적일 뿐이며 도덕적이고자 함으로써 모든 예술을 거짓의 영역으로 추방하는 시대이다. 니체에 따르면, 도덕적인 기독교는 근본적으로 삶에 대한 구토와 권태의 산물이다. 기독교는 '다른' 혹은 '더 나은' 삶을 제안함으로써 자신을 위장할 뿐만 아니라 현실 세계를 증오하고 감정을 저주한다. 아름다움과 감성에 대한 기독교적 두려움과 증오는 '현세 das Diesseits'를 비방하기 위해 다른 세계인 '내세 ein Jenseits'를 발명해낸다. 하지만 이러한 내세라는 발명품은 니체가 보기에는 단지 몰락에의 의지의 산물일 뿐이다. 왜냐하면 삶이란 근본적으로 가상, 예술, 기만, 광학, 관점적인 것과 오류의 필연성에 토대를 두고 있기 때문이다. 삶이란 본질적으로 비도덕적인 까닭에 내세에게 현세는 적대적인 것이다.

 삶을 부정하는 이러한 기독교적 본능 속에서 세계의 본질이라고 할 수 있는 예술에 의해서 만들어진 가상 세계가 철폐되는 것을 목격한 니체는 당대의 도덕화된 세계관과는 다른 세계관을 그리스 비극 속에서 찾고자 했다. 니체에 있어서 그리스 비극의 근본적인 성격은 '디오니소스적인 것$^{das\ Dionysische}$'이다. 즉 '현재', '현대', '현대적 이념'을 증오하는 니체는 현재 존재하는 기독교적 세계에 반하는 새로운 세계를 추구하는데, 이 세계가 바로 신과 산양의 결합인 사티로스^{Satyros}를 '디오니소스적 열광자와 인간의 원형'으로 간주한 그리스인들의 세계, 즉 체험과 충동이 살아 있는 세계이다. 그는 그리스 비극 합창단의 근원인 디오니소스 축제 속에서 인간의 삶이 구현하는 생명력으로 가득 찬 심미적 세계를 발견한다.

니체는 세계에 대한 인간의 감수성을 드러내는 염세주의나 낙천주의의 기원을 우리가 일반적으로 알고 있는 것과는 다른 방식으로 접근한다. 그는 놀랍게도 비극에의 의지나 염세주의를 어떤 병적인 증후가 아니라 오히려 디오니소스적 광기가 그리스 땅에 가져다준 풍요로움의 산물로 본다. 반면에 우리가 찬양해 마지않는 그리스의 심미적 명랑함이나 학문적 낙천주의를 그리스의 해체와 약화의 시기에 등장한 병적인 증후라고 여긴다. 왜냐하면 인간이 가진 본래의 형이상학적 활동은 우리의 믿음과는 달리 도덕이나 지식이 아니라 예술 속에서 실현되기 때문이다. 따라서 한편으로는 도덕으로 무장한 반심미적 세계의 전형인 기독

포도주의 신 디오니소스

> **아티카 비극**
>
> 아티카 또는 아티케는 그리스의 아테네를 포함한 주변 지역이다. 니체는 분리되어 있던 예술의 두 가지 충동인 아폴론적인 것과 디오니소스적인 것이 마침내 그리스의 아티카에서 기적적으로 결합하여 아폴론적이지만도 않고 디오니소스적이지만도 않고, 오히려 이 양자의 충동이 절묘하게 결합된 예술을 모습을 아티카 비극이라고 칭하였다.

교적 세계관 속에서 폄하되는 현세를 제대로 평가하는 작업이 필요하며, 다른 한편으로는 현세에 존재하지 않는 지연된 파라다이스를 대신할 수 있는 새로운 세계를 발견하는 작업이 필요하다. 이 새로운 세계는 우리가 상실한 삶에의 의지를 회복시킬 수 있는 심미적 힘을 지니고 있을 때 비로소 가능하다. 따라서 이와 같은 세계는 표면적인 학문적 낙천주의가 아니라 그 심층에 강한 삶에의 의지를 지니고 있는 비극에의 의지나 그 반대 급부인 염세주의에 대한 탐색을 통해서 확보될 수 있을 것이다.

우리는 니체에 있어서 현실의 삶에 대한 관심 차원에서의 심미적인 체험이나 감수성에 대한 관심을 사티로스 이외에도 꿈과 도취라는 기묘한 현상에 대한 그의 시선 속에서 발견할 수 있다. 이와 같이 인간을 현실의 삶으로부터 잠시 떠나 있게 하는 현상에 상응하는 두 신이 바로 아폴론과 디오니소스이다. 니체는 《비극의 탄생》에서 예술의 발전을 아폴론적인 것과 디오니소스적인 것의 이중적인 결합 속에서 찾는다. 주지하다시피 이 두 상이한 예술적 충동은 그리스적 의지에 의하여 결합되어 디오니소스적인 동시에 아폴론적인 아티카^{Attica} 비극˙을 산출한다.

아폴론의 예술충동에 의한 세계

아폴론적 예술 충동이 그리스인들에게 제공했던 새로운 심미적 경험은 무엇이고 이러한 심미적 경험에 의해서 나타난 세계는 어떤 세계일까? 니체는 그러한 예를 로마의 시인이자 철학자인 루크레티우스 Titus Lucretius Carus, BC 94?~BC 55? 의 생각에서 찾는다. 그는 그것을 장엄한 신들의 형상이 인간의 영혼 앞에 처음으로 나타나는 것, 위대한 조각가가 초인적 존재의 매혹적인 신체 구조를 보는 것, 그리스 시인의 시적 창조의 비밀이 거주하는 꿈에서 찾는다. 이 예를 통해서 니체는 새롭게 조형된 가상 세계의 출현뿐만 아니라 모든 조형 예술의 전제 조건이 바로 꿈이라는 아름다운 가상 세계라는 사실과 이러한 꿈의 세계를 만들어내는 예술가가 바로 인간이라는 점을 상기시킨다.

아폴론은 꿈의 조형력을 통하여 현실의 세계를 부단히 풍요롭게 한다. 현실은 꿈을 꾸고, 꿈속에서 자신의 현실의 이면을 보게 된다. 그리고 이러한 경험은 현실에 대한 경험을 변형시킨다. 이러한 작업 속에서 현실과 꿈은 상호 작용한다. 니체는 꿈과 현실이라

꿈과 예언의 신 아폴론 | 아폴론은 꿈의 조형력을 통하여 현실의 세계를 부단히 풍요롭게 한다.

는 삶의 이중성에 대한 인식을 다시 현실과 그 현실의 가상성에 대한 이중적인 예감으로까지 심화시킨다. 그는 꿈을 현실과 완전히 분리된 세계가 아니라 일종의 현실이라 여기며 '꿈현실 Traumwirklichkeit'이라는 표현을 사용한다. 꿈이란 현실을 전제하지 않고는 존재하지 않는다. 꿈을 꾸는 자는 현실에 거주하는 동시에 현실의 이면으로 들어선다. 따라서 꿈도 하나의 현실이다.

그러나 니체는 역으로 현실도 일종의 꿈으로 가정한다. 꿈이 완전한 현실이 아니듯이 혹시 현실 또한 현실이 아닌 것은 아닐까 하는 의구심을 갖는다. 진정 우리의 현실 세계는 우리의 유일한 현실일까? 꿈과 현실을 구분하는 기준은 꿈을 꾸는 활동과 꿈에서 깨어나는 활동 그리고 깨어 있는 활동이다. 그렇다면 우리의 현실을 현실이게 하는 어떤 작용이 있고, 그 작용이 우리 앞에 현실을 불러오는 것은 아닐까? 이처럼 니체는 현실 또한 일종의 가상의 세계는 아닐까 하는 의혹을 집요하게 제시한다.

니체는 꿈 세계에 대한 이중적인 태도를 철학자가 예감하는 실존의 이중적인 현실에 대한 감지로 확장한다. 《비극의 탄생》에서 그는 "우리가 살고 존재하는 현실 밑에는 전혀 다른 하나의 현실이 놓여 있고, 그 현실 또한 하나의 가상임을 예감"하는 현실의 이중성과 그것의 가상성에 대한 존재론적 성찰로 나아간다. 이중적인 현실에 대한 감지는 '예술적으로 민감한 인간 der künstlerisch erregbare Mensch'에 의해서 새로운 단계로 진입한다. 예술적으로 민감한 인간은 "이러한 현상들에서 삶을 해석하고, 이러한 과정들에서 삶을 위해 연습하기 때문"이다. 이로써 니체는 그것이 꿈이든 아니면 이중적인 현실이든 단지 이들을 수동적으로 이해하는 대신 이들 속에서 삶을 재해석하고 변형시키는 실천적 단초를 발견한다.

꿈의 예지력과 잠의 치유력

삶을 중심축으로 하는 실재와 가상에 대한 니체의 성찰을 좀 더 세부적으로 살펴보자. 실재와 가상 사이의 경계에 대한 니체의 통찰은《비극의 탄생》에서 모든 조형의 신인 아폴론의 이중적 모습에 대한 묘사에서 선명하게 빛난다. 내면적 환상 세계의 아름다운 가상까지 지배하는 아폴론은 한편으로는 "불완전하게 이해

〈잠자는 방적공La Fileuse Endormie〉, 쿠르베Gustave Courbet | 몸은 현실 구속적이되 영혼은 덜 구속적인 잠의 순간을 포착하고 있다.

되는 대낮 현실과 대립되는 이러한 상태(가상)의 보다 높은 진리와 완전성"을 드러내는 역할을 하고, 다른 한편으로는 "잠과 꿈속에서 치유를 도와주는 자연에 관한 심오한 의식은 예언하는 능력의 상징적 유사물이며, 삶을 가능하게 하고 살 만한 가치가 있는 것으로 만들어주는" 역할을 한다. 니체가 주목하는 부분은 아폴론이 드러내는 꿈이라는 가상 세계를 통한 진리와 완전성에 대한 실현뿐만 아니라 가상의 힘이 부여하는 삶의 가치와 의미의 회복이다.

이와 같은 가상 세계는 플라톤에 의해서 가장 금기시되던 세계이다. 플라톤은 가상의 세계란 고작해야 이데아 세계의 모방이므로 가상에 대한 경험은 우리를 이데아로부터 점점 더 멀리 떨어지게 한다고 우려했다. 그러나 플라톤 이전부터 있었던 신화에 나타난 꿈에 대한 해석 속에서 우리는 가상 세계에 대한 다른 이미지를 발견할 수 있다. 이는 플라톤의 인식론적인 비非진리화나 존재론적인 비非실재화와는 달리 가상 세계가 참된 세계로 가는 또 다른 출구임을 암시하는 다른 고전적인 해석이다.

오비디우스[Publius Ovidius Nasō, BC 43~AD 17]의 《변신 이야기[Metamorphōseis]》의 〈잠의 신과 꿈의 신〉(민음사판 《변신 이야기》 권2)에서 꿈의 신에 대한 묘사를 보면 꿈이 오늘날 우리가 생각하는 꿈의 위상과 상당한 차이를 지니고 있음을 발견할 수 있다. 그러면 잠의 신의 맏아들인 꿈의 신인 모르페우스[Morpheus]와 형제들에 대한 이야기를 들어보자.

잠의 신 솜누스[Somnus]의 깃털보다 더 보드라운 보료가 깔려 있는 잠자리 곁에는 해변의 모래알보다 많은 꿈의 신들이 있다.

…… 잠의 신 솜누스의 맏아들은 조형하는 자라는 뜻의 모르페우스다. 모르페우스는 인간으로 둔갑하는 데 능하고 인간의 흉내도 잘 내기로 이름 있는 꿈의 신이다. 특정인의 걸음걸이, 표정, 목소리를 모르페우스만큼 완벽하게 흉내 낼 수 있는 꿈의 신은 없다. 심지어 그는 그 사람의 옷차림, 그 사람이 즐겨 쓰는 말까지도 그대로 흉내 낼 수 있다. 그는 사람의 흉내를 잘 내는 꿈의 신이었다. 겁주는 자의 뜻을 지닌 포베토르Phobetor라는 둘째 아들은 새나 뱀으로 둔갑, 이들을 흉내 내는 데 능했고, 셋째 아들은 환영을 의미하는 판타소스Phantasos로서, 땅·바위·물·나무 같은 무정물로 둔갑하거나 흉내 내는 데 능했다. 이 세 형제는 주로 밤이 되면 왕이나 장군들의 꿈에 나타나고 나머지 형제들은 여느 사람들의 꿈에 나타난다.

그리스 신화에서 그려진 꿈은 단지 인간 개인의 허상이나 무의식의 반영이 아니다. 그것은 신들이 몸소 인간에게 무엇인가를 전달하는 장소이자 작용처이다. 따라서 꿈은 지혜나 깨우침을 주는 수단이다. 꿈은 비록 현실과는 다른 공간 속에서 일어나지만 그것은 자신의 진리치를 지니고 있다. 이처럼 꿈을 단순한 허

꿈의 신 모르페우스와 무지개의 여신이자 신들의 전령사인 이리스

구가 아니라 일종의 예지적 작용으로 이해하는 것은 푸코가 제시한 아르테미도로스Artemidoros나 피타고라스Pythagoras, BC 582?~497?의 꿈에 대한 이해와도 유사하다. 푸코는 고대 그리스의 꿈에 대한 이해를 《성의 역사 3: 자기에의 배려Histoire de la sexualité, Ⅲ : le souci de soi》에서 분석하고 있다. 또한 고대의 해몽에 관한 아르테미도로스의 《해몽의 열쇠Oneirocritica》에 관한 언급에서 아르테미도로스에 의한 꿈의 형태 구분에 주목한다. 우리가 일상적으로 사용하는 꿈이라는 단어를 그는 에누프니온enupnion, 즉 레브reve, 꿈와 오네이로스oneiros, 즉 송주songe, 꿈로 구분한다.

전자는 개인에 관해 말하는 반면, 후자는 세상사에 관해 말하고, 전자가 육체와 영혼의 상태로부터 파생된 것임에 반해, 후자는 시간의 사슬의 전개를 미리 말해준다. 전자가 욕망과 혐오감의 영역에서 너무 과하거나, 혹은 너무 적은 작용을 드러내는 반면, 후자는 영혼에 신호를 보내고 그와 동시에 영혼을

형제인 잠의 신 힙노스Hypnos(로마 신화에서는 솜누스)와 죽음의 신 타나토스Thanatos

형성한다.　　　　　　　　　　　《성의 역사 3: 자기에의 배려》

오네이로스라는 꿈의 유형에 대한 서술에서 우리는 니체가 생각한 꿈의 예언적이고 조형적인 역할을 발견할 수 있다. 이처럼 꿈의 신은 예지적인 작용을 행사함으로써 우리의 삶에 지혜를 준다. 이에 반해, 잠의 신은 직접으로 치유적인 작용을 행사하는 것으로 묘사되어 있다. 《변신 이야기》에서 오비디우스는 잠의 신인

니체의 꿈 해석

꿈에 대한 니체의 해석은 세 가지 면에서 다른 꿈 해석과 다르다. 하나는 니체의 꿈에 대한 이와 같은 삶 중심의 심미적이고 조형적인 해석은 꿈을 인간의 외부에 존재하는 신에 의해 만들어진 것으로 이해하는 고대의 꿈에 대한 해석이나 꿈을 인간의 무의식적인 것의 표출로 해석하는 프로이트의 꿈의 해석과도 변별된다는 점이다. 뿐만 아니라 프로이트가 인간 정신의 비밀을 분석하기 위한 소재로서 꿈에 집중했을 때 이 꿈은 꿈 이전의 다른 경험들과의 상관성 속에서 해석된다. 꿈과 각성 상태의 관계를 대부분의 꿈 해석자들이 상관적으로 보며 니체도 마찬가지이다. 하지만 대부분의 꿈 해석자들이 꿈꾸기 이전의 상태로서 각성과 꿈의 관계에 주목하는 데 반해 니체는 꿈을 꾸고 있는 사람이 꿈에서 깨어난 후 꿈이 각성 시의 삶에 미치는 관계에 주목한다. 즉 니체는 꿈을 과거의 삶과 연관시키지 않고 미래의 삶과 연관시킨다. 꿈은 과거를 알려주는 것이 아니라 미래를 만드는 것이다. 꿈은 우리의 삶을 변형시킨다. 꿈과의 유희는 우리의 삶을 새로 조형한다. 이것이 바로 니체의 꿈 해석의 두 번째 변별성이다. 두 번째 변별성으로부터 세 번째 변별성이 나온다. 그것은 니체의 꿈에 대한 해석에 있어서 꿈은 진단의 방법이나 재료가 아니라 치유의 장소 자체라는 점이다. 즉 꿈은 자신의 과거나 현재의 상태를 보고하는 수단이 아니다. 꿈과의 유희 자체를 통하여 현실은 변형되고 삶은 자기 치유를 시작한다. 그 결과 삶과의 화해가 실현되는 것이다.

솜누스를 만물을 쉬게 하고 산 것들의 마음을 고요하게 하는 신이
자 산 것들의 마음을 근심으로부터 구하는 신으로 묘사하고 있다.

> 동굴 밑에는 망각의 강인 레테의 강이 소리 없이 흐르고 그 앞
> 에 양귀비를 비롯한 수많은 약초들이 자라는 동굴 속에 잠의 신
> 솜누스의 은밀한 궁전에 대한 이야기가 있다. 잠의 신 솜누스는
> 이 약초들의 즙을 뽑아 세상에 뿌려 산 것들을 잠재운다. ……
> 무지개의 신인 이리스의 표현에 의하면, 잠의 신은 만물을 쉬게
> 하는 신, 만물 가운데 가장 평화로운 신, 산 것들의 마음을 고요
> 하게 하고, 산 것들의 마음을 근심으로부터 구하는 신이다. 이 신
> 과 함께 있는 꿈은 산 것들의 모양을 고스란히 흉내 낼 수 있다.

잠과 꿈이라고 하는 현상을 단지 단순한 생물학적 작용이나 무의미한 가상으로 해석하지 않고, 그곳에서 삶과 연관된 다양한 창조적 작용들을 생산해냈던 신화라는 가상 세계는 바로 이와 같은 이유로 현대인들에게조차 끊임없이 지적 영감을 주는 근원적인 에너지로서 재평가되고 있는 것이다.

디오니소스적 세계 : 도취의 화해력

니체는 삶을 살 만한 것으로 만들어주는 현실의 변형을 아폴론적인 것 이외에도 디오니소스적인 것에서 발견한다. 이 디오니소스적인 것의 본질을 우리에게 엿보게 하기 위하여 그는 비유

적으로 도취라는 개념을 사용한다. 니체는 인간의 가장 깊은 근저, 자연으로부터 솟구쳐 나오는 황홀인 디오니소스적인 것의 본질을 모든 원시인이나 원시 민족들이 찬가에서 말하는 마취성 음료의 영향이나 전체 자연을 흥겹게 관통하는 강력한 봄기운에 의해 눈뜨게 되는 격정으로 본다. 이 격정의 고조는 주관적인 것을 완전히 자기 망각 속으로 사라지게 하는 힘을 가지고 있다. 이러한 디오니소스적 마력을 통해서 인간과 인간뿐만 아니라 인간과 자연의 화해가 실현된다.

니체가 아폴론의 도움을 받아 꿈을 조형하는 자로서의 인간을 예술가로 이해했다면, 비조형적인 디오니소스적인 것 속에서 인간은 더 이상 예술가가 아니라 예술 작품 자체가 되어버린다. 왜냐하면 근원적 일자의 최고의 환희를 위하여 전체 자연의 예술적 힘이 도취의 소나기 아래서 스스로 나타나기 때문이다. 디오니소스적 도취는 새로운 대상 세계, 즉 현실과는 다른 가상 세계의 모습을 나타내는 것이 아니라 이것을 체험하는 인간의 감수성을 변화시킨다. 따라서 세계는 동일한 상태로 존재하지만 그것을 체험하는 주체의 심미적 상태가 변화함에 따라 평상시와는 다른 세계를 경험하게 된다.

그러나 우리는 여기서 니체가 무조건적으로 가상 세계를 찬양하는 것이 아니라는 점을 염두에 두어야 한다. 마찬가지로 우리는 그가 예술이라고 무조건 찬양하고 황홀과 도취를 무작위로 긍정하는 것이 아니라는 점에도 주목해야 한다. 그가 독일 음악을 예술 형식들 중에서 가장 비#그리스적인 형식으로 간주하고 그 이유를 제시하는 대목에서 이러한 점을 분명하게 볼 수 있다. 즉 그는 《비극의 탄생》에서 "독일 음악은 신경을 망가뜨리는 것이고, 술 마시기 좋아하고 불명료함을 미덕으로 찬양하는 민족들을 황홀하게 만들고 몽롱하게 만드는 마취제"이기 때문에 이런 종류의 음악은 인간에게 위험한 것으로 간주한다. 그에게는 도취도 도취 나름이고 음악도 음악 나름이다. 이것들은 단지 삶에 봉사하는 건강한 위력을 통해서만 자신의 존재의 정당성을 획득한다. 따라서 니체에게 아폴론과 디오니소스의 중요성은 오직 그들이 삶에 대한 기여하는 바를 통해서만 드러난다.

가상과 가상의 대결: 디오니소스적 세계 vs. 이데아 세계

니체는 이와 같은 예술적 가상 세계의 삶을 위한 꿈과 도취의 실천적 역할이 플라톤의 소크라테스주의 속에서 소멸되었음을 발견한다. 니체는 〈소크라테스와 그리스 비극Socrates und die Trageodie〉(니체 전집 권3 《유고(1870년~1873년)》)에서 플라톤적으로 구현된 소크라테스주의 철학 사상이 예술을 감시하고 변증법으로 파악하려고 하는 현상을 폭로한다. 그는 플라톤적인 소크라테스를 통해 우리가 지금까지 보아왔던 아폴론적인 것이 형식적 도식주의로 변질되고 디오니소스적인 것이 자연주의적 격정으로 변했음을 지적한다.

니체의 날카로운 비유에 따르면, 플라톤의 연극에서 변증론적 주인공을 맡고 있는 소크라테스에 의해서 비극의 정신은 사라진다. 이와 마찬가지로 에우리피데스Euripides, BC 484?~406?의 주인공들은 논증과 반증으로 자신의 행동을 정당화할 뿐만 아니라 "미덕은 지식이다. 죄는 무지에서 저질러진다. 미덕을 갖춘 자는 행복한 자이다"라는 소크라테스의 낙천주의의 세 근본 형식을 바탕으로 비극을 상연한다. 이로써 그리스적 비극의 정신은 비극 자신에 의해서 죽음을 맞이하기에 이른다. 이러한 비극의 죽음과 더불어 삶에 심미적인 경험과 예언적인 지혜를 주었을 뿐만 아니라, 때로는 스스로가 예술 작품이 되기도 했던 조형적^{bildlich} 아름다움˙을 가진 가상 세계는 개념적인 세계로 탈바꿈한다. 그리고 구체적인 공간 속에서 구체적인 형상으로 생생하게 나타나던 가상의 세계는 추상적인 언어의 세계로 대체된다. 이 개념의 세계는 쇼펜하우어 또한 직관의 이름 아래 비판했던 세계이다.

생생한 직관의 세계와 심미 세계가 개념의 흑백 세계로 퇴행

조형적 아름다움

니체에 있어서 '조형적'이라는 표현은 '빌들리히(bildlich)'와 '플라스티슈(plastisch)'라는 용어에 상응하는 표현이다. 전자의 경우를 니체는 아폴론적 예술의 창작 과정의 핵심적인 활동으로 이해한다. 이뿐만 아니라 후자의 경우도 아폴론이 조형 예술의 신이라는 점에서 알 수 있듯이 아폴론을 상징하는 용어라고 할 수 있다. 그러나 니체에 있어서 디오니소스적 도취를 통해서 실현되는 것은 인간이다. 즉 조형의 힘은 아폴론만이 아니라 디오니소스의 활동을 표현한다. 디오니소스적 예술 활동에서 인간이 예술 작품으로 창조되고 디오니소스적 예술가는 그 자신 또한 창조자가 된다. 이런 근거로 니체에 있어서 조형력은 아폴론만의 특권이 아니라 디오니소스와 공유되는 동시에 심미적인 영역과 윤리적인 영역을 관통하는 중요한 개념으로 부각될 수 있다.

하는 곳은 역설적이게도 비극의 본질이라 할 수 있는 디오니소스적인 것이 가장 뚜렷하게 실현되어야 할 비극에서이다. 니체가 이런 퇴화 과정의 장본인들로 주목하는 이들은 바로 소포클레스Sophocles, BC 496~406, 에우리피데스 그리고 《향연》에 등장하는 아가톤과 같은 비극 작가들이다. 니체에 따르면, 이들의 비극을 이끄는 것은 더 이상 디오니소스적인 것이 아니라 소크라테스의 유령이다.

이들의 작품들 속에서 소크라테스적 유령은 낙천주의적 변증론을 구사한다. 주로 노래하고 춤을 추던 합창단과 가면을 쓰고 굽 높은 반장화를 신은 배우 한 명의 문답으로 이루어졌던 초기의 극 구성은 아이스킬로스Aeschylos, BC 525?~456에 의해서 배우 두 명으로, 소포클레스에 의해서는 배우 세 명으로 증가했다. 이와 같은 과정 속에서 비극은 점차로 배우의 대사를 중심으로 진행되는 형식으로 변화했고, 이에 따라 디오니소스 정신을 상징하던 합창단의 춤과 노래의 역할은 축소되었다.

예술의 세계와 가상의 세계를 지배하던 디오니소스와 아폴론의 대립 대신에 디오니소스와 소크라테스의 대립이 새로이 등장하고 마침내 에우리피데스의 비극에 이르러서 소크라테스의 유령이 승리함으로써 그리스 비극의 디오니소스적 요소는 소멸된다. 이와 같은 역전은 바로 그리스인들의 삶의 몰락을 의미한다. 플라톤 자신에 의해서 마련된 극적인 반전을 통한 소크라테스의 유령의 부활은 그리스 세계의 몰락을 준비한다.

플라톤이 그리스 세계를 몰락시킨 과정에 대한 니체의 시나리오를 들어보자. 플라톤은 일차적으로 아름다운 가상 세계를 현상계의 모방으로 간주하고 배척함으로써 가상 세계를 존재의 세계로부터 추방하는 데 성공한다. 그런 후, 여기서 멈추지 않고 한걸음 더 나아가 현상계 자체를 또 하나의 불완전한 모방의 세계로 간주하여 일종의 허구 세계로 치부해버린다. 이로 인하여 플라톤의 사상은 예술의 배척, 가상의 금기시, 감각의 경시라는 일련의 과정을 거쳐 현실 자체의 부정에 도달한다. 이러한 플라톤에게 가상계 중의 가상계라고 할 수 있는 예술 세계인 아폴론의 꿈과 디오니소스의 도취는 철폐의 일차적인 대상일 수밖에 없다.

플라톤은 심미적인 가상의 세계와 현실의 세계를 폐지하고 그 자리에 이데아 세계를 새로이 창조했다. 니체는 플라톤 형이상학의 정상에 있는 이상계인 이데아계 자체에 대해서 플라톤이 예술을 비판할 때 사용했던 논리를 그대로 돌려준다. 즉, 플라톤의 이데아계는 비극과 예술 자체에 대한 단죄를 목적으로 플라톤 자신이 예술적 필요 때문에 만들어낸 예술 형식이라는 것이다. 이 예술 형식은 플라톤이 거부한 기존의 예술 형식과 내적으로 닮아 있다. 비록 플라톤이 이 새로운 예술 작품인 이상계를 그가 예술에 했던 비난으로부터, 즉 가상의 모방으로서 그리고 경험 세계보다 더 낮은 영역으로서 설정한 예술에 대한 비난으로부터 자유롭게 하기 위하여 현실을 초월하는 이데아의 세계를 만들어냈을지라도, 니체가 〈소크라테스와 그리스 비극〉에서 지적하듯이, 플라톤의 이데아 세계는 그가 비난했던 바로 그 가상 세계, 즉 예술적인 모방의 세계일 뿐이며 그가 말하는 이상계란 현실 세계에 대한 일종의 모방 세계일 뿐이다.

하지만 니체가 이데아계라는 일종의 가상 세계를 만들어냈다는 이유만으로 그렇게 플라톤을 격렬하게 비판한 것은 아니다. 그와 같은 차원이라면, 그것은 단지 가상의 세계에 퍼부었던 플라톤의 비난을 플라톤 자신에게 되돌려준 것일 뿐이다. 오히려 소크라테스의 모방자인 플라톤 혹은 플라톤이 쓴 극본의 주인공인 소크라테스에 대해 니체가 행한 비판의 과녁은 세계의 가상화가 아니라 삶에 대한 가상 세계의 치명적인 영향력에 있다. 즉 이데아계에 출몰하는 소크라테스의 유령에 의해 아폴론적·디오니소스적 가상 세계뿐만 아니라 현실조차도 그 의미를 상실하고 그 대신 단지 창백한 이데아의 세계만 남게 된다는 사실이 주는 치명성에 있다. 이데아라는 또 하나의 가상 세계에 의하여 우리의 현실은 어떤 존재론적 정당성도 확보하지 못한 채 부정되어 배후로 밀려나게 된다. 그리하여 우리의 삶과 현실은 피안의 삶에 대한 약속에 의해서 여백으로 무한히 배제된다. 이것은 바로 현실의 삶의 의미에 대한 부정 이외의 다른 것이 아니다. 니체가 플라톤을 비판한 핵심도 바로 인간적 삶과 현실의 소멸에 있다.

삶의 조형적 관점에서 본 꿈과 도취, '디오니소스적 예술가'

니체는 현실과 가상 세계를 완전히 분리되어 있는 이원적인 세계로 보기보다는 삶을 축으로 뫼비우스의 띠처럼 연결되어 있는 상관적인 것으로 보았다. 또한 실재와 허구 사이의 관계를 수동적이 아니라 능동적으로 파악했다. 심미적인 현상으로서 가상 세계에 대한 니체의 적극적인 조형적^{plastisch} 이해는 꿈과 도취라는 개념 속에서 잘 드러난다. 니체는 삶의 이중성을 통해 수동적 조형력으로부터 능동적 조형력을 구분해내는 디오니소스적 예술가상像을 제시한다. 디오니소스적 예술가라는 용어를 통하여 니체는 삶의 뫼비우스적 조형 속에서 인간을 단지 수동적이고 심미적인 주체나 대상이 아니라 그것에 능동적으로 관계하는 실천적인 주체나 대상으로 제시한다.

니체는 예술가를 꿈의 형상 세계와 도취적 현실 세계인 자연의 모방자로 이해한다. 니체가 가능한 예술가의 형태로 제시하는 세 가지 유형은 아폴론적 꿈의 예술가, 디오니소스적 도취의 예술가, 마지막으로 도취와 꿈의 예술가이다. 니체는 특히 세 번째 예술가를 그리스 비극의 예술가로 보았다. 꿈과 도취를 함께 취하는 이 세 번째 예술가는 디오니소스적 도취와 신비주의적 자기 포기 상태에서 열광하는 합창단으로부터 동떨어져 홀로 쓰러진 후 아폴론적 꿈의 영향을 통하여 자신의 독특한 상태를 경험한 자이다. 그는 디오니소스적 경험을 통해 세계의 가장 내면적인 근거와 하나가 된 자신의 상태가 동시에 비유적 꿈의 형상 속에서 나타나는 자, 즉 디오니소스적인 것과 아폴론적인 것이 이상적으로 결합된 것을 모방하는 예술가이다. 이 예술가가 약속하는 세상은 아폴론적 세상도 아니고 디오니소스적 세상도 아닌 양자가 함께하는 세계이다. 이 세계는 어느 한쪽이 다른 쪽으로 종합되어 다른 한쪽을 지배하는 것이 아니라 두 개의 상이한 경험이 공존하는 세계이다. 그리고 세 번째 예술가에 의해서 꿈과 도취라는 두 개의 상이한 가상 세계가 접속된다.

분열된 두 개의 가상 세계가 이렇게 접속되었다면, 이 세계와 현실 세계의 관계는 어떠한 것인가? 두 가상 세계 사이의 관계는 드러났지만 이들과 현실 세계의 관계는 아직 언급되어 있지 않다. 니체의 핵심 문제는 바로 이 가상 세계와 현실의 관계이다. 바로 가상 세계와 현실 세계의 상관성, 이뿐만 아니라 그들의 능동적인 연관성, 즉 능동적 조형력은 《비극의 탄생》 외에도 〈디오니소스적 세계관Die dionysische Weltanschauung〉(니체 전집 권3《유고(1870년~1873년)》)에서 전개되는 아폴론적 예술가가 행하는 '꿈과의 유희Spiel mit dem Traum' 개념과 디오니소스적 예술가에 의해 실현되는 '도취와의 유희Spiel mit dem Rausch' 개념에서 분명하게 드러난다. 여기서 주의해야 할 것은 니체가 단지 꿈이나 도취를 강조하는 것이 아니라는 사실이다. 니체는 오히려 삶을 중심으로 그들과의 유희를 강조한다.

니체는 예술의 영역에서 대립되는 양식들로 나타나는 예술의 이중적 원천이 오직 한 번 융합되어 나타났던 때를 바로 그리스의 '의지'가 꽃피웠던 절정의 순간이라고 본다. 이 순간에 인간은 꿈과 더불어 도취 속에서 실존의 환희에 이르게 된다. 모든 사람은 완전한 예술가로 존재하는 꿈 세계의 아름다운 가상을 통해서 형태Gestalt를 직접적으로 '이해하는' 가운데 '즐기게' 될 뿐만 아니라 도취 속에서 모든 형식들이 우리들에게 말을 건네는 놀라운 현상이 나타난다.

니체의 탁월한 부분은 창백한 개념 세계와 변별되는 심미적 가상의 세계가 지닌 생명력을 환기시키고 가상 세계의 향유와 이해의 동시적 가능성에 주목했다는 점이다. 특히 꿈현실을 단순히 향유하는 것에 그치지 않고 그것을 향유함과 동시에 이해함으로써 몰입과 거리 두기의 공존 가능성을 제시하는 것은 의미있는 대목이다.

일상적인 경우에 향유와 이해는 별도로 존재한다. 향유하고자 하면 이해의 차원이 약화되고 이해하고자 하면 향유의 차원이 약화되기 십상이다. 따라서 가상 세계에 대한 자각의 강화는 가상 세계와의 일치 경험을 휘발시켜버리며 이로써 향유는 사라져버린다. 우리는 꿈속에서 비교적 현실로부터 자유로운 삶을 살아가지만 꿈에서 깨어나는 순간 어쩔 수 없이 다시 고통스러운 현실의 시민으로 돌아온다. 그것은 한갓 꿈으로 존재했을 뿐 우리의 현실은 여전히 꿈과 무관하게 존재한다. 따라서 이해의 차원과 더불어 가상 세계의 치유력을 확보하기 위해서는 이 양자가 공존하는 순간의 비법을 전수받아야 한다.

디오니소스적 예술가의 새로운 면모

니체는 유희라는 개념을 통해서 대상의 이해와 향유의 이중적 관계를 동시에 확보하고자 한다. 문제가 되고 있는 꿈이라는 가상 세계와 유희의 중첩적인 운동을 보자. 《비극의 탄생》에서 전개되는 꿈에 대한 니체의 천재적이면서도 난해한 통찰에 따르면, 꿈이란 개별적인 인간이 현실적인 것과 행하는 유희인 반면에, 예술이란 조형가가 이 꿈과 행하는 유희이다. 니체는 이러한 구분을 통하여 꿈은 '현실적인 것과의 유희Spiel mit dem Wirklichen'의 산물로, 예술은 '꿈과의 유희'의 산물로 구분짓는다.

　이를 통하여 한편으로 꿈과 예술을 구별하고 다른 한편으로는 꿈과 현실의 관계를 유희를 통해서 조명한다. 나아가 예술과 꿈의 관계 또한 유희라는 행위를 통해서 그려내고 있다. 그는 현실과 유희의 산물인 가상 세계와 유희의 대상인 가상 세계를 구분한다. 니체의 예시를 보면, 대리석 덩어리인 입상은 현실적인 것이지만 입상이 꿈형태^{Traumgestalt}로서 가지는 현실성은 신의 살아 있는 인격이다. 만일 이때 입상이 환상조형^{Phantasiebild}으로 예술가의 눈앞에 어른거릴 때 그는 현실적인 것과 유희하고 있는 것이고, 반면에 이 환상의 조형을 대리석에 옮겨놓을 때 그는 꿈과 유희하고 있는 것이다. 이처럼 유희는 이중적 형태로 드러난다.

　유희가 지니고 있는 이해와 향유의 동시성은 아폴론적 예술과 디오니소스적 예술의 작용에서도 포착된다. 니체에 있어서 아폴론적 예술은 꿈과의 유희이다. 따라서 우리는 아폴론적 예술과의 유희를 통하여 단지 꿈을 꾸는 것에 머물지 않고 꿈의 꿈과 꿈의 주시를 동시에 경험한다. 이와 마찬가지로 도취나 황홀^{Verzückung}과의 유희인 디오니소스적 예술은 도취와 황홀에 빠지는 동시에 그들과의 거리를 확보한다.

　니체는 그리스인들이 향유했던 이 비밀스러운 세계를 디오니소스라는 상징적인 인물을 통하여 우리에게 제시한다. 이 봄의 충동과 마취적인 음료가 선물하는 비밀스러운 세계에 대한 경험은 걷는 대신에 춤추게 하고, 말하는 대신에 노래하게 한다. 걷는 것과 말하는 것을 망각할 뿐만 아니라 마법에 걸린 것처럼 느낀다. 실제로 다른 사람이 되어버릴 뿐만 아니라 오직 상상력 속에서만 살아 숨 쉬고 있던 신을 자기 자신 속에서 느낀다. 바로 이런 의미에서 아폴론적인 것에서 예술가로 변신했던 우리는 이제 디오니소스적 경험 속에서 예술 작품, 즉 자신이 신이 되는 것이다.

아폴론적 예술에 있어서 예술가와 예술 작품이 분리되어 이해되었다면, 디오니소스적 예술에 있어서는 예술가, 즉 조형가와 예술 작품인 조형물은 더 이상 이원적으로 존재하지 않는다. 니체는 꿈과 도취라는 예술적 충동을 새로운 세계를 제공하는 생리학적 현상으로 본 것에서 한 걸음 더 나아가, 자연이 지닌 예술적 힘인 디오니소스적인 것에 의해서 인간 자신이 고귀한 점토로 빚어지고 귀중한 대리석으로 조각되는, 예술의 주체와 객체가 일치되는 현상을 목도한다. 이 순간 아폴론의 전유물이었던 조형력은 이제 디오니소스에 의해서 실현된다. 디오니소스도 아폴론처럼 세계를 조형하는 힘을 지니게 된 것이다.

아폴론적 예술에서 니체가 꿈과의 유희를 현실적인 것과의 유희와 구분했듯이, 그는 '디오니소스적 예술가'와 관련하여 도취의 두 가지 위상을 구분한다. 즉 니체는 도취라는 것은 자연이 인간과 하는 유희인 반면에, 디오니소스적 예술가의 창조$^{das\ Schaffen}$는 바로 인간이 도취와 하는 유희라고 본다. 디오니소스적 예술가가 도취와 하는 유희인 창조를 니체는 마치 사람들이 꿈을 꾸면서 동시에 꿈을 꿈이라고 느끼는 것에 비유한다.

마찬가지로 디오니소스를 받드는 경배자는 도취 상태에만 있는 것이 아니라 관찰자로서 도취 상태에 있는 자신 뒤에 잠복하고 있어야 한다. 즉 도취와 유희하는 디오니소스적 예술가는 냉정^{Besonnenheit}과 도취를 번갈아 행하는 자가 아니라 이 양자의 공존 상태를 유지한다. 따라서 디오니소스적 예술가에게 중요한 것은 도취나 망각 자체가 아니라 도취와의 유희이다. 즉 그는 도취 속에 빠져 있는 것이 아니라 도취되면서 동시에 도취를 감지하는 자이다. 도취와 함께 도취를 감지하는 동시적 상태에서 인간은 도취의 심미적인 세계를 수동적으로 향유하는 동시에 도취를 능동적으로 조형함으로써 단지 심미적인 경험에 머무는 것이 아니라 세계를 적극적으로 만들어가는 창조적 활동을 행사한다.

디오니소스적 예술가라는 개념은 니체의 예술론의 새로운 면모를 드러내는 중요한 개념이다. 이 개념을 통하여 니체는 더 이상 망각을 재촉하는 도취나 꿈 그리고 기존의 도덕에 반기만을 드는 파괴적인 사자를 내세우는 대신에 새로운 삶의 형식을 창조하려는 자가 지녀야 할 기본적인 기예를 제시한다. 디오니소스적 예술가는 기존의 도덕에 대한 무조건적 부정이나 미적인 것에 대한 맹목적인 긍정만을 행하는 자가 아니다. 그는 마치 꿈에서 깨지 않은 상태를 유지하면서 꿈을 주시하고 이를 통해 꿈 속으로 개입해 들어가듯이 현실의 삶의 양태를 부단히 주시하는 동시에 이를 통하여 그것들에게 변형을 가하는 자이다. 이것은 주관적으로 내부에만 머물거나 객관적으로 밖에만 머무는 사유가 아니라 그 속에 들어가 있으면서 동시에 그것으로부터 나와 있는 고난도의 사유를 시도함으로써 현실의 삶에 밀착된 가상의 변형력과 그 실현을 모색하는 실천적 사유 방식이다.

이러한 디오니소스적 예술가의 기예는 기존 가상 세계의 대표

격인 도덕적 체계를 비판해 들어감과 동시에 새로운 삶의 도덕을 만들고자 하며, 이 새로운 도덕 속에서 기존의 도덕이 거부한 심미적이고 예술적인 세계를 그 자신의 질료로 사용한다. 주어진 삶의 세계를 그대로 수용하는 것이 아니라 새로운 삶에 대한 조형자로서 디오니소스적 예술가는 새로운 삶과 이를 위한 새로운 기예들을 창조해내고자 한다. 그의 이러한 창조 활동 속에서 '만든다'는 것은 단순히 아름다운 대상을 만든다거나 아름다운 경험을 만든다는 심미적 의미 이외에 바로 삶과 삶의 방식에서 문제를 설정하고 이를 통하여 새로운 삶의 방향성을 모색하고 실천한다는 점에서 삶 중심적이고 윤리적이다. 이러한 결합을 통하여 새로운 차원의 예술과 삶의 실천적 뫼비우스의 띠가 모습을 드러낸다.

삶의 실천적 변형

꿈과 도취의 세계는 일종의 가상 세계이다. 그러나 그것은 현실과 긴밀하게 연결되어 있다. 가상 세계는 때로는 현실을 건강하게 하는가 하면 때로는 현실을 병들게 하기도 한다. 거꾸로 현실 또한 가상 세계를 건강하게 하기도 하고 병들게 하기도 한다. 그러나 통상 생각하는 상상이나 꿈, 도취와 같은 예술의 세계뿐만 아니라 우리의 현실도 따지고 보면 인간에 의해서 상징적으로 만들어진 세계라는 의미에서 일종의 가상 세계라고 할 수 있다. 때문에 니체는 꿈과 도취를 비유적으로 사용하면서 결국 현실을 변형의 대상으로 삼고 있다. 따라서 현실의 고통은 불가피한 어떤 것이 아니라 달리 경험될 수 있는 어떤 것이 된다.

디오니소스적 예술가는 가상 속에 머물면서 동시에 그것으로부터 거리를 두는, 현실 속에 있으면서 현실과 거리를 두는 기예를 우리들에게 권한다. 이 기예의 실천은 우리를 삶과 대면하고 우리에게 삶을 치유할 수 있는 계기를 선물한다. 이것은 단지 우발적으로 주어진 심미적 경험을 통해 자신의 고통이나 삶의 비극성에서 일시적으로 해방되는 것이 아니라 직접적이고 실천적인 기예를 통하여 자신의 삶과 조우하는 인식적 기예이다. 이것을 통하여 인간은 자신의 고통스러운 현실와 조우하고 그것을 변형하게 된다.

현실에 거주하면서 동시에 현실과 다른 삶을 꿈꾸는 존재인 인간이 이제 단지 그 가상 세계의 우연성에 만족하는 것이 아니라 적극적으로 그 가상 세계와 유희를 통하여 다른 삶을 만들기 시작한다. 고대 그리스인들이 자연 속에 있는 아폴론적 예술 충동과 디오니소스적 예술 충동에 의해서 자연을 모방하고 창조해 냄으로써 꿈과 도취라는 가상 세계를 확보하는 데 만족했다면, 니체는 디오니소스적 예술가라는 개념을 통하여 이러한 가상 세계의 안과 밖을 자유롭게 드나듦으로써 가상 세계 속에 존재하면서 동시에 이 가상 세계와 거리를 두고, 이 거리로부터 새로운 세계를 조형하는 실천적 기예를 삶에 권한다. 이러한 실천적 기예를 통하여 삶은 자신을 스스로 새로운 방식으로 조형한다.

니체는 단지 도취를 강조한 것이 아니다. 그는 인간으로 하여금 자연이 인간에게 행하는 유희인 도취와 유희할 것을 권유한 것이다. 그것이 바로 디오니소스적 예술가의 창조인 것이다. 또한 그는 단지 아름다운 세계를 추구하는 일종의 맹목적인 심미주의자가 아니다. 오히려 그는 도취하는 대신에 도취와의 유희를, 꿈꾸는 대신에 꿈과의 유희를 강조함으로써 예술에 대한 사유 속에서 삶의 제작이나 창조와 같은 실천적 활동을 강조했다. 그리고 이러한 활동이 단순히 아름다운 대상을 만들어내는 순수한 예술적 활동 이상의 의미를 지니는 것은 그 대상이 바로 인간 자신이자 인간 자신의 삶이라는 점 때문이다. 니체는 기존의 도덕이나 진리 대신에 심미적인 것을 추구하는 것이 아니라 기존의 삶의 방식과 세계를 문제 설정함으로써 새로운 삶과 세계를 만들고자 했다. 그는 삶에 의한 삶의 진지한 비판과 실천적인 사유를 모색했고, 이러한 사유에서 부각되는 것은 디오니소스적 예술가의 기예를 통한 삶의 실천적 변형이었다.

만남 6
예술과 윤리의
신 경계를 통한 삶의 건강 찾기

니체   하버마스

모던에 대한 격렬한 비판으로 인하여 모던에 의해서 추방된 니체의 사상은 반모던이라고 하는 시대적 운동 속에서 새롭게 평가되었다. 모던의 권위에 대한 도전은 모던의 담론에 대한 해체의 작업과 탈중심화를 통하여 거세게 실현된다. 이와 같은 작업을 가능하게 한 것은 니체의 사유가 가지고 있는 비판적 역동성이다. 이러한 비판적 해체 작업으로부터 기존의 철학적 전통, 특히 형이상학을 신봉하고 이성주의를 내세웠던 철학의 진리, 자유 그리고 역사와 같은 개념들이 비판적으로 사유되기 시작한다. 비판적 사유의 중심에서 급속한 추동력을 제공한 것은 바로 포스트모더니즘에서 흔히 언급되는 '주체의 죽음'이다.

니체에 대한 하버마스의 공격

앞에서 살펴보았듯이 니체는 기존 철학의 위상을 삶과의 연관성 속에서 평가했다. 그리하여 삶을 건강하게 하는 철학과 삶을 병들게 하는 철학으로 구분하고 전자를 보존해야 하는 철학으로, 후자를 전복되어야 할 대상으로 평가했다. 그렇다면 니체의 사상과 삶의 관계는 후대에 어떻게 평가되었을까?

이와 같은 물음에 대한 답은 일관적이지 않다. 일단 포스트모더니즘 진영에 속하는 이들에게 니체는 우호적 시각에서 비쳐지지만, 모더니즘 진영에 속한 이들에게는 적대적으로 조명되고는 했다. 지금부터 우리는 후자의 관점에서 니체의 사상과 삶의 관계에 대한 조명을 하고 있는 대표 주자의 입장을 살펴보고 이에 대한 니체의 가상의 답을 니체의 텍스트 속에서 찾아보자.

1960년대 이후로 프랑스에서 불어닥쳤던 반反모더니즘 운동은 모더니즘의 역기능에 대한 대혁명이었다. 당시 반모더니즘 운동의 기수들은 인간다운 삶을 보장하기보다는 오히려 파괴하는 자본주의적 현상이 야기한 물질주의에 반대하여 사람 사는 세상과 인간다운 삶을 부르짖었다.

1968년 5월 혁명Revolution de Mai은 이성, 과학, 자본의 결합으로 이루어진 모던이 지니고 있는 파괴성을 고발했다. 그리고 이 혁명을 통해 니체라는 반모더니스트의 사상이 주목받기 시작했다. 모던에 대한 격렬한 비판으로 모던에 의해서 추방된 니체의 사상은 반모던이라는 시대적 운동 속에서 새롭게 평가되면서 니체 르네상스의 막을 올린다.

니체 르네상스는 무엇보다도 해체와 탈중심을 시도한다. 모던의 권위에 대한 도전은 모던의 담론에 대한 해체 작업과 탈중심화를 통하여 거세게 실현된다. 이와 같은 작업을 가능하게 한 것은 니체의 사유가 가지고 있는 비판적 역동성이었다. 니체의 비판적 해체 작업으로부터 기존의 철학적 전통, 특히 형이상학을 신봉하고 이성주의를 내세웠던 철학의 진리, 자유 그리고 역사와 같은 개념들이 비판적으로 사유되기 시작한다. 비판적 사유의 중심에서 급속한 추동력을 제공한 것은 바로 포스트모더니즘에서 흔히 언급되는 '주체의 죽음$^{\text{Tod des Subjekts}}$'이다. 중세라는 긴 터널을 지나고 인간과 세계의 모든 움직임을 주관하던 신의 죽음이 선포된 이후 주체라는 개념이 신을 대신해 인간과 존재의 역사를 지배해왔다.

그런데 니체의 비판적 사유를 통한 형이상학적 기본 원리들에 대한 거부, 즉 주체의 죽음에 대한 선언은 인간의 행위가 갖는 규범성의 정초를 붕괴시킨다는 근거로 니체를 비판하는 핵심적인 이유를 제공했다. 이러한 비판의 선봉에 서 있던 하버마스$^{\text{Jürgen Habermas, 1929~}}$에 따르면, 니체의 사유는 더 이상 인간의 행위나 세계의 운동에 대한 어떠한 선과 악의 구별 잣대도 보장하지 않는다. 특히 규범의 부재와 관련하여 니체에 대한 하버마스의 비판의 대상은 현대의 철학적 지평에 광범위하게 스며든 계보학적 사유이자, 그것의 미적인 측면이다.

미적인 논의와 윤리적인 논의의 접목 가능성

신의 죽음 이후로 신이 차지했던 절대 권좌는 비어 있었다. 이 공석은 신의 절대적 이름으로 이루어지던 모든 법칙들에 대한 무조건적 복종으로부터의 자유를 의미했다. 그리고 이 자유를 가장 만끽한 것은 바로 신을 권좌에서 추방하는 데 일등 공신 역할을 한 이성^{Vernunft}이었으며 이 자유를 제한한 것도 이성이었다. 주체로서 인간은 이성이라고 하는 강력한 무기를 통하여 비이성을 지배하는 동시에 인간 세계를 포함한 존재 세계를 통치하게 되었다. 이로써 모든 존재하는 것들이 이성의 이름으로 선포된 명령에 절대복종해야 했다. 그리하여 아이러니하게도 이성은 신의 절대성을 비판했음에도 불구하고 자신을 절대화시키는 오류를 범하며 다시 비판의 대상이 된다.

이 절대복종, 이의 제기의 불가능이라고 하는 이성의 절대 권력화는 다시 인간의 삶을 피폐화하는 결과를 초래하게 되었다. 이와 같은 이성의 역기능에 대한 풍부한 담론들을 제공했던 니체의 통찰은 이성의 과도한 지배에 의해서 실종되었던 다양한 영역들을 복권시키는 데 핵심적 역할을 했다. 포스트 구조주의의 구조주의 비판이나 포스트모더니즘의 모더니즘 비판에서 니체의 이론은 핵심적인 논리를 제공했다.

그러나 이성이 지니고 있던 과도한 권력이 행사해온 억압에 맞선 고단한 싸움의 도구였던 니체의 비판적 해체 작업은 아이러니한 결과를 낳았다. 해체 이후에 대한 대안성 제시라는 난제를 부여받게 된 것이다. 해체적 비판에 의한 주체의 죽음을 통해서 확보해내려고 했던 모든 가치 전환이나 변화와 같은 중요한 세기적 사건들은 피해 갈 수 없는 난제에 봉착한 것이다.

이 과제와 관련된 논의에서 가장 눈에 띄는 비판은 모더니즘의 철저한 신봉자인 하버마스에 의해 이루어졌다. 하버마스의 포스트모더니즘 비판은 주로 니체에 대한 비판을 중심으로 진행된다. 그는 니체의 사유를 전기에서는 '아이의 유희 Spiel des Kindes' 혹은 '도취'를, 중기에는 '계보학'을, 중·후기에는 '힘에의 의지 Wille zur Macht'와 같은 개념들을 근거로 '미적인 ästhetisch' 것이라고 규정한다. 특히 하버마스의 니체 비판에서 핵심적으로 다루는 내용 중의 하나는 당시에 포스트모더니즘 논의에서 새로운 방법론을 제공했던 계보학 Genealogie이었다. 그리고 계보학에 대한 비판이 가장 첨예하게 드러나는 저서가 바로 하버마스의 《현대성에 대한 철학적 담론 Der Philosophische Diskurs der Moderne》(1985)이다. 이 책에서 하버마스는 니체 사유를 미적인 것으로 규정한다. 이것은 윤리적

📖 계보학

니체에 있어서 계보학이라는 개념은 1877년 파울 레(Paul Rée, 1849~1901)의 《도덕적 감정의 기원(Der Ursprung der moralischen Empfindungen)》에 대한 1887년 그의 논박서 《도덕의 계보(Zur Genealogie der Moral)》에서 도덕적 개념의 기원과 유래를 다루면서 사용된 개념이다. 기존의 철학적 사유에서 도덕 규범들이 본질주의 혹은 이성 중심주의를 고수하는 데 반해, 계보학적 관점에서 그것들은 본질적으로 주어진 것이 아니라 후천적으로 습득된 것으로 그리고 '힘에의 의지'가 작용한 산물로 이해된다.

인 것과 대립되는 표현으로, 윤리적인 것의 결여를 의미한다.

계보학에 대한 하버마스의 비판은 계보학을 존재론적으로 힘에의 의지와 접목하고 인식론적 측면을 도취 개념과 동일시함으로써 촉발된다. 그의 비판의 과녁은 계보학 및 니체 사유 자체의 '규범성 Normativität' 여부이다. 즉 하버마스에 의하면, 계보학적 사유는 존재론적으로나 인식론적으로 인간의 사유와 행위의 권위를 보장하는 서구 전통 철학의 주체 개념을 거부함으로써 계보학 스스로 자기 비판력의 토대를 상실하게 되는 심각한 딜레마에 봉착하게 된다. 또한 인간 사유의 원동력을 제공하는 주체 개념은 주체 개념의 계보학적 파괴로 인하여 무한히 상대화됨으로써 사라져버린다. 이 주체의 상실은 계보학이 모던에 대한 비판과 파괴를 조장하는 것을 넘어 계보학 자체를 딜레마에 빠뜨린다고 비판된다.

하버마스의 비판적 관점에 따르면, 계보학은 니체 자신이 형이상학적 원리로 상정하고 있는 힘에의 의지의 비합리성으로 인하여 자가당착에 빠질 수밖에 없는 운명이다. 왜냐하면 주어진 담론 세계를 계보학적 방법을 통하여 성공적으로 해체한다고 할지라도, 주체를 대체한 힘에의 의지는 비판적 해체의 정당성에 대한 근거 제시와 마찬가지로 그 해체 이후에 건설의 정당성 문제에 대하여 어떤 합리적인 대안도 제시할 수 없는 것으로 보이기 때문이다. 하버마스는 계보학이 지니는 인식적 물음을 바탕으로 계보학적 실천 자체의 합리성 문제에 대한 의문을 제기한다.

이제 계보학은 지금까지 형이상학의 토대에 대한 비판을 넘어서 그 비판 자체의 토대를 흔드는 것으로 이해된다. 그 충격은 단지 계보학의 비판 대상들에만 적용되는 것이 아니라 계보학적 비판 자체에도 작용된다. 즉 계보학적 관점에 의하면, 인간은 비합리적으로 간주되는 힘에의 의지에 의해서 규정되는 동시에 그의 행위는 단지 힘에의 의지의 산물인 담론에 의해 결정되는 것으로 파악되기 때문에, 비판 자체가 자신의 정당성, 즉 규범성을 상실하게 된다. 따라서 이러한 접근 방식에 따르면, 계보학적 이해에서 인간은 존재론적으로든 인식론적으로든 어떠한 자기 정당화의 정초도 가지고 있지 않은 것으로 보인다. 결국 계보학적 사유는 인식적으로나 윤리적으로 어떠한 자기 행동도 합법적으로 근거 지울 수 없는 회의주의적인 경향성을 피할 수 없는 것처럼 보인다. 이와 같은 하버마스의 니체 비판은 단지 니체 비판이 아니라 니체를 차용하여 모더니즘을 비판하고 있는 모든 담론들의 뿌리에 대한 비판 차원에서 이루어진다.

이러한 하버마스의 비판에 대응하여 니체 사유를 오늘날 수용하고자 할 때 의미 있는 과제 중 하나는 니체의 존재론적·인식론적 사유에 대한 미적인 것과 윤리적인 것의 관계를 명시하는 것이다. 이를 통하여 니체에 대한 하버마스의 규범적인 요구, 즉 비판이 지녀야 할 기본적인 자질인 규범적 정초의 가능성에 대한 회의적인 비판에 답변을 시도해볼 수 있다.

미적인 것에 대한 하버마스의 오해의 단초들

니체의 존재론적·인식론적 고찰이 지니는 철학적 의미는 빈번히 미적인 차원에서 이해되고는 했다. 존재론의 미적인 이해의 대표적인 예가 바로 존재 운동에 대한 유희적 이해이다. 니체는 〈그리스 비극 시대의 철학^{Die Philosophie im tragischen Zeitalter der Griechen}〉(니체 전집 권3 《유고(1870년~1873년)》)에서 존재의 운동에 관하여 "생성과 소멸, 건설과 파괴는 아무런 도덕적 가산도 없이 영원히 동일·순수한 것으로 있으며, 이 세계에는 오직 예술가와 아이의 유희만을 가지고 있다"라고 규정하고 있다. 여기서 생성과 소멸은 아이와 예술가의 유희라는 '도덕 외적인', '순수한' 것으로 묘사된다. 사실 존재론에 대한 니체의 미적 이해는 기존의 전통 철학이 내세우는 세계의 운동에 대한 합리적이고 윤리적인 이해에 대한 강한 반박이라고 할 수 있다.

이러한 맥락에서 보자면, 존재론적 지평은 인간이 영향력을 행사할 수 없는 어떤 차원으로 보이기 때문에 윤리적으로 무력하다. 새로운 세계는 이성에 의한 합리성의 범주 속에서 운행되는 것이 아니라 항상 새롭게 깨어나는 유희의 충동에 의해서 형성된다.

존재론에 대한 미적 이해는 《아침놀^{Morgenröte}》(1881)에서 또한 강하게 표현된다. 니체는 우리의 '의지 작용'이나 '목적들'을 '쇠로 된 필연성의 손^{eiserne Hände der Notwendigkeit}'에 의해 던져진 '주사위'라고 파악한다. 이때 그의 존재론의 미적인 이해는 더욱 첨예하게 드러난다. 이에 더하여 니체의 중기 이후에 부각되는 힘에의 의지설은 다시 한번 그의 존재론의 비합리주의적인 성향을 강화하는 것으로 비쳐진다.

존재론에 대한 미적인 규정을 중심으로 하는 비판적 관점에서 보자면, 니체의 사유는 모던과 포스트모던의 부단한 논쟁을 종결시킬 수 있는 어떠한 잠재력도 없다. 이 논쟁에서 니체에 대한 비판의 화살이 겨냥하는 지점이 바로 인간의 윤리적 행위의 무능력화이다. 왜냐하면 윤리적 단초를 결여한 세계에 대한 미적인 파악은 그것이 아이의 유희이든 아니면 힘에의 의지이든 인간의 존재론적 위상을 단지 수동적이고 운명적인 지점에 위치시킬 수밖에 없는 것으로 간주하기 때문이다.

이와 같은 존재론의 미적인 접근에 추가하여 인식론적 맥락에서의 미적 수렴 지점을 살펴보자. 〈그리스 비극 시대의 철학〉에서 니체는 서로 저항하는 모든 것은 '통각적 신$^{beschaulicher\ Gott}$'이나 '미적인 인간'에게만 하나의 조화로 합쳐짐을 역설한다. 존재론의 미적인 이해는 다시 인식론의 미적인 이해와 맞닿게 되기 마련이다. 니체에게 있어서 세계를 분열이 아니라 조화 속에서 인식할 수 있게 하는 토대가 바로 직관이다.

나아가 이때 직관 능력은 인간 일반에게 있어서가 아니라, 단지 미적인 인간에게 있어서만 가능한 것으로 한정되고 있다. 이러한 맥락에서 보자면, 인식 능력의 정도는 사람마다 상이할 뿐만 아니라, 때에 따라서는 단지 통각적인 신에게만 가능할 뿐이며 평범한 인간에게는 불가능한 것으로까지 묘사되고 있다. 이와 같은 인식론에 대한 미적인 접근은 한편으로는 평범한 인간에게 인식 능력의 한계를 설정하여 그를 무능력한 것으로 보게 하며, 다른 한편으로는 직관적인 신이나 미적인 인간에게만 세계를 '함께 보는^{zusammenzuschauen}', 즉 객관적인 인식적 특권을 부여한다. 이성이 아닌 직관에 대한 이와 같은 주목은 철학의 영역에서보다 예술의 영역에서 전용되는 인식의 지평이라고 할 수 있다.

이성을 신봉했던 철학에 비해 니체의 철학에서 어린아이의 유희나 주사위, 직관 등이 강조될 때, 니체의 철학에는 어떤 합리적인 면도 존재하지 않는 것처럼 보인다. 그러나 이와 같은 존재론과 인식론에 대한 미적인 이해나 수용이 니체의 존재론과 인식론의 유일한 모습인지를 밝히는 것은 모던과 포스트모던의 갈등에 있어서나 니체 연구에 있어서나 중요한 과제이다. 특히 니체 철학의 수용이나 비판에 있어서 미적인 면에 대한 지나친 강조가 혹시 니체 철학이 지니고 있는 또 다른 면모들을 은폐하는 것은 아닌지를 눈여겨보아야 할 것이다.

하버마스의 비판, 그리고 니체의 가상 답변

니체에 있어서 미적인 것은 우선 가치 전환과 관련하여 수단이자 목표이다. 한 가지 주목해야 할 사실은 니체가 비록 존재의 운동을 아이의 유희 혹은 힘에의 의지로서 해석하고 있지만, 이러한 설명이 힘에의 의지를 전적으로 긍정하고 있는 것인지의 여부는 꼼꼼하게 짚고 넘어가야 할 부분이다. 왜냐하면 니체는 힘에의 의지를 긍정하고 있지만 그것의 가치 여부에 대해서는 비판적인 질문을 제기하고 있기 때문이다. 무엇보다 힘에의 의지에 대한 비판적인 접근은 그의 중기 작품인 《도덕의 계보》에서 선명하게 드러난다. 그는 여기서 도덕적 담론을 인간에게 주어진 것으로 보는 전통적인 본질주의적 접근과 명백히 결별하는 대신에 그것을 힘에의 의지의 산물로 봄으로써 도덕적 담론의 본질주의적 경향에 대하여 비판적 물음을 제기한다.

계보학은 우리를 형성하고 있는 도덕적 담론의 가치문제를 다룬다. 그러나 이때 가치문제에서 중요한 것은 특정한 가치 자체가 아니라 그것이 삶에 미치는 가치이다. 즉 가치의 가치가 문제이다. 따라서 가치 자체가 중요한 것이 아니라 가치가 삶을 긍정하는지 아니면 부정하는지를 살피는 것이 중요하다. 그리고 바로 여기서 삶에 대한 긍정은 전통적 형이상학의 이성 중심적 삶과 세계의 이해 속에서 실종되었던 나머지 반쪽의 복권이다. 이와 같은 차원에서 니체가 전략적으로 강조하는 것이 바로 삶에 대한 미적 접근이다. 따라서 미적인 것에 대한 그의 강한 입장은 사실 미적인 것을 급진적으로 추방하는 기존의 이성 중심주의 전통에 대한 급진적인 반격으로 이해하는 것이 마땅하다.

이러한 맥락에서 보자면, 니체의 미적인 것에 대한 긍정은 이성 중심주의적 전통에 의해서 지금까지 간과되었던 미적인 것을 가치 전환을 통해서 회복하고자 하는 것이지 미적인 것만을 삶의 지고至高의 가치로서 간주하고자 하는 것은 아니다. 따라서 미적인 것에 대한 니체의 관심은 그것이 존재론적이든 인식론적이든 단순히 힘에의 의지를 긍정하여 인간의 인식적 혹은 윤리적 정초를 완전히 없애버리는 것이라고 보기 어렵다. 니체가 계보학적 분석과 비판을 통해서 성취하고자 하는 것은 사실 이와 같은 가치들의 '가치 전환Umwertung'이다.

가치 전환의 내용과 관련하여 보자면 미적인 것은 이성 중심주의 속에서 퇴출되어 부재하는 것, 즉 존재의 이성화와 도덕화에 의해서 사라진 것이다. 따라서 이 담론에 대한 비판 작업을 통해 획득하고자 하는 대상이 바로 미적인 것이다. 도덕화된 가치는 가치 전환을 통하여 미적인 부분을 회복하게 된다. 도덕화 또한 이미 어떤 변화를 통하여 우리 속에 각인된 것이다.

이때 변화에 대한 니체의 사유를 이해하기 위하여 우리는 지금의 우리로 변화하는 과정인 도덕적 담론화의 과정, 즉 반쪽짜리 인간으로의 축소적 전환을 우리의 건강을 회복하기 위하여 수행할 변화의 과정과 구분할 수 있다. 모든 가치의 전환이 다 가치 전환이라고 불릴 수 있지만 진정한 의미에서 가치 전환이란 후자적 차원의 전환을 의미하는 것이다. 비대해진 이성화에 의하여 병든 삶을 치유하기 위하여 우리에게 필요한 것은 우리의 피와 살 속에 각인되어 희로애락을 좌지우지하고 있는 가치들을 전환시키는 것이다.

이러한 구분은 비록 이들이 변화에 속한다는 점에서는 동일하지만, 이 변화가 니체가 존재론적으로 긍정하는 변화인지 아니면 가치적인 입장에서도 긍정하는 변화인지를 알기 위해서 반드시 필요한 구분이다. 따라서 가치들에 대한 존재적 긍정과 가치적 긍정은 차별화되어야 한다. 니체가 기존의 가치를 부정할 때, 그는 그것의 가치는 부정하지만 동시에 그것의 존재는 인정한다. 왜냐하면 우리는 그것이 존재한다는 사실을 부정할 수 없지만 그것이 마땅히 존재해야 하는가 하는 물음과 관련해서는 부정할 수 있기 때문이다.

　이 때문에 미적인 것이 변화라는 주제 아래 어떤 방식으로 변별적으로 이해되어야 하는지 그리고 그것이 변화의 내용의 차원에서뿐만 아니라 변화의 수단으로서 어떤 기능을 수행하는지를 꼼꼼하게 짚어보는 것이 니체의 변화에 대한 사유를 천착함에 있어서 선결되어야 할 과제일 것이다. 이러한 근거로 니체의 미적인 것에 대한 관심은 단순히 미적인 것에 머무는 것이 아니라 삶에 대한 계보학적 성찰 그리고 그에 필연적으로 수반되는 삶을 형성하는 담론의 분석과 비판을 통하여 윤리적인 관심으로 이동함을 확인할 수 있게 된다.

미적인 것에서 계보학적인 것으로의 가치 전환

지금까지 우리는 미적인 것을 이성 중심주의나 도덕 지상주의에서 상실된 어떤 대상, 그리하여 복권되어야 할 어떤 대상의 관점에서 살펴보았다. 그러나 미적인 것은 단지 니체 철학의 과제에 해당되는 대상일 뿐만 아니라 그 과제를 수행하는 중요한 방법이나 수단이기도 하다. 니체는 미적인 것을 가치 전환의 중요한 수단으로 선호한다. 하지만 그가 미적인 것의 일반을 맹목적으로 긍정하는 것은 아니다. 예를 들자면, 니체는 예술 중에서도 특히 음악을 강조하고, 나아가 가치 전환의 수단으로서도 음악을 디오니소스적 예술로 간주하여 긍정적으로 평가하고 있지만, 그가 모든 음악을 모두 긍정하는 것은 분명히 아니다. '마취로서의 예술$^{Kunst\ als\ Narkotikum}$'은 니체에 있어서 명백히 비판의 대상이다. 그는 마취적인 음악을 '낭만주의적 기원'을 갖는 것으로 보고, 이에 반대되는 축에 낭만주의적 기원을 갖지 않는 '디오니소스적 기원의 음악'을 세운다.

니체는 예술을 일반적으로 긍정하는 것이 아니라 삶에 있어서 그것의 역할을 중시하기 때문에 마취적인 것을 금기시한다. 주지하다시피 그는 '도취'가 아니라 '도취와의 유희'를 강조한다. 이러한 점은 가치 전환과 관련하여 도취나 음악에 의존하는 미적인 전환으로부터 윤리적인 전환으로의 이행을 분명히 제시하고 있다.

이때 가치 전환의 대상은 자연적이거나 형이상학적인 것이 아니라 인간에 의해서 계보학적으로 주조된 도덕적 담론으로 바뀐다. 게다가 그것을 변화시키는 수단 역시 직관이나 예술에서 계보학적 사유로 이행한다. 즉,《비극의 탄생》에서 주시한 고대 그리스의 '음악'에 대한 관심은《반시대적 고찰$^{Unzeitgemäßen\ Betrachtungen}$》의 〈삶에 있어서 역사의 장단점$^{Vom\ Nutzen\ und\ Nachteil\ der\ Historie\ fur\ das\ Leben}$〉(1874)에서는 역사에 대한 관심으로, 그리고《도덕의 계보》에서는 도덕적 담론에 대한 관심으로 나아간다.

특히《반시대적 고찰》에서 우리는 니체 사유의 대상이 단순히 형이상학적인 것에 머물지 않고 '역사' 그리고 그것과 삶의 관계라는 점을 주목함으로써 그의 반^{反}형이상학적인 윤리적 문제의식을 볼 수 있다. 그 외에도 그는 윤리적 문제 설정의 연속성을 그의 가장 미적인 저서이자 초기 저작 중 하나인《비극의 탄생》에서조차 지속적으로 나타낸다. 예를 들자면, 그는 1886년에 추가적으로 쓰인 이 책의 제2판 서문인 〈자기비판의 시도Versuch einer Selbstkritik〉에서 다음과 같이 '학문을 예술의 광학에서die Wissenschaft unter der Optik des Künstlers' 그리고 '예술을 삶에 광학에서die Kunst aber unter der des Lebens' 봄으로써, 예술을 삶의 하위의 개념으로 파악하는 예술과 삶의 관계에 대한 그의 입장을 명시하고 있다.

그는 그럼으로써 그의 사유에 있어서 학문 그리고 예술과 관련하여 그것이 단지 예술을 위한 것이 아니라 삶을 중심으로 하는 윤리적 문제 설정임을 명시한다. 비록 니체의 초기 저작들에서는 예술의 위치가 상대적으로 독자적인 역할을 수행하지만, 중기나 후기의 저작들에서는 역사에 대한 관심을 경유한 계보학적 전환의 도움으로 쇼펜하우어와 바그너의 영향권에서 만들어진 예술과의 낭만적 조우의 한계를 벗어난다. 따라서 비판의 대상도 더 이상 소크라테스적 주지주의의 인식론에 초점을 두기보다는 기독교의 도덕으로 이행한다.

이제 니체는 인식이 아닌 삶의 대척자인 도덕에 문제를 제기한다. 하지만 이보다 더 중요한 사실은 그가 주지주의를 비판하거나 도덕을 비판하거나 상관없이 그의 '미적 세계 해석이나 세계의 긍정'은 바로 삶에 대한 관심을 축으로 반反 낭만주의적으로 움직인다는 점이다. 《즐거운 학문Die Fröhliche Wissenschaft》(1882)에서 보이는 니체의 삶의 관점에서 드러나는 반낭만주의자로서의 풍모를 보면 다음과 같다.

> 낭만주의란 무엇인가? 모든 예술, 모든 철학은 성장하고 투쟁하는 생에 봉사하는 치료제이며 구조책으로 간주되어도 된다.

그것들은 항상 고통과 고통스러워하는 자를 전제한다. 그러나 고통스러워하는 자는, 디오니소스적 예술을 원하고 또한 삶에 대한 비극적 견해와 통찰력을 원하는 삶의 과잉에 고통스러워하는 자와 정적·고요·평온한 바다·예술·인식에 의하여 자신으로부터의 구원을 구하거나 아니면 도취·경련·마비·광기를 구하는 자인 삶의 빈곤에 고통스러워하는 자, 두 종류가 있다. 예술들과 인식들에 있어서 모든 낭만주의는 후자에 대한 이중적 요구에 상응한다. 이에 리하르트 바그너와 마찬가지로 쇼펜하우어도 속했다(그리고 속한다).

낭만주의에 대한 비판은 니체의 사유에 있어서 이처럼 변별되는데, 후자는 니체가 비판하는 '낭만적 염세주의$^{romantischer\ Pessimismus}$'에 속하는 것으로서 이에 대한 대안적인 것이 '고전적 염세주의$^{klassischer\ Pessimismus}$'이고, 일명 '디오니소스적 염세주의$^{dionysischer\ Pessimismus}$' 혹은 '미래의 염세주의$^{Pessimismus\ der\ Zukunft}$'이다. 따라서 니체에 있어서 음악, 예술 나아가 '형이상학적 위안$^{metaphysisches\ Trost}$'과 관련한 낭만주의적 모델과의 대결은 점차 기독교적인 것과의 대결로 이행한다. 요컨대 이러한 이행은 그의 비판의 대상과 수단의 변화, 즉 미적인 문제의식으로부터 계보학적인 문제의식으로의 일대 전환을 보여준다.

가치 전환의 수단으로서 계보학적 사유

지금까지 우리는 미적인 것에서 계보학적인 것으로 니체 사유의 전환 과정을 살펴보았다. 무엇보다 니체는 삶을 분석하고 비판함으로써 새로운 가치를 창조하고자 한다. 이를 위하여 그는 우리가 믿고 있는 규범들의 유래와 가치를 묻고 나아가 새로운 가치관 설정의 가능성을 가늠해보고자 한다. 위에서 살펴본 것처럼, 이를 위해서는 기존 관점의 변화 혹은 이념의 변화가 중요하게 작용한다.

그러면 이제 가치 전환 혹은 관점 변화를 위하여 진정 필요한 것은 무엇일까? 과연 우리 속에 역사적으로 각인되어 있는 이 가치들로부터 전환을 위한 비판적 거리를 어떻게 확보할 수 있을까? 가치 전환은 세계의 변화보다는 우선 인간의 변화를, 그리고 인간 자체의 변화보다는 인간의 태도의 변화에 중심을 둔다. 이러한 자기 변형의 대상은 선천적이 아니라 후천적으로 각인된 것이기에 재변화가 가능하다.

가치 전환은 니체에 있어서 육체와 정신 그리고 사물들 속에 역사적으로 각인되어 있는 기억과의 대결이다. 가치 전환의 대상은 지금까지 역사적으로 몸에 각인되어온 흔적으로서 기억에 대한 존재론적·인식론적 결과물이다. 그럼 그 결과물에 대한 대처 방안은 무엇인가? 이제 그 흔적들에 대한 적극적인 관계 정립, 즉 그것에 대한 태도가 문제이다. 문제는 그것을 단지 운명으로 방치하는 것이 아니라 변형시키는 것이며, 이때 중심적인 물음은 변형의 방법이다. 이와 관련하여 니체가 주로 강조한 것은 한편으로는 주지하다시피 예술이라는 수단 혹은 미적인 수단이고, 다른 한편으로는 여기서 새롭게 조명해볼 계보학적 수단이다. 그리고 이 계보학적 수단의 조명 과정을 통하여 이 양자 중 가치 전환에 더 효과적인 것이 무엇인지 비교해볼 것이다.

니체에 있어서 음악, 직관 혹은 예술과 같은 미적인 것은 가치 전환의 중요한 수단이다. 예술은 담론에 의해서 고정된 언어적 경험 형식을 극복한다. 즉, 사물과 언어 사이를 묶고 있는 고정된 관점이 미적인 수단을 통하여 변화를 겪게 된다. 하지만 여기서 주목해야 할 사실은 가치 전환과 관련하여 음악이나 직관은 비#역사적인 수단이기에, 이 미적인 수단은 역사적 흔적들에 영향력을 행사하는 데 어려움을 갖는다는 점이다. 우리는 미적인 수단을 통하여 어떻게 우리에게 각인되어 있는 역사적인 기억으로부터 지속적으로 거리를 둘 것인가의 물음에 봉착하게 된다. 우리의 가치관을 변형함에 있어서 예술은 시간적 한계, 즉 지속성과 유지의 문제에 봉착한다. 새로운 가치적 태도의 순간이나 새로운 관점을 포착한 후 어떻게 그것을 지속시킬 수 있는가 하는 문제가 미해결로 남는다.

니체의 가치 전환은 계보학적 수단을 통하여 순간적인 가능성에 한정되어 있는 음악이나 직관과 같은 비역사적인 수단을 통한 가치 전환에 비하여, 지속적인 가치 전환의 길을 제시한다. 즉 계보학적 성찰은 시간적·공간적으로 각인된 물질화된 과거를 극복할 수 있는 가능성을 열어준다. 계보학적 성찰은 예술 혹은 음악의 수단에 의한, 즉 단순히 도취에 의한 순간적인 관점의 전환이 아니라 관점의 외부에 있는 관점의 각인 과정과 이에 대한 구체적인 물질적 부산물들과 마주치는 것을 돕는다.

 이러한 맥락에서 니체에 있어서 계보학 없는 가치 전환은 순간적이고 허무하며, 가치 전환 없는 계보학은 단지 파괴적이며 무모하기까지 하다. 이러한 의미에서 미적인 것에 의존한 가치 전환 또한 순간적이고 허무하다. 니체에 있어서 계보학적인 방법은 변화의 지속성을 부여하며, 대상을 관점에서부터 그 관점의 외부에 있는 관계 요인으로까지 확장시킨다. 그리하여 그의 삶과 관련된 윤리적인 가치 전환의 기획을 확장한다.

 바로 니체의 이러한 지점을 간과한 하버마스의 비판은 그 효력을 상실할 수밖에 없다. 왜냐하면 단지 니체에 있어서 미적인 것이 그의 사유를 대표하는 경우에만 그의 비판은 타당성을 가질 수 있기 때문이다. 미적인 측면에 대한 하버마스의 비판이 니체 수용에 있어서 커다란 걸림돌이었기 때문에, 계보학에 대한 이와 같은 윤리적 성찰은 한편으로 니체 사유의 현대적 수용에 작은 길을 터주는 역할을 할 수 있을 것이며 다른 한편으로 계보학적 사유의 유효 기간을 연장하는 데 일조할 것이다. 또한 1980년대부터 모던과 포스트모던의 지루하고 소모적인 논쟁을 겪은 이후, 이 논쟁을 생산적으로 읽는 데 이 윤리적 성찰은 의미 있는 작업이 될 것이라 생각한다.

 결국 니체의 《도덕의 계보》는 미적인 것 혹은 예술의 한계와 관련된 지점을 확장할 뿐만 아니라, 그의 사유의 형이상학적인 해석, 즉 니체를 힘의 형이상학자로 보는 입장들이 가지고 있는 규범적인 한계를 극복할 수 있는 대안을 마련할 것이다. 니체 철학에 있어서 예술에 대한 기대가 계보학에 대한 기대로 확대됨으로써 지금까지의 철학과 예술의 관계에 대한 새로운 이해의 출발점을 마련할 것이다.

만남 7
삶의 기예로서 사고의 고행

이마누엘 칸트

미셸 푸코

푸코는 지금까지 우리에게 익숙한 비판과는 다른 비판의 모습을 우리에게 제시한다. 그는 우리에게 익숙한 칸트의 3대 비판서를 출발점으로 하여 프랑크푸르트학파의 사유 속에서 발전의 정점에 도달한 비판의 여백에 존재하는 비판의 계보를 추적한다.

비판으로 존재의 근거를 밝히다

'비판Kritik'이라는 용어는 누구보다도 쇼펜하우어의 일생의 스승이자 18세기의 위대한 철학자 이마누엘 칸트Immanuel Kant에 의해서 우리에게 잘 알려져 있다. 그는 1724년 독일의 동프로이센 쾨니히스베르크Königsberg에서 태어났고 평생을 그곳에서 살았다. 비판철학의 대가였던 칸트는 15년간의 고단한 무급 대학 강사 생활을 했다. 그리고 1770년에 마침내 자신이 그토록 고대하던 쾨니히스베르크대학교의 교수가 되었지만 교수 취임 논문 이후 11년이라는 긴 침묵의 시간을 보내야 했다. 하지만 그는 마침내 1781년에 그 오랜 침묵을 깨고 《순수 이성 비판Kritik der reinen Vernunft》, 1788년에 《실천 이성 비판Kritik der praktischen Vernunft》 그리고 1790년에 《판단력 비판Kritik der Urteilskraft》을 출판함으로써 9년에 걸쳐서 세기의 대작이라 할 수 있는 3대 비판서를 완성한다.

칸트는 3대 비판서를 통하여 인간의 인식의 뿌리를 샅샅이 탐험하기 시작한다. 세계의 개별적인 사물들을 탐구함으로써 세계 속의 존재의 본성을 탐구하는 과학자와는 달리 세계를 탐구하고 있는 우리의 인식 자체의 조건을 탐구함으로써 존재의 근거와 더불어 인식의 근거를 파헤친 것이다. 이는 바로 인간의 중심 신앙과도 같은 이성에 대한 탐구에서 시작된다. 인간의 인식의 선천적transzendental 조건이 비판의 대가인 칸트의 눈에 의해서 탐구되기 시작한다.

그는 순수 이성 비판 작업을 통해서 외부 세계에 대한 지식이 아닌 그것을 경험하는 내부, 즉 인간 인식의 내적 조건에 대한 연구를 수행함으로써 인간이라면 예외 없이 지니게 되는 경험의 선천적 조건을 탐구했다. 이는 바로 모든 학學의 선천적 조건에 대한 연구를 수반하는데, 바로 모든 학의 기반에 대한 연구가 선험 철학transzendentale Philosophie이다. 이 선험 철학은 비판 철학을 통하여 성립된다. 그는 존재의 근거로서 인식, 그리고 인식의 근거로서 경험의 조건 자체를 비판하며 우리가 경험하는 세계가 어떤 조건에 의해서 형성되는지를 설명하고자 한다.

그의 인간 경험의 조건에 대한 탐구 결과에 따르면 인간은 누구나 이성을 지니고 있으며, 이 이성을 사용할 수 있을 뿐만 아니라 사용해야만 한다는 것이다. 그런데 인간이 이성적이라는 사실은 인간이 단지 이성적이기만 하다는 말인가? 만약 인간이 칸트의 말대로 이성적 존재라면 인간이 이성적이지 못한 것은 어떻게 설명할 수 있는가? 칸트는 이 물음에 대한 답을 계몽과 관련된 그의 짧은 글 〈'계몽이란 무엇인가?'라는 물음에 대한 답변Beantwortung der Frage: Was ist Aufklärung?〉(1784) 속에서 비교적 쉽게 풀어서 설명하고 있다.

Sapere aude!, 감히 알려고 하라!

칸트가 〈'계몽이란 무엇인가?'라는 물음에 대한 답변〉을 쓰게 된 동기가 된 것은 1783년 《월간 베를린Berlinische Monatsschrift》 9월호에 칠너Johann Friedrich Zöllner, 1753~1804라는 베를린의 개신교 목사가 언급한 계몽에 대한 물음이었다. 이 목사는 당시에 계몽이라는 이름으로 교회를 통하지 않고 혼인을 하는 일부의 경향에 대한 우려에서 쓴 〈교회를 통하지 않은 혼인 성사가 과연 정당한가 $^{\text{Ist es rathsam, das Ehebündnis, nicht ferner durch die Religion zu sanciren?}}$〉라는 글의 각주에서 '계몽'의 정체에 대한 물음을 제기한다. 이를 계기로 하여 불붙기 시작한 계몽이라는 시대적 현상에 대한 답변이 그 이듬해인 1784년 9월에 멘델스존 $^{\text{Moses Mendelssohn, 1729~1786}}$의 〈'계몽이란 무엇인가?'라는 물음에 관하여 $^{\text{Über die Frage: Was heißt Aufklärung?}}$〉 속에서 일차적으로 논의되고, 12월호에는 칸트에 의해서 본격적으로 시도된다.

칸트는 이 글에서 계몽을 "스스로 책임져야 할 미성숙으로부터의 탈출"이라고 규정한다. 그리고 그는 계몽의 모토를 호라티우스 $^{\text{Quintus Horatius Flaccus, BC 65~AD 8}}$가 그의 시에서 사용한 로마 시대의 격언 중 하나인 "Sapere aude!" 즉 '감히 알려고 하라!'라는 표현에서 차용한다. 당시에 사람들은 있는 것을 그대로 받아들이는 데 익숙해져 있어서 어떤 것의 근거에 대해 묻는다는 것은 생각조차 하지 못했다. 대부분의 사람들은 지식과 관련해서도 수동적이어서 주어진 지식을 그대로 사용하는 데 급급했고, 새로운 지식에 대한 탐구나 기존의 지식 자체에 대한 회의적인 생각에 이르지 못했다.

칸트는 이와 같은 현상의 원인 중 하나를 사람들이 자신의 오성을 사용하지 못하는 것 그리고 다른 하나를 그것을 사용할 용기를 갖지 못한 데서 기인하는 것으로 파악한다. 이와 같은 이유로 칸트는 "Habe Mut, dich deines eigenen Verstandes zu bedienen!", 즉 '너 자신의 오성을 사용할 용기를 가져라'라고 단호히 촉구한다.

그렇다면 자기 자신의 오성, 좀 넓은 의미로는 자기 자신의 이성을 사용한다는 것은 무엇을 의미하는가? 그것에 대해 칸트는 "꼬치꼬치 따지는 것 räsonnieren"이라고 한다. 칸트는 주어진 것에 단순히 복종하는 대신에 그것의 근거를 스스로 꼼꼼하게 따져볼 것을 근대인들에게 권한다. 사람들은 통상 자신의 이성을 사용하여 사물의 근거를 꼬치꼬치 따지는 것을 어렵다고 생각하기보다는 위험하다고 생각한다. 이성의 사용에 의해서 야기될 수 있는 위험으로부터 안전해지기 위해서는 마치 걷지 못하는 아기가 보행기를 필요로 하듯이 사람들에게 정신적 보행기라고 할 수 있는 후견인들이 필요하다. 자신의 이성을 사용하는 번거로움 때문에 자신의 지성을 대변해줄 책에, 양심을 대변해줄 목사에, 식이요법을 대신해줄 의사에 의존하는 것이다.

그러나 칸트가 보기에 인간의 미성숙의 원인은 그 누구도 아닌 자기 자신의 게으름과 비겁함이다. 넘어져서 다칠 것을 두려워하고, 그 때문에 보행기에만 의존하려고 하는 생각에서 과감히 벗어날 것을 칸트는 촉구한다. 비록 혼자서는 한 발자국도 걷지 못할 것 같은 생각이 들더라도 일단 몇 번 넘어지고 나면 우리는 그 후에 혼자서 걸을 수 있게 된다. 몇 번 넘어져서 생길 상처와 고통은 잠시뿐이다. 그 후에 우리는 오히려 보행기 사용 때문에 받았던 활동의 제한으로부터 자유로워질 수 있다.

성숙이나 계몽을 위하여 필요한 것은 내적으로는 자신의 게으름과 비겁함으로부터 벗어나려는 용기이고, 외적으로는 자유이다. 근본적으로 칸트에게 있어서 계몽을 위해서 필요한 것은 자유 이외에 아무것도 아니다. 그러나 칸트는 아무 때나 아무에게 나 따지는 자유를 허용하지 않는다. 그는 이성의 사용을 공적인 사용과 사적인 사용으로 나눈다. 이성의 공적인 사용은 언제나 자유롭게 보장되지 않으면 안 된다. 이것이 지켜졌을 때에만 인류에게 계몽이라는 가치 있는 현상이 가능해진다. 이와 같은 역할을 수행해야 하는 대표적인 사람들이 바로 학자들이다. 학자들은 모든 일들의 시시비비를 가려야 한다. 학자들이 특정한 문제에 대한 사람들은 자신의 학문적 입장을 통하여 무언가를 비판하고 대중들에게 판단을 호소하는 것은 정당하다.

그러나 이성의 사적인 사용은 제한을 받아야 하는데, 예를 들자면 복무 중인 군 장교가 병역의 의무에 대하여 왈가왈부 따지기 위하여 이성을 사용하는 것은 제한되어야 한다. 칸트는 이성의 사용에 깊은 주의를 기울인다. 하지만 언론의 자유의 뿌리라고 할 수 있는 이러한 비판의 권리는 칸트 자신에게 조차도 제대로 허용되지 않는다. 주지하다시피 1793년 그가 《이성의 한계 내에서의 종교 Die Religion innerhalb der Grenzen der blossen Vernunft》를 발표한 후 그가 프로이센 당국으로부터 종교적 저술과 강의를 금지당한 사실은 비판 자체의 인식론적 한계 이외에 현실적 한계를 그대로 드러내는 것이다. 그가 주장했던 이성을 공적으로 사용할 수 있는 자유가 그의 시대에 통용되는 데는 한계가 있었다. 물론 우리 시대에도 이성의 공적인 사용이 모든 영역에서 가능한 것은 아닐 것이다.

이처럼 칸트에 있어서 비판, 계몽, '감히 알려고 하라!'라는 모토 그리고 따져 묻기는 이성의 한계와 권리에 대한 사유 그리고 그 권리의 현실적 실현을 위한 용기의 상관성에 대한 반성적 활동을 잘 드러낸다. 인식의 토대에 대한 근본적인 성찰을 통하여 우리 자신과 세계의 관계에 대한 칸트의 근본적인 문제 설정이 드러난다.

역사의 세 유형 넘기로서 삶에 대한 진단적 성찰

칸트는 계몽이라는 새로운 시대적 현상에 대한 성찰을 통하여 그것의 장애물이 바로 인간의 게으름과 비겁함임을 깨닫는다. 우리의 성숙을 위하여 필요한 것은 내적으로는 게으름과 비겁함 대신에 용기를 지니는 것이고 외적으로는 후견인 대신에 자유를 갖는 것이다. 이를 통하여 인간은 자신의 삶의 주인이 될 수 있다. 이에 비해 니체는 인간의 생각이나 행동을 지배하는 핵심적 요소를 이성이라기보다는 '역사'로 보았다. 그리고 비판이라는 개념 역시 역사와의 관계 속에서 고찰했다. 역사에 대한 니체의 이해, 특히 모던과 포스트모던 양 진영 간의 팽팽한 접전에 있어서 문제가 되었던 모던에 대한 그의 평가는 비판이라는 활동과 그것의 한계, 즉 비판이 함축하는 그것의 역사성의 한계에 대한 지적으로 이루어져 있다. 이러한 지적은 비판이 처한 조건에 대한 모던과 포스트모던 간의 논의에 있어서 중요한 쟁점일 뿐만 아니라 과거의 역사에 대한 현재의 관계 설정과 관련해서도 중요한 시사점을 제공한다. 일반적으로 역사에 대한 니체의 입장을 회의적이고 파괴적으로 보는 경향이 있다. 이것의 주된 원인은 계몽주의적 주장에 대한 그의 불신과 그 불신에 대한 대안 부재라는 혐의에 있다. 니체에 대한 이러한 회의적인 평가는 결국 모던에 대한 그의 사유에 있어서 모던 내부의 도그마를 비판하기 위하여 계몽주의가 채택한 '비판적 극복'의 개념을 포기하는 것으로 간주된다.

하지만 이러한 회의적인 평가는 타당한 것인가? 이 물음에 대한 대답을 모색하기 위하여 시도할 수 있는 여러 가지 길 중에서 니체의 역사에 대한 세 가지 해석을 살펴보자. 니체는 그의 중기 저작인 《반시대적 고찰》에서 역사를 단지 삶의 기록이 아니라 삶에 영향력을 행사하는 중요한 요인으로 파악한다. 삶과 역사는 긴밀한 상관관계 속에 있다. 인간의 삶의 조건으로서 역사성에 대한 사유는 필연적으로 현재의 삶을 과거와의 연관성 속에서 조명하게 한다. 이러한 조명은 현재가 과거에 의해서 지배되는 것인지 아니면 현재가 과거를 자신의 관점에서 적극적으로 해석하려는 것인지의 여부를 드러낸다.

니체는 역사를 세 가지 방식, 즉 '골동품적 역사$^{antiquarische\ Historie}$', '기념비적 역사$^{monumentalische\ Historie}$', '비판적 역사$^{kritische\ Historie}$'로 나누어 이해한다. 어떤 인간이든 어떤 민족이든 자신의 목표들, 힘들 그리고 걱정거리에 상응하는 과거에 대한 일정의 지식을 필요로 한다. 과거에 대한 지식을 사람들은 때로는 기념비적 역사로서, 때로는 골동품적 역사로서, 때로는 비판적 역사의 형태로서 필요로 한다는 것이 역사와 삶의 관계에 대한 니체의 기본 관점이다. 바로 과거의 역사에 대한 삶의 세 가지 관계 방식은 역사가 살아 있는 자에 속하는 방식이다. 이는 크게 '행동하고 추구하는 자', '보존하고 존경하는 자', '고통 받고 해방을 요구하는 자'로 분류된다.

니체는 삶에 대한 모던의 관계 방식인 역사의 세 가지 종류를 묘사하면서 기념비적 역사에 대해서는 현재의 삶이 과거에 의존하는 경향을 중심적으로 지적한다.

> 위대한 순간들이 개인의 투쟁 속에서 하나의 사슬을 형성하고, 인류의 산맥이 수천 년을 이어 이 순간 속에서 결합하며, 이미 오래전에 지나간 순간들 중 최고의 것이 내게는 아직 생생하고 밝고 위대하다는 것—이것이 기념비적 역사의 요구 속에 표현된 인간성에 대한 믿음의 근본 사상이다. 《반시대적 고찰》

기념비적 역사관은 과거 지향적이지만 적극적이고 활동적인 성격을 가진다. 즉, 기념비적 역사관을 가진 자는 과거의 인물들 중에서도 행동하고 권력을 가진 자들에게 속하는 역사 속에서 자신의 행동과 추구의 대상을 찾아낸다. 비록 그는 활동하는 자이지만 자신의 활동의 동력을 현재가 아니라 과거에서 차용하는 것이다. 그러나 활동하는 자가 아니라 만일 무력하거나 활동적이지 않은 자가 이 기념비적 역사로 자신을 치장한다면, 이러한 사람은 오히려 창조적인 자, 즉 역사로부터 삶을 위해 배우고 배운 것을 실천에 옮기는 강한 예술 정신의 소유자를 증오할 것이라는 것이 니체의 지적이다.

또한 골동품적 역사를 충성과 사랑으로 자신이 태어나 자란 곳을 뒤돌아보고 보존하고 존경하는 역사관으로 파악한다. 기념비적 역사와 마찬가지로 골동품적 역사에서도 삶은 과거 의존적이다. 하지만 골동품적 역사는 과거를 고찰하는 다른 방식들을 가려버릴 정도로 무성하게 자라 있다. 따라서 이것은 단지 과거의 삶을 보존할 뿐 생산할 줄 모르기 때문에 삶에 위험한 것이다. 비록 과거 지향적임에도 불구하고 기념비적 역사가 새로운 것의 생성에 대한 탐지의 본능을 지닌 반면, 골동품적 역사는 생성을 과소평가한다. 이러한 근거로 니체는 골동품적 역사는 새로운 것에 대한 힘찬 결단을 방해하며, 항상 경건함을 손상하거나 손상할 수밖에 없는 행위를 하는 자를 마비시키는 것으로 간주한다.

삶을 위하여 인간은 기념비적, 골동품적 역사와 더불어 역사에 대한 세 번째 고찰 방식으로서 비판적 역사를 필요로 한다. 니체에 따르면, 인간은 살기 위하여 과거를 파괴하거나 해체할 힘을 가져야 한다. 하지만 이 파괴와 비판의 주체는 무엇인가? 니체는 이것을 삶이자 권력으로 이해한다. 따라서 과거를 재판하고 파괴하는 방식으로 삶에 봉사하는 사람들이나 시대들은 그 자신이나 그 시대에 위험한 존재이고 또한 스스로 위험에 처해 있는 존재이다. 그 이유를 니체는 다음과 같이 말한다.

> 왜냐하면 우리는 모두 과거 종족의 결과인 탓에 또한 그들의 결실, 열정과 오류, 심지어 범죄의 결과이기도 하기 때문이다.
>
> 《반시대적 고찰》

이처럼 현재의 비판은 과거의 영향 속에 있기에 그 연쇄 고리로부터 완전히 풀려난다는 것은 불가능하다. 현재가 과거로부터 완전히 독립적일 수 없듯이, 현재와 과거의 이러한 연결은 현재가 행하는 비판의 필연적인 조건에 속한다. 하지만 니체의 기념비적 역사나 골동품적 역사와는 달리 비판적 역사에 있어서 현재는 자신의 오류 가능성에도 불구하고 과거를 조형하려는 강한 의욕을 지니고 있다.

니체는 역사가 삶을 위하여 봉사할 수 있는 예로 이상의 세 경우를 든다. 이를 통하여 니체가 강조하는 것은 역사가 삶을 필요로 하는 것이 아니라 삶이 역사를 필요로 해야 한다는 점이다. 즉, 그는 과거에 대한 지식은 미래와 현재에 봉사하기 위해서 탐구되어야 함을 강조한다. 그러나 니체가 보기에, 모던은 이 역사와 삶의 관계를 제대로 설정하지 못했다. 삶을 위하여 존재해야 하는 역사가 오히려 삶을 지배해버린 것이다.

이와 같은 삶과 역사의 관계 전도의 원인으로 니체가 지적한 것은 학문이다. 모던의 학문은 역사 혹은 기억에 지나치게 함몰되어 '역사적 인간$^{historischer\ Mensch}$'을 만들어냈다. 따라서 역사에 대한 모던의 기념비적·골동품적·비판적 관계에도 불구하고, 역사에 대한 삶의 관계는 과거 지향적이고 회고적이며, 이로 인하여 현재는 과거에 의해서 그리고 과거를 위해서 존재하게 되었다는 것이 모던과 삶의 관계에 대한 니체의 통찰이다.

역사에 대한 조형력

삶과 역사의 관계에 대한 니체의 접근은 분석과 비판에서 멈추지 않고 여기서 한 걸음 더 나아가 적극적인 모습을 우리에게 제시한다. 그의 적극적인 문제의식을 우리는 그가 조형력$^{\text{plastische Kraft}}$이라는 용어를 사용할 때 명료하게 볼 수 있다. 조형력이란 한 시대, 한 문화 그리고 한 민족이 역사와 맺는 자연스러운 관계의 긍정적인 실현에 대한 니체의 정식화이다. 포스트모더니스트들이 니체를 이해하는 것과 달리 역사에 대한 니체의 사유가 늘 파괴적이거나 회의적인 것은 아니다. 그는 오히려 과거에 대한 분석과 비판을 통하여 현재를 창조적이고 생산적으로 변화시키고 미래 지향적인 지점을 모색하고자 한다. 이와 같은 모습은 그가 과거의 것이 기억되고 망각되어야 할 '한도^{Grad}'와 '한계^{Grenze}'를 문제 설정하는 순간에 발견된다.

> 과거의 것이 현재의 무덤을 파지 않으려면, 과거의 것이 잊혀야 할 한도와 한계를 결정하기 위해서 우리는 한 인간, 한 민족과 한 문화의 조형력이 얼마나 큰지를 정확하게 알아야 한다. 조형력이란 스스로 고유한 방식으로 성장하고, 과거의 것과 낯선 것을 변형시켜 자기 것으로 만들며, 상처를 치유하고 상실한 것을 대체하고 부서진 형식을 스스로 복제할 수 있는 힘을 말한다.
> 《반시대적 고찰》

무엇보다도 이를 통해서 드러나는 것은 비판 조건이 지닌 아이러니이다. 대상들을 무차별적으로 비판하고 있는 비판 활동 자체는 과연 비판으로부터 자유로울 수 있는가? 이 질문에 대한 대답은 당연히 부정적이다. 비판 활동 자체 또한 비판으로부터 결코 자유로울 수 없다. 비판이 대상에 대한 비판의 정당성을 담보하려면 비판으로부터 자유로운 어떤 대상도 전제해서는 안 된다. 비판에 대한 면죄부를 가지고 있는 어떤 영역이 있다면 그것이야말로 비판이 적용되어야 할 일차적인 대상이다.

그러나 이와 같은 비판의 중심은 결백한가? 니체에 따르면 모든 인식은 자신의 역사성을 지니고 있다. 따라서 순수한 비판이라는 것은 불가능하다. 비판 활동 또한 그 자신은 존재론적으로도 인식론적으로도 과거와 결합되어 있기에 자신의 한계를 노정할 수밖에 없다. 그러나 비판 활동이 지니고 있는 이와 같은 한계에도 불구하고 과거로부터 자유롭고자 하는 비판의 욕구는 부단히 자기 정당성을 확보하고자 고투한다. 이처럼 인식의 비판적 역할은 근본적으로 자기 정당성의 한계를 노정하는 동시에 그것의 극복을 과제로 삼고 있다. 이것이 바로 비판이 지니고 있는 아이러니한 상황이다. 이와 같은 비판 자체의 아이러니한 상황은 한편으로는 비판으로 하여금 자기 자신을 파괴할 것을, 다른 한편으로는 자기 자신을 창조할 것을 촉구한다.

비판의 아이러니한 운명은 변증법적 사유의 관점에서 보자면, 애매하기 이를 데 없는 까닭에 극복되어야 할 것으로 간주되는 경향이 있다. 하지만 우리는 변증법이 가지고 있는 그 많은 장점과 더불어 그것이 가지고 있는 한계를 극복하기 위하여 다시 비판의 아이러니한 조건에 대한 니체의 사유를 진지하게 천착해

볼 필요가 있다. 비판의 아이러니는 비판 자체의 능력에 대한 과격한 부정도 아니고 비판의 절대적 권위에 대한 긍정도 아니다. 또한 비판 자체의 무한한 지연도 아니고 진리에 대한 확고한 맹신도 아니다. 이러한 비판의 아이러니에 대한 사유는 니체가 제시한 '더 위험하고도 더 강인한 새로운 회의주의의 종류'라는 개념 속에서 찾아볼 수 있다.

> 이러한 회의(위험하고 강인한 종류의 회의)는 경멸하지만 그럼에도 불구하고 강탈한다. 이것은 상대를 무너뜨리며 소유한다. 이것은 믿지 않지만, 그로 인하여 자신을 잃지도 않는다. 이것은 정신에게 위험한 자유를 주지만, 마음은 엄격하게 지키고 있다.
>
> 《반시대적 고찰》

이 인용문은 진리를 획득한 후 더 이상 회의를 원치 않는 진리의 오만 혹은 독단을 대변하는 독단주의적 회의와는 구분된다. 뿐만 아니라 진리를 무한히 회의하는 파괴적인 방법으로서의 회의, 즉 모든 진리의 가능성을 무한히 지연하는 극단적 회의와도 다르다. 위험하고 강한 회의주의라는 그의 개념은 비판의 제3의 형식을 제안한다.

니체는 모던과는 달리 현재에게 자신의 진리 믿음에 대하여 긍정하면서도 동시에 회의하는 아이러니한 태도를 권한다. 니체에 있어서 비역사적인 것이나 초^超역사적인 것은 역사적인 것의 해독제이다. 그러나 이것이 결코 니체가 역사의 기억에 반하여 망각만을 강조한다는 의미는 아니다. 그는 현재가 과거를 어디까지 망각하고 어디까지 기억해야 하는지의 경계를 문제시함으로써 과거와 현재의 관계를 조형하기를 현재에게 권한다.

이러한 그의 역사, 과거 혹은 모던에 대한 태도는 역사냐 반反역사냐, 과거냐 현재냐, 근대냐 탈근대냐, 기억이냐 망각이냐의 양자택일의 사유의 범주에 해당하지 않는다. 이들의 선택 기준은 바로 삶이다. 따라서 그의 문제 설정의 중심은 삶을 강화하는 한도·한계를 척도로 하여 역사와 반역사, 과거와 현재, 근대와 탈근대, 기억과 망각 중에 하나를 선택하기보다는 이 양자를 삶의 이름으로 적절히 취사선택하는 것이다. 이 취사선택의 중심 논리는 둘 중의 하나만을 선택하는 양자택일의 태도와 변별되는 아이러니한 태도ironische Haltung이다. 아이러니한 태도에 대한 구체적인 모습을 우리는 곧 푸코를 통해서 대면하게 될 것이다.

니체의 역사에 대한 세 가지 접근 방식에서 주목할 만한 부분은 그가 과거의 역사를 현재의 삶과의 연관성 속에서 살펴본다는 점이다. 이 점은 그의 역사에 대한 이해 속에 존재하는 비판 정신 그리고 그 비판 정신을 관통하는 현재에 대한 관심을 부각시킨다. 그는 과거를 단순히 죽어 있는 과거 혹은 현재와 단절된 것으로 이해하지 않을 뿐만 아니라 현재를 완전히 지배하는 것으로 보지도 않는다. 오히려 그는 역사를 현재 속에 살아 있는 것으로 이해하고자 한다.

하지만 역사의 지속성과 단절성에 대한 그의 사유는 그 지속성을 형이상학적 운동으로 이해하여 그것을 현재의 힘이 변형할 수 없는 일종의 불가역성 혹은 불가항력으로 간주하지 않을 뿐만 아니라, 인간 이성의 힘에 의해서 쉽게 변형될 수 있는 어떤 대상으로 이해하지도 않는다. 오히려 그는 비판적 사유를 통하여 부단히 역사의 변형을 시도한다. 이와 같은 역사에 대한 아이러니한 이해는 그가 과거와 현재, 역사에 대한 기억과 망각의 경계를 단순히 과거에 대한 지속적인 기억이나 그것에 대한 도취적인 망각에 의존하는 태도와는 명확히 변별되는 점이라고 할 수 있다.

푸코에 있어서 '태도'로서의 비판

니체 사상이 지니고 있는 핵심적 개념들을 통하여 동시대를 진단하고 대안을 제시하는 데 가장 큰 기여를 한 사상가 중 한 사람이 바로 푸코Michel Foucault이다. 푸코는 지금까지 우리에게 익숙한 비판과는 다른 비판의 모습을 우리에게 제시한다. 그는 칸트의 3대 비판서에서 출발하여 프랑크푸르트학파에서 그 정점에 도달한 비판의 계보를 추적한다. 우선 15세기와 16세기에 시작된 비판의 한 형식으로서 '비판적 태도'를 그리고 나서 기원전 5세기에서 기원후 5세기에 걸쳐 두드러지게 나타난 '파르헤지아parrhesia*'라는 개념 속에서 작동했던 앎에 대한 태도를 통하여 푸코가 제기하는 비판의 새로운 문제 영역을 고찰해보자. 이러한 비판에 대한 새로운 고찰은 우리로 하여금 새로운 방식의 비판적 사유를 가능하게 하는 다리가 될 것이다.

푸코는 1978년 5월 27일에 소르본의 미슐레 대강당에서 진행된 토론 회의에서 '비판'이라는 개념이 지니고 있는 지성사적 위상을 다음과 같이 표현하고 있다.

> 끊임없이 형성되고 연장되는 이 기획, 철학의 경계에서, 철학의 아주 가까이에서, 철학에 반대해서, 철학을 대가로, 아마도 모든 가능한 철학을 대신하여, 미래의 철학을 지향하며 다시 태어나는 이 기획……. 〈비판이란 무엇인가?Qu'est-ce que la Critique?〉(1978)

푸코는 칸트식의 고차적인 기획과 비판이라는 명목 아래 이루어지는 논쟁적이고 전문적인, 때로는 사소한 활동들 사이에 어쩌면 '비판적 태도 kritische Haltung'라고 할 수 있을 만한 관계가 있음을 조심스럽게 이야기하기 시작한다. 그는 비판적 태도를 근대 서양에서, 경험적으로 대강 15세기 내지 16세기부터 시작되는 '생각하고 말하고 행동하는 어떤 방식, 혹은 존재, 지식, 제도에 대한 어떠한 관계, 즉 사회와 문화 그리고 다른 이들에 대한 관계' 속에서 찾는다. 이로써 비판의 영역을 인식적 차원에서 삶의 구체적인 활동의 영역으로 확장한다.

파르헤지아

'모든 것을 솔직하게 말하기'를 의미하며 이는 단순히 거짓을 말하지 않는 것이 아니라 어떤 위험 앞에서도 진실을 말할 수 있는 용기를 뜻한다. 그런 면에서 파르헤지아는 도덕적 자질이자 태도라고 할 수 있다. 푸코에게 파르헤지아는 자신을 윤리적 주체로 만드는 실천 행위 가운데 하나였으며, 그런 의미에서 소크라테스를 파르페지아스트의 한 예로 보았다.

푸코에 따르면, 비판이란 자신과는 다른 어떤 것과 맺는 관계 속에서만 가능하다. 그러나 비판은 자신의 대상을 비판의 시점 이전에는 아직 명확히 알지도 못하는 어떤 것이다. 따라서 비판은 스스로 그렇게 되지도 못할 미래 혹은 진실을 얻기 위한 수단이자 방법이다. '비판의 대상'과 '비판이라는 활동'이 맺는 이와 같은 낯선 관계로 인하여 비판은 일종의 덕과 결부되

푸코 | 니체 사상이 지니고 있는 핵심적 개념들을 통해 동시대를 진단하고 대안을 제시하는 데 가장 큰 기여를 했다.

는 지점을 지니게 된다. 인식이 낯선 대상과 조우할 때 가져야 하는 어떤 것이 그곳에서 발견된다. 낯선 것과의 관계를 위한 수단과 방법에 속해 있는 어떤 덕의 요소가 바로 '비판적 태도'이다.

비판은 특정한 인식 작용이나 능력이기보다는 태도, 즉 대상과 대면하는 주체의 태도이자 자세로 자리매김된다. 이것은 대상 차원에서 보자면 불시의 습격과도 같은 기존의 인식과 대상의 폭력적인 관계와는 다른 관계 방식이다. 비판에 대한 새로운 주목이라고 할 수 있는 푸코의 '태도로서 비판'은 그것의 기원을 과거로 소급해 올라간다. 그것은 여러 세기 동안 그리스 교회에서 '기술 중의 기술'이라 불렀던 것, 라틴 로마 교회에서 '예술 중의 예술'이라 불렀던 '양심을 인도하는 통치 기예'와 접목된다. 푸코에 따르면, 중세 사회에서 통치 기예는 수도원의 존재와

연계되어 한정된 집단들에서 실행되었다. 그러나 종교 개혁 바로 직전인 15세기부터 통치 기예에 대한 관심이 폭발적으로 확산되면서 통치 기예는 자신의 중심 영역을 종교에서 세속으로 이전했다. 이로써 통치 기예와 방법에 대한 관심이 시민 사회 속으로 확장되는 동시에 그 영역도 확장되었다.

푸코는 16세기 서유럽 사회에서 특징적으로 나타나는 이러한 통치화governmentalization를 "어떻게 통치당하지 않을 것인가?" 하는 질문과의 관계에서 본다. 하지만 여기서 주의해서 살펴야 할 것은 이 물음이 통치 자체에 대한 거부가 아니라 통치의 방식에 대한 문제 제기라는 점이다. 통치 방식에 대한 문제 제기를 푸코는 비판의 가장 일반적인 정의로 생각한다. 여기서 푸코는 통치화 개념과 비판 개념을 대비시키면서 비판의 의미를 조명한다. 그에 따르면, 통치화라는 것이 사회적 실천의 현실 속에서 진실을 자처하는 권력 메커니즘에 의하여 개인을 복속시키는 동시에 주체화하는 것이라면, 비판이라는 것은 주체가 진실에 대해서는 그것이 유발하는 권력 효과를, 권력에 대해서는 그것이 생산하는 진실 담론을 문제 삼을 수 있는 권리를 자신에게 부여하는 것으로 본다.

따라서 푸코는 비판을 자발적인 불순종이자 성찰을 통한 비순종의 기법으로 봄으로써 그것을 진실의 정치라고 할 수 있는 게임에서의 탈예속의 본질적인 기능으로 본다. 이러한 그의 통치와 비판의 관계에 대한 모색은 그가 통치나 비판 일색으로 역사를 보는 것이 아니라 비판적 태도를 중심으로 이 양자의 상관성에 주목하고 있음을 나타낸다.

이와 같은 비판적 태도는 과연 역사 혹은 모던에 대해 어떠한 태도를 취하고 있는가? 푸코는 모던을 부정하는가? 푸코가 비판적 태도라는 에토스를 철학의 중심 과제 중 하나로 설정할 때, 이에 대한 그의 태도는 〈계몽이란 무엇인가? Qu'est-ce que les Lumiéres?〉(1984)에서 잘 드러난다. 비판의 역할에 대한 푸코의 규정은 인류가 어떠한 권위에도 복종하지 않고 자신의 이성을 사용하게 될 순간인 계몽의 순간에 인류에게 이러한 비판이 필요함을 나타낸다.

현실에 대한 존중과 전복의 실천으로서의 자유

푸코는 계몽의 시대를 비판의 시대로 이해한다. 나아가 그는 모던을 하나의 시대가 아니라 "사유하고 느끼는 하나의 태도"로 볼 것을 제안한다. 그는 19세기에 가장 날카롭게 현대성을 인식한 사람을 보들레르로 평가한다.

보들레르는 태도로서의 현대성을 산책자 flâneur의 태도와 비교한다. 산책자의 태도는 스쳐 지나가는 순간들을 순간적인 호기심으로 수집하는 태도로서, 산책자는 어슬렁거리면서 거리를 쏘다니며 거리를 구경하지만 단지 자기가 본 것을 기억 속에 수집하

샤를 보들레르 | 푸코는 보들레르를 19세기에 가장 날카롭게 현대성을 인식한 사람으로 평가한다.

는 것으로 만족하는 자이다. 그러나 현대인은 산책자와는 다른 눈으로 세상을 본다. 현대인은 유행으로부터 역사에 내재한 시적인 요소를 이끌어내는 것을 자신의 본분으로 여긴다. 그리하여 현대인은 시간의 불연속성을 의식하는 것으로부터 단절을 선언함으로써 새것에 대한 감수성을 갖는 동시에 지나간 것에 대하여 현기증을 느끼는 자이다.

보들레르는 겉으로 보면 산책자처럼 보일지라도 사실 가장 현대적인 사람으로 데생 화가인 콩스탕탱 기$^{Constantin\ Guys,\ 1802~1892}$를 꼽는다. 현대인은 순간적으로 스쳐 지나가는 현재 그 너머에 있거나 그 뒤편에 있는 것이 아니라 바로 현재 안에 내재하는 어떤 것을 포착하려는 사려 깊고 힘이 많이 드는 어떤 태도를 가진 사람이다. 현대적인 것은 현재 속에 매몰되는 것과 거리를 둘 뿐만 아니라 현재를 경시하여 그것의 너머에 있는 것이나 그것의 뒤편에 있는 무지개를 발견하려는 태도와도 거리를 둔다. 현대성은 오히려 현재 자체의 영웅적 측면을 파악하려는 태도를 포함한다. 보들레르는 아무리 현대가 비루하고 누추하다고 할지라도 현대인들에게는 현대 자체를 경멸할 어떤 권리도 없음을 선언한다. 현대성을 대표적으로 드러내는 화가 기의 작품 속에서 보들레르는 온 세계가 잠들어 있을 때, 일하기 시작하며 그럼으로써 그 세계를 변형시키는 현대인의 모습을 발견한다. 푸코는 이러한 변형을 현실성을 폐기 처분하는 것이 아니라 "현실의 진실과 자유의 실행 사이의 힘겨운 상호 작용"으로 파악한다.

푸코에게 이러한 힘겨운 상호 작용으로서 현대적 태도가 높은 가치를 지니고 있는 것은 그가 현대라는 자신의 시대를 통해서

〈공원의 댄디들〉, 콩스탕탱 기

〈거리에서Dans la rue〉, 콩스탕탱 기

무엇인가 그 순간과는 다른 것을 상상하려는 필사적인 열망을 지니고 있음을 의미한다. 그러나 현대성은 현대를 파괴해버리지 않고 그것을 있는 그대로 포착함으로써 그것을 변형시키려는 필사적인 열망이다. 그와 같은 현대에 대한 긍정과 그것을 변화시키려는 열망 사이의 작용은 그야말로 버거운 일이다.

이와 같은 현대 자체에 대한 긍정과 그것을 부정하려는 열망을 현실화시키기 위하여 필요한 것을 푸코는 '한계 태도Grenzhaltung'라고 하는 독특한 에토스 속에서 발견한다. 한계 태도는 한계에 대한 거부가 아니라 한계에 대한 분석과 성찰이다. 푸코는 이와 같은 비판적 존재론에 적합한 우리 자신의 철학적 에토스를 우리가 넘어서야 할 한계들을 역사적·실천적으로 실험하는 것, 그리고 이를 통하여 우리 자신을 자유로운 존재로 실현하는 것이라고 본다. 보들레르적 현대성이라고 할 수 있는 푸코의 모던에 대한 태도는 "현실에 대하여 극도로 주의를 기울임으로써 그 현실성을 존중하는 동시에 그것을 뒤흔들어놓는 자유의 실천"을 그 특징으로 한다.

현실을 존중함과 동시에 전복하려는 그의 아이러니한 태도를 통해서 우리는 푸코의 모던에 대한 비판적 태도나 실천이 과거를 존중하려고만 하는 기념비적이거나 골동품적인 태도와 구분될 뿐만 아니라 그것을 전면적으로 전복하려고만 하는 파괴적인 태도와도 구분되는 것임을 알 수 있다. 모던에 대한 태도와 실천을 특징짓는 푸코의 아이러니한 태도란 "현재의 관심사들에 대한 능동적인 참여를 보존하면서도 전통적인 '진지함^{Ernsthaftigkeit}'을 포기하는 것, 즉 진지한 참여를 근거 지우는 진리의 특별한 지위를 보존하는 것을 피하는 동시에 신, 로고스, 성기 중심주의 등의 무덤 위에서 춤추기 위하여 진지함을 버릴 때 나타나는 경박성^{Frivolität}도 피하고자 하는 태도"이다. 드레이퍼스^{Hebert L. Dreyfus, 1929~}와 래비노우^{Paul Rabinow, 1944~}의 공동 논문인 〈성숙이란 무엇인가?^{What is Maturity?}〉에서 정의된 아이러니한 태도가 시사하는 바는 우리의 시대와 우리의 관계에 대한 우리의 태도가 얼마나 중요한지에 대한 푸코의 환기이다.

진실에의 용기, '파르헤지아'

현실에 대하여 극도의 주의와 존중 그리고 이와 동시에 그것을 뒤흔들어놓는 자유의 실천이라는 현대의 태도에 대한 주목에서 푸코는 앎과 실천이라는 두 축의 긴장 관계에 주목한다. 1983년 버클리대학교에서의 푸코의 강연 내용을 다룬 《담론과 진리: 1983년 버클리 강연들^{Diskurs und Wahrheit; Berkeley-Vorlesungen 1983}》에서 그는 앎에 대한 실천의 관계를 '진실에의 용기'를 뜻하는 파르헤지아라는 개념을 통하여 조명하기 시작한다. 그는 자기 자신의 앎에 대한 자기 관계 방식을 앎에 대한 비판적 태도를 통하여 진척시킨다. 비판적 태도에 대한 그의 치열한 탐색은 1982년부터 그 이듬해에 걸친 그의 강연에서 지속적으로 등장하는 기원전 5세기에서 기원후 5세기 사이에 두드러지게 나타난 파르헤지아라는 개념에 대한 모색 속에서 새로운 지평을 연다.

비판 개념에 대한 새로운 계보학적 모색에 따르면, 비판 자체가 우리를 진리에 가까이 가게 하는 전적으로 안전한 방법은 아니다. 왜냐하면 모든 것이 양면을 가지고 있듯이 진리에 도달하는 방법들 또한 그것의 사용에 있어서 남용·오용·활용 등과 같은 다양한 양상을 가지기 때문이다. 푸코는 파르헤지아의 실천이 수반할 수 있는 위기에 대한 고전적인 자기 성찰을 언론의 자유와 민주주의 사이의 필연적인 안티노미 antionomy, 이율배반에 대한 언급인 파르헤지아의 악용의 가능성에서 발생한 '데모스 demos', 로고스, 자유 그리고 진리 사이에 놓인 위험한 관계의 정확한 본성에 대한 길고도 열정적인 논쟁 속에서 발견한다.

푸코는 플라톤이 그의 《국가 Politeia》에서 소크라테스의 대화를 통하여 파르헤지아에 대해서 언급한 것 중에서 흥미로운 것을 발견해낸다. 플라톤이 파르헤지아와 관련하여 주요 위험으로 간주한 것은 파르헤지아가 나쁜 통치 결정으로 이끌리는 것이나 몇몇의 무지하거나 부패한 지도자가 권력을 획득하거나 전제 군주가 되는 수단을 제공한다는 사실이 아니다.

플라톤에게 있어서 민주주의의 자유와 언론의 자유의 주요 위험은 각자가 자신의 삶의 방식을 가지고 있을 경우, 발생하게 될 자기 자신의 삶의 양식에 대한 집착이다. 왜냐하면 각자의 마음에 드는 삶의 양식은 도시를 위한 가능한 통일을 위하여 어떤 공동의 로고스도 마련해줄 수 없는 것으로 보이기 때문이다. 플라톤은 파르헤지아를 단지 사람이 원하는 것을 말하는 자유에 한정하여 규정하지 않는다. 오히려 그는 그것을 자유와 연결되어 항상 사람들이 자신이 원하는 것을 행하는 경향성과 관련하여 본다. 이 때문에 파르헤지아는 플라톤에게는 개인이 무한정 자기 자신의 삶의 양식을 선택할 자유를 의미하는 무정부 상태로 간주된다. 비록 플라톤이 개인들에 의해서 이루어질 사적인 삶의 양식에 대한 관심을 공적인 삶을 해칠 수 있는 부정적인 것으로 파악하고는 있기는 하지만, 여기서 푸코가 주의를 기울인 것은 고대에 있어서 삶의 양식이라는 화두의 등장이다.

삶의 방법 선택으로서 파르헤지아의 용법

이러한 플라톤의 담론 속에서 푸코는 고대에서 점차로 변형되는 파르헤지아의 용법에 주목한다. 즉 한편으로는 기원전 4세기 그리스 문화에서 바로 언론 자유의 문제가 실존의 선택, 즉 자신의 삶의 방법 선택과 접목되는 현상이 나타난다. 로고스의 활용에 있어서 자유의 문제가 점점 더 비오스^{bios}, 즉 삶의 선택으로서 자유로 변형된다. 그 결과로 긍정적이고 비판적인 파르헤지아는 점점 더 개인적인 태도, 도시에서의 정치적인 삶을 위한 유용한

덕으로 간주되고, 부정적이고 경멸적인 파르헤지아의 경우는 도시에게 위험한 것으로 간주된다.

다른 한편으로 푸코는 파르헤지아의 이러한 문제 설정에 있어서 다른 종류의 변형에 주목한다. 이에 따르면, 파르헤지아는 점층적으로 어떤 다른 종류의 정치적 제도인 군주국과 연결된다. 언론의 자유는 이제 왕과 왕의 고문관에게 사용된다. 하지만 여기서 파르헤지아는 더 이상 민주주의적 폴리스에서와 같은 제도적인 권리나 특권이 아니라 오히려 왕이나 그의 고문관에게 일종의 재능을 나타내는 개인적인 태도인 비오스의 선택으로 기능하게 된다.

파르헤지아에 대한 푸코의 분석은 플라톤의 《라케스 Laches》에서 소크라테스가 지니는 파르헤지아적 모습의 발견에 도달한다. 여기서 푸코는 정치적 파르헤지아와 다른 소크라테스적 파르헤지아를 발견한다. 이러한 차이점들 중에 첫 번째는, 소크라테스적 파르헤지아는 특정의 개념, 예를 들자면 '용기'에 대한 어떤 이성적이고, 올바르고, 충족할 만한 정의를 줄 수 없을 뿐만 아니라 소크라테스조차도 그런 정의를 할 수 없다는 사실에도 불구하고 소크라테스가 최고의 스승이라는 의견에 동의하는 이유와 관련된다. 그 이유는 소크라테스가 누구나 자기 자신과 자신의 제자들을 배려해야 한다고 주장한 점에 근거한다. 바로 이 부분에서 푸코는 자기 배려 epimeleia heautou, 즉 '자신에 대한 배려 Sorge um sich'라는 개념에 주목한다. 그는 소크라테스적 파르헤지아를 통하여 담론과 진실의 문제 설정인 파르헤지아가 정치적 파르헤지아에서 자기 배려의 파르헤지아로 이동하고 있음을 포착한다.

　소크라테스적 파르헤지아의 두 번째 특징을 푸코는 소크라테스의 담론에 대한 청자들의 수동성의 근거에서 찾는다. 이때 정치적 파르헤지아 놀이에 있어서 수동성의 근거는 바로 그가 들은 것에 대한 설득력이다. 소크라테스의 로고스는 본인이 지금 살고 있고 이미 살아온 방식과 관련된 자기 자신에 대한 입장 표명을 함축한다. 여기서 중요한 점은 바로 소크라테스에 있어서 로고스가 개인의 삶의 양식을 형성하는 방식의 탐구, 즉 로고스와 삶의 방식의 조화로운 관계이다. 소크라테스의 삶에서 말과 행동 사이의 조화는 말과 행동이 분리되어 있는 소피스트들과 변별된다. 파르헤지아 개념은 용기에 대해서 말하고 있음에도 불구하고 그들 자신은 용기 없는 소피스트들로부터 소크라테스를 구분하는 척도이다. 푸코에 따르면, 로고스와 삶의 방식으로서 비오스의 조화와 관련된 소크라테스적 파르헤지아에서 다루어지는 것은 사람들 사이의 개인적인 관계에서 나타나는 데모스나 왕에 대한 파르헤지아의 관계를 문제시하지 않는다. 주체 담론의 진실은 그 담론의 인식적인 진리, 즉 로고스만이 아니라 자신의 삶의 진리, 즉 비오스적 진리를 또한 함축하는 것이다.

　파르헤지아에 대한 푸코의 연구는 대화 상대를 삶의 방식, 즉 로고스, 덕, 용기 그리고 진리와의 조화로운 일치인 비오스로 인도하는 데 있는 소크라테스적인 파르헤지아적 활동의 목적을 경유하여 이제 에우리피테스의 《이온^{Ion}》에서 파르헤지아의 문제 설정으로 넘어간다. 여기서 파르헤지아는 로고스, 진리 그리고 표결을 의미하는 '게노스^{genos}' 사이의 놀이 형태로 나타난다는 점에 푸코의 관심이 쏠린다. 파르헤지아는 좋은 태생의 아테네 시민의 시민권으로서 정치적인 제도의 영역에서 로고스, 진리 그리고 법을 의미하는 노모스^{nomos} 사이의 놀이를 함축한다. 플라톤의 텍스트에서 법의 영역과 관련된 정치적 모습의 파르헤지아가 사용된 유일한 부분은 그가 《법률^{Gesetzen}》에서 좋은 법률에 의해서 다스려지는 폴리스에서 시민들이 따라야 할 도덕적 태도를 시민들에게 말해주기 위해서 파르헤지아가 필요하다고 하는 부분이다. 그러나 여기서 플라톤은 법의 감시자와 구분되는 자로서 소크라테스처럼 솔직하게 폴리스의 복지에 관해서 말하거나 어떤 도덕적이고 철학적인 관점에서 충고를 하는 자를 파르헤지아스트^{parrhesiastes}로 간주한다. 푸코는 이러한 경향을 소크라테스적 전통을 따르는 견유학파 전통에 있어서 노모스와 비오스 사이의, 즉 법과 삶 사이의 문제적 관계가 직접적인 대립 관계로 치닫는 것으로 분석한다.

삶의 기예로서 아스케시스

이제 푸코의 파르헤지아에 대한 논의는 파르헤지아적 놀이의 상이한 기술들에 이른다. 첫째, 이러한 기술들은 파르헤지아의 고전적인 그리스 개념에서 드러난다. 누군가가 다른 사람에게 진리를 말하는 것은 용감한 행위이다. 이와 같은 현상에서 흥미로우면서도 중요한 변화가 일어난다. 이것은 파르헤지아적 놀이에서 펼쳐지는 용기의 대상이 다른 사람들에 대한 진리 말하기, 삶의 양식 그리고 정치적 파르헤지아의 차원에서 한 걸음 더 나아가 자기 자신에 대한 진리를 폭로하는 용기로 확장된다. 이제 진리 놀이의 대상은 바로 자기와 자기의 용감한 관계를 중심으로 전개된다.

진리와 담론이 주체와의 관계 속에서 행해지는 진리 놀이로서 파르헤지아의 주인공들의 관계는 왕과 왕의 고문관, 스승과 제자 혹은 화자와 청자 사이의 관계가 아니라 자기와 자기 자신 사이의 진리 놀이로 이동한다.

둘째, 자기 자신에 대한 진리를 직시하는 것이 관건인 새로운 종류의 파르헤지아 놀이는 그리스인들이 '아스케시스^{askesis}'라고 부른 것을 필요로 한다. 그러나 푸코는 비록 우리에게 금욕으로 알려져 있는 '아스케제^{askese}'가 그리스 단어 아스케시스에서 파생되었을지라도, 그리스인들에게 그 단어는 우리에게 익숙한 '금욕적인^{asketisch}'이라는 의미라기보다는 아주 일반적인 종류의 실천적인 연습을 의미하는 것임을 환기시킨다. 이러한 맥락에서 그리스인들은 '마테시스^{mathesis}', 즉 이론적인 앎과 '아스케시스', 즉 실천적 연습에 의한 기예를 익혔다. 푸코는 여기서 아스케시스의 용법을 명시하기 위하여 네로 집정기에 로마에서 철학을 가르쳤던 무소니우스 루푸스^{Musonius Rufus}의 말을 인용하는데, 그에 따르면, '삶의 기예^{Lebenskunst}'는 다른 기예들처럼 단지 이론적인 수업에 의해서가 아니라 실천과 연습을 실천하는 아스케시스에 의해서 습득된다. 그러나 이때 아스케시스 역시 단지 정신적인 금욕적 고행을 의미하는 것이 아니라 삶의 에토스의 형성과 관련된 아스케시스이다.

셋째, 이러한 고행적인 실천들은 수많은 종류의 특수한 연습이나 훈련을 포함하는데, 이러한 실천적인 연습이 오늘날 우리에게 새로운 것은 이들이 정신적인 연습만을 위한 것이라기보다 자기 자신의 태도를 형성하는 매트릭스에 적극적으로 참여한다는 점이다. 푸코는 태도를 형성하는 이러한 연습을 응용한 예를 자기 자신이 지닌 진리를 시험하고 그것을 누군가 다른 이에게 말을 해야만 하는 종류의 연습에서 발견한다.

이상에서 살펴본 것처럼 푸코에 있어서 주체와 진실의 관계 방식은 상이한 진리 놀이의 형태로 수렴된다. 그리고 이 과정에서 파르헤지아 개념의 분석을 통해서 드러나는 것은 자신의 진리에 대한 주체의 적극적인 태도를 문제 설정하는 방식이다. 이러한 진리 놀이에 대한 푸코의 관심이 우리에게 새롭게 다가오는 것은 자기 자신의 앎이나 삶에 대한 자기 관계 맺기의 방식과 더불어 이에 대한 환기 때문이다. 파르헤지아는 하나의 앎, 혹은 객관적인 앎의 발견을 강조하기보다는 그것에 대한 적극적인 성찰과 태도에 주목하며, 이러한 주목의 특징은 자신의 동일성, 즉 자신의 앎을 유일하고 객관적이고 고정 불변한 것으로 주장하는 것에 대한 비판적 자기 성찰에 있다. 오히려 앎에 대한 자기 성찰 그리고 여기서 한 걸음 더 나아가 앎과 실천과의 연관성에 대한 문제 설정은 삶의 기예로서 비판적 성찰의 위상을 잘 드러낸다.

만남 8
자라투스트라의 노래
그것이 생이었던가?
좋다! 그렇다면 다시 한번

니체와 세 가지 정신의 변화를
동시에 표현한 유화

니체는 인간의 정신이 겪는 변화상을 낙타, 사자, 어린이, 이 세 가지로 구분한다. 인간의 삶은 여러 가지 변화에 직면하지만 니체는 인간 삶의 다양한 변화상을 이 세 가지로 요약한다. 니체는 이 세 가지 상을 통하여 정신이 어떻게 낙타가 되고, 낙타가 사자가 되고, 사자가 마침내 어린아이가 되는지를 제시한다.

완전한 허무주의, 굳센 삶의 철학을 위하여

쇼펜하우어가 염세주의자로 널리 알려져 있듯이 니체는 허무주의자로 알려져 있다. 우리가 이미 살펴본 것처럼 우리의 통념과는 달리 쇼펜하우어의 철학은 염세주의에서 시작했으나 염세주의에서 끝나지 않는다. 그는 오히려 염세주의에 대한 진단적 해석을 치료적 해석으로 확대함으로써 염세주의의 극복을 시도했다. 니체의 철학 또한 단지 소극적 의미의 허무주의에서 머무는 것이 아니라 허무주의의 상이한 양상을 전개시킴으로써 우리의 통념을 훨씬 넘어서고 있다. 니체에 있어서 우리 삶은 단지 허무주의라는 막다른 골목에 들어서서 결국 탈출구를 찾지 못하고 고사하는 것이 아니라, 힘에의 의지로부터 시작하여 삶의 영겁회귀를 인정하는 운명애를 통해서 극복인 Übermensch으로 나아가고자 한다.

이와 같은 변화의 과정은 허무주의의 다양한 모습들이 있음을 의미한다. 니체에 있어서 염세주의란 허무주의의 앞선 형식에 해당된다. 특히 니체가 비판하고 있는 염세주의는 낭만주의적인 염세주의인데 그는 이 염세주의에 쇼펜하우어를 포함시킨다. 우리가 어렴풋이 이해하고 있는 니체의 허무주의는 니체의 구분에 따르면 단지 허무주의의 한 형식인 소극적 허무주의에 속하는 것이다. 그러나 니체의 소극적 허무주의는 능동적 허무주의와 수동적 허무주의의 형태로 분리하여 이해될 수 있다. 이들은 허무주의라는 양상이 드러나는 원인과 관련하여 구분된다.

능동적 허무주의의 경우는 정신력 상승의 징후로서 기존의 가치를 불필요하다고 생각하지만 새로운 가치의 설정과 창조력이 부족하여 발생하는 허무주의이다. 이 허무주의는 해체력에 있어서는 강점을 지니고 있으나 재건설에 취약점을 지니고 있다. 따라서 이 형태는 결국 불완전한 허무주의에 그치게 된다. 반면 수동적 허무주의의 경우는 정신력 하강의 징후로서 기존의 지배적인 확신들에 대하여 실망하고, 절대적 무의미함의 느낌 속에 머물러 있다. 그럼에도 불구하고 이는 그것을 해체할 힘도 없고 재건설할 힘도 없는 무기력한 허무주의이다. 이 허무주의는 현재 자신이 속해 있는 염세적이고 의미를 상실한 세계를 유일한 세계의 현상으로 알고 거기에 머묾으로써 결국 앉아서 죽음을 기다린다. 따라서 능동적 허무주의도 수동적 허무주의도 현재를 변화시킬 어떤 힘을 결여한 소극적 허무주의에 불과하다. 그것은 따라서 불완전한 허무주의이다.

이와 같은 불완전한 허무주의는 양가적으로 해석될 수 있다. 즉 한편으로는 단지 불완전한 상태에 그쳐 인간을 병들게 할 수도 있지만, 이와는 달리 완전한 허무주의로의 이행을 위한 준비단계로서 이해됨으로써 회복의 새로운 가능성을 지닐 수도 있다. 니체의 허무주의 사상의 궁극적 목적은 완전한 허무주의이다. 니체에게 완전한 허무주의는 '미래의 복음'의 탄생을 위한 '논리적이고 심리적인 전제'인 건강한 삶에 이를 수 있는 허무주의이다. 니체의 완전한 허무주의의 기획은 허무주의를 그 끝에 이르기까지 생각해보고, 그것을 극복하는 것이다.

삶을 삶으로서 제대로 구하고자 하는 그의 완전한 허무주의에 도달하기 위해서는 새로운 가치의 창조를 위해 위험을 감수하는 결단이 필요하다. 이 순간에 출현하는 것이 바로 극도의 허무주의$^{der\ radikale\ Nihilismus}$와 극단의 허무주의$^{der\ extremste\ Nihilismus}$이다. 극도의 허무주의의 시각에서 보자면 우리가 기존에 믿고 있던 세계는 참된 세계가 아니다. 참된 세계란 단지 허구적인 세계일 뿐이다. 이에 비해 극단의 허무주의의 시각에서 보자면 우리의 세계 경험은 단지 특정 관점의 결과일 뿐이어서 우리는 결코 진리에 도달할 수 없다. 따라서 지금까지 우리가 의존해왔던 세계와 그 가치는 허무주의에 빠진다. 그렇다면 이와 같은 허무주의적 인식은 인간의 삶에 어떤 영향을 미치는가? 역으로 이와 같은 허무주의적 인식에 우리의 삶은 어떤 영향을 미칠 수 있는가?

나움부르크 Naumburg 광장의 니체 동상

　세계와 그것의 가치에 대한 완전한 허무주의적 인식은 허무한 삶을 유지하거나 강화하는가, 아니면 그것으로부터 탈주의 가능성을 모색하는가? 인간은 허무주의 속에서 몰락할 수도 있고 비약할 수도 있다. 우리는 세계와 그것의 가치가 지니는 가상성 앞에 절망한 채 죽어가는 마지막 인간$^{der\ letzte\ Mensch}$이 될 수도 있고, 세계의 가상성에 대한 통찰로 새로운 세계의 가능성을 시도하는 극복인^{Übermensch}이 될 수도 있다. 마치 참된 세계라고 믿었던 그 세계의 허구성이 폭로됨으로써 세계가 더 이상 참된 것도 거짓인 것도 아니라는 통찰을 우리에게 부여할 수 있듯이, 이러한 폭로는 우리로부터 세계와 그것의 가치를 앗아가는 것이 아니라 새로운 세계의 가능성을 부여하는 계기일 수도 있다.

이 지점은 바로 쇼펜하우어가 세계를 의지와 표상의 산물로 진단하고, 이 세계에서 비롯되는 고통과 번뇌를 개별화 원리의 산물로서 파악한 지점과 유사하다. 그러나 쇼펜하우어의 경우는 고통의 근거가 이와 같이 덧없는 것임을 인식함으로써 오히려 위안을 얻는다. 그러나 니체의 경우에는 인간이 가치를 부여했던 의미의 세계가 무가치하고 무의미한 것으로 진단함으로써 삶은 나락으로 떨어질 위기에 처하게 된다. 세계의 무화無化에 대한 양자의 인식이 전혀 상반된 결과를 초래하는 것이다. 쇼펜하우어의 인식이 고통으로부터 자유의 가능성을 보여준 것에 반해, 니체의 인식은 고통의 무의미에 대한 인식으로 귀결된다. 따라서 이 양자가 이와 같은 서로 다른 인식 이후에 마주하는 과제 또한 상이할 수밖에 없다.

이미 쇼펜하우어와 관련하여 살펴보았듯이 쇼펜하우어는 이와 같은 인식에 의한 마음의 평정을 지속시키기 위하여 그 인식 주체의 내부를 관리한다. 즉 인식 주체의 부단한 수행을 통하여 이 상태를 유지하고자 시도하는 것이다. 그리고 이는 정관과 동고의 긴밀한 관계 속에서 유지된다. 그렇다면 니체는 어떠한가? 앞에서 살펴보았듯이 그는 기존의 세계에 대한 인식적·도덕적 가치들과 의미를 비판하며 세계의 변형 가능성을 때로는 예술에 의해서 그리고 때로는 역사의 조형력이나 계보학이라는 방법을 통해서 시도했다. 이와 같은 세계 변형의 시도, 즉 완전한 허무주의자로서 니체의 허무주의에 대한 진단적이고 치료적인 사유의 완성도는 세계에 대한 자신의 관점 전환을 통해서 이루어진다. 변형의 주체이자 대상으로서 인간이 세계에 대한 자신의 경험을 변화시키기 위하여 선행해야 하는 내적 작업은 무엇일까?

허무주의의 정체에 대한 니체의 통찰은 현세와 구분되는 어떤 내세도 믿지 않으면서도 현재와 다른 현재의 가능성을 추구한다. 실종되고 언어화되어버린 근원적인 힘인 힘에의 의지로 우리의 삶은 회복될 것이다. 우리가 포기할 세계란 고작해야 우리의 삶을 병들게 했던 세계, 데카당스의 세계, 의미 상실된 세계임을 통찰함으로써 우리는 기꺼이 새로운 세계를 만들어갈 것이다. 세계란 하나의 관점임을 미련 없이 폭로함으로써 새로운 관점으로의 전환, 즉 사고의 고행과도 같은 실천의 중요성을 요청한다. 그러나 이와 같은 작업은 생각 속에서 진행시킨 사고의 시나리오이다. 때문에 이 사고의 시나리오를 현실에 적용하는 작업이 아직 남아 있다.

현실 속에서 우리는 과연 얼마나 기존의 관점에서 자유로워질 수 있는가? 그리고 이론적인 차원에서의 세계에 대한 긍정이라는 과제가 과연 현실에 있어서 어떻게 가능할까? 분명히 세계에 대한 기존의 관점 전환에 있어서 가장 진솔한 반전이라고 할 수 있는 운명애$^{amor\,fati}$는 사유가 아니라 현실 속에서 어떤 모습으로 구체화될 수 있을까? 운명애란 새로운 삶을 위한 니체의 굳센 삶의 정식이다. 삶을 운명으로 보고 이 운명을 사랑하는 일은 단지 삶을 견디는 숙명론과 구별된다. 니체는 새로운 삶의 정식을 실현하기 위한 선행 조건으로서 운명의 필연성에 대한 긍정 그리고 이것의 적극적 양태로서 사랑을 권한다. 인간의 삶은 단지 운명에 대한 긍정과 사랑을 통해서만 비로소 자신의 고유한 창조성을 발휘하게 된다. 이 고유한 창조성은 새로운 삶의 근원적 에너지가 된다.

우리가 우리의 삶 자체, 즉 우리의 운명을 있는 그대로 사랑하는 것은 결코 쉬운 일이 아니다. 쇼펜하우어에게 있어서 우리의 일상 세계가 바로 개체화의 원리가 부여한 인과율에 의해서 지배를 받고 있듯이, 고뇌와 절망과 상처로 부단히 얼룩진 우리의 삶을 있는 그대로 긍정하는 것은 결코 쉬운 일이 아닐 것이다. 푸코가 주목했던 '현대인'이라는 개념을 선취하고 있는 니체의 삶의 조형은 어떻게 인식의 차원과 삶의 차원을 연결하는 끈을 만들 것인가? 이 가능성의 구체적인 모습을 우리는 니체의 《자라투스트라는 이렇게 말했다 – 모든 사람을 위한, 그러면서도 그 누구를 위한 것도 아닌 책Also sprach Zarathustra-Ein Buch für Alle und Keinen》(1883~1885)에서 찾아볼 수 있을 것이다.

자라투스트라의 가르침

인식의 차원과 삶의 차원의 결합 문제가 집중적으로 조명된 것이 바로 니체의 자라투스트라 사상이다. 깨달음 자체도 어렵지만 깨달았다고 해도 이 깨우친 내용들을 전달하는 방법의 문제에 대한 진지한 논의가 자라투스트라Zarathustra, BC 628?~551?에 관한 니체의 이야기 속에 고스란히 담겨 있다. 과연 니체는 무엇을 깨달았을까? 그리하여 무엇을 전하고자 하는가? 우선 니체가 가르치고자 하는 가장 핵심적인 것은 극복인, 즉 원어 표현을 그대로 사용하자면 '위버멘슈Übermensch'이다. 그는 이 개념을 통하여 인간의 현실적인 이상형을 그리고 있다.

> 나는 너희에게 위버멘슈를 가르치노라. 사람은 극복되어야 할 그 무엇이다. 너희들은 너희 자신을 극복하기 위하여 무엇을 했는가?
> 지금까지 존재하는 모든 것들은 그들 자신을 뛰어넘어, 그들 이상의 것을 창조해왔다. 그런데도 너희들은 이 거대한 밀물을 맞이하여 썰물이 되기를, 자신을 극복하기보다는 오히려 짐승으로 되돌아가려 하는가?
> 《자라투스트라는 이렇게 말했다》

니체가 전하고자 하는 '인간은 극복되어야 할 무엇'이라는 말의 의미는 무엇일까? 과연 인간에게 극복의 대상은 무엇인가? 무엇을 극복하라는 말인가? 왜 인간은 자신을 극복해야 한다는 말인가? 이 부분에 대한 답을 니체의 글을 통하여 살펴보자.

> 사람에게 원숭이는 무엇인가? 일종의 웃음거리 아니면 일종의 견디기 힘든 부끄러움이 아닌가? 위버멘슈에 대해서는 사람이 그렇다. 일종의 웃음거리 또는 견디기 힘든 부끄러움일 뿐이다.
> 《자라투스트라는 이렇게 말했다》

일상에서 우리는 우리 자신을 완결된 것으로 생각한다. 인간은 더 진화될 것도 더 퇴화될 것도 없다. 인간은 인간으로 태어나 인간으로 죽는다. 이것이 과학이 준 우리 인간에 대한 상식이다. 그러나 니체는 인간이 육체적으로 주어진 그 자신 안에서 얼마나 다양한 진화와 퇴화를 오가고 있는지에 주목한다. 그는 '외적으로 인간처럼 생겼다고 모두 인간인 것은 아니다'라는 말을 하고 있는 것이다.

지금 주어져 있는 인간이란 그 자체로 완결된 것이 아니라 부단히 극복되어야 할 어떤 것이다. 그리고 이와 같은 극복의 과정을 비유적으로 원숭이, 사람, 위버멘슈의 개념을 통해서 변별적으로 파악하고 있다. 사람이 원숭이를 불완전한 것으로 여기듯 사람 또한 누구에겐가 불완전한 존재로 보일 수 있다. 그리고 그 불완전성으로 인하여 웃음거리가 되고 부끄러운 것이 될 수 있다. 자부심이 넘치는 인간의 자기 이해에 쐐기를 박는 니체의 이 비유적인 표현은 인간에게 무엇을 새롭게 말하기 위함일까?

니체는 인간이 지니는 인간 안의 원숭이의 어리석음에 해당하는 것을 다음과 같은 위버멘슈의 가르침을 통해서 구체화하고 있다.

> 보라, 나는 너희들에게 위버멘슈를 가르치노라!
> 위버멘슈가 대지의 뜻이다. 너희들의 의지로 하여금 말하게 하라. 위버멘슈가 이 대지의 뜻이 되어야 한다고!
> 나의 형제들이여, 맹세코 이 대지에 충실하라. 하늘나라에 대하여 희망을 설교하는 자들을 믿지 말라! 그들은 그들 스스로가 알든 모르든 독을 탄 사람들에게 화를 입히는 자들이다.
> 그들은 생명을 경멸하는 자들이요, 소멸해가고 있는 자들이며

독에 중독된 자들로서 이 대지는 이런 자들에 지쳐 있다. 그러니 하늘나라로 떠나도록 그들을 버려두라!

《자라투스트라는 이렇게 말했다》

니체는 위버멘슈의 가르침을 통해서 인간이 취해야 할 것이 무엇이고 경계하고 버려야 할 것이 무엇인지에 관하여 쓰고 있다. 이 대목은 니체와 쇼펜하우어의 사상적 차이점을 잘 드러내고 있다. '대지'와 '의지'는 위버멘슈의 핵심 개념에 해당한다. 쇼펜하우어는 인간 속의 대지에 대한 위험과 두려움을 보고 의지의 부정을 통해서 이를 해소하려고 했다. 이와 대조적으로 니체는 위버멘슈가 추구하고 회복해야 할 것으로 대지 개념을 강조하고 이와 같은 '대지'에의 충실이라는 수사적인 표현을 '의지'로 하여금 말하게 하는 것임을 제시하고 있다. 이것은 쇼펜하우어와의 차이가 극대화되는 지점이다. 쇼펜하우어가 강한 의지를 문제로 삼았다면, 니체에 있어서는 의지의 약화가 인간의 삶의 데카당스나 허무주의의 원인이자 결과로 진단되는 것이다. 따라서 문제의 원인에 대한 전혀 다른 인식은 문제의 해결 방법에 있어서 또한 극적인 차이를 만든다.

따라서 미래의 인간인 위버멘슈의 가르침은 바로 하늘이 아니라 대지의 뜻에 충실할 것과 생각이 아니라 의지로 하여금 말하게 할 것을 요구하는 것이다. 이와 같은 니체의 사유는 인간에 대한 가치 평가의 전복을 의미한다. 기존의 형이상학적 전통에서 강조되었던 이성에 대한 긍정이나 의지에 대한 부정적 평가를 전복함으로써 니체는 인간의 삶에 있어서 의지의 새로운 위상을 정립하고 있다. 이와 같은 평가의 근저에는 인간에 있어서 자연스러운 것들을 있는 그대로 긍정하는 존재에 대한 긍정이 자리하고 있다. 이는 있는 것, 즉 운명을 부정하던 기존의 형이상학적 인간관의 전복이다.

인간이 대지에 충실하여 의지로 하여금 말하게 하는 것은 하늘에 대한 충실이나 이성으로 하여금 말하게 하는 오래된 에토스를 전복하는 것이다. 우리 인간은 과연 이와 같은 전복과 관련하여 어느 지점에 서 있는가? 자, 다시 니체의 이야기를 따라가보자.

> 사람은 짐승과 위버멘슈 사이를 잇는 밧줄, 하나의 심연 위에 걸쳐 있는 하나의 밧줄이다.
> 저편으로 건너가는 것도 위험하고, 건너가는 과정, 뒤돌아보는 것, 벌벌 떨고 있는 것도 위험하며 멈춰 서 있는 것도 위험하다.
> 사람에게 위대한 것이 있다면, 그것은 그가 목적이 아니라 하나의 교량이라는 점이다.
> 사람에게 사랑받아 마땅한 것이 있다면, 그것은 그가 하나의 과정이요, 몰락이라는 점이다. 《자라투스트라는 이렇게 말했다》

인간의 현재 위치를 말하기 전에 니체는 인간 자체가 그 위치 자체임을 말하고 있다. 즉 인간은 밧줄 위에 어디엔가 있는 존재가 아니라 바로 그 밧줄 자체라는 것이다. 그것도 바로 짐승과 위버멘슈를 잇는 밧줄이다. 그는 또한 밧줄일 뿐만 아니라 그 밧줄 위를 걸어가는 자이다. 그것도 심연 위에 드리운 밧줄이자 그 밧줄 위를 걷는 자이다. 그러나 인간이 위대한 것은 인간이 이미 위대하기에 위대한 것이 아니다. 단지 인간이 위대함으로 가는 밧줄 그 자체이자 바로 그 밧줄 위를 걷는 자이기에 인간은 위대한 자이다. 만일 인간 안에 있는 원숭이가 단지 원숭이로 그리고 위버멘슈가 위버멘슈로 존재할 뿐이라면, 존재는 그 시작부터 끝까지 고정되어 있어서 밧줄도 필요 없고 밧줄 위를 걸을 일도 없을 것이다. 그렇다면 인간은 결코 위대하지도 않고 위대해질 일도 없다. 그 이유는 위대함이란 '시도'에 있기 때문이다.

이 시도는 결코 완전할 수 없다. 모든 시도는 과정이자 기존의 것에 대한 몰락이기에 이미 새로움에 대한 도전이다. 그리고 새로움에 대한 도전은 이미 기존의 것과의 대결의 시도이다. 그리고 이 기존의 것은 그 자신을 이루고 있는 것인 까닭에 기존의 것과 대결한다는 것은 바로 자기 자신을 부정하는 것이다. 그와 동시에 자기 자신 속에 아직 존재하지 않는 새로운 것에 대한 시도이다. 즉 이 시도는 하나의 과정이자 몰락이다. 새로움은 기존의 것의 몰락을 전제한다. 그리고 이때 몰락을 가능하게 하는 것이자 몰락을 통하여 획득하는 것은 하늘을 위하여 봉사하는 대신 대지에 봉사하는 것, 대지에 헌신하는 것이다. 기존 관점의 몰락을 통하여 새로운 관점으로 이행해가는 것이 바로 몰락이다. 따라서 몰락은 곧 새로운 시작, 즉 부단히 이행해가는 극복인으로서 위버멘슈의 첫걸음이다.

최후의 인간 vs. 위버멘슈

현대인을 상징하는 용어가 바로 군중이다. 군중이란 바로 최후의 인간을 꿈꾸는 자들이다. 최후의 인간이란 위버멘슈의 대척점에 있는 자로서 자이기에 자신을 경멸할 줄 모르는 자이다. 그리하여 경멸스럽기 짝이 없는 자이자 자신이 서 있는 곳이 마지막 지점이 된 자가 바로 최후의 인간이다. 이들은 결코 몰락하는 자도 경멸하는 자도 아니다. 경멸하는 자는 자신을 목적이 아니라 교량으로 보는 까닭에 자신의 새로운 목표를 세우고 몰락의 과정 속에서 자신이 지닌 최고의 희망의 싹을 틔우는 자이다. 그러나 "사랑이란 무엇인가? 창조란 무엇인가? 동경이란 무엇인가?"라고 묻는 최후의 인간은 "우리는 행복을 찾았다"고 말하고 눈을 깜빡이는 자이다. 따라서 최후의 인간은 더 이상 추구할

뢰켄Röcken에 있는 니체의 모조 묘지의 니체 기념 조각상들

것이 없는 인간이다. 니체는 최후의 인간의 위험을 진단하고 최후의 인간의 대안으로서 위버멘슈를 제안한다.

그렇다면 최후의 인간이 찾은 행복은 무엇일까? 니체에 따르면, 그들은 살기 힘든 지역을 개척하려 하기보다는 버리고 떠나는 자이다. 병에 걸리는 것도 의심을 품는 일조차도 죄스러운 것으로 여긴다. 그들은 불면을 잠재우기 위하여 때로 얼마간의 독의 힘을 빌리며 단꿈이 아니라 편안한 죽음에 이르기 위하여 끝내 많은 독을 마시는 자이다. 이들은 불편함을 견딜 수 없는 자들이다. 그들은 또한 그들의 건강에 지나치게 과민한 자들이다. 그들은 단지 소일거리를 위하여 일을 할 뿐이며, 이것도 단지 몸을 해치지 않을 정도에 한하여 조심하여 한다. 그들은 가난을 원하지 않지만 그렇다고 부도 원하지 않는다. 그 까닭은 그것이 단지 귀찮은 일이기 때문이다. 그들은 귀찮고 힘든 일을 기피한다. 그야말로 '귀찮아 증후군'에 시달리는 자들이다. 그들은 총명하여 모든 일들을 알기에 그들의 조소는 끝없이 가능하다. 그들은 다투지만 위장이 상하지 않을 정도로만 조심하여 다툰다. 이들의 일상 역시 낮에는 낮대로, 밤에는 밤대로 조촐한 쾌락을 즐기나 항상 건강을 해치지 않을 범위를 고려한다.

최후의 인간에 대한 니체의 묘사는 현대인들의 모습과 너무나 닮아 있다. 현대인은 이미 최후의 인간이 된 것이다. 이미 도달한 자, 목적에 도달한 자, 그리하여 더 이상 미지의 지평선을 동경하지 않는 현대인의 숨은 얼굴이다. 그리하여 한 발자국도 더 나아갈 곳이 없는 자이다. 따라서 어떠한 밧줄도 아닌 자이자 과정도 몰락도 없는 자이다. 그리하여 마지막 지점에 있는 자이다.

자라투스트라가 군중들에게 위버멘슈를 권하지만 군중들은 최후의 인간을 요구한다. 군중들은 다음과 같이 외친다.

> 오, 자라투스트라여! 우리에게 그 최후의 인간을 달라. 우리로 하여금 그 최후의 인간이 되도록 하라! 그러면 우리가 그대에게 위버멘슈를 선사하겠다! 《자라투스트라는 이렇게 말했다》

자라투스트라는 군중들이 얼음처럼 차갑게 웃으면서 그를 미워하고 있음을 감지한다. 이때 그는 하늘에서 울려오는 날카로운 새 울음소리를 듣는다. 하늘에서 자라투스트라를 지켜보고 있는 시선이 있었으니, 바로 자라투스트라의 동물인 독수리 한 마리가 커다란 원을 그리며 하늘을 날고 있다. 그리고 그 독수리의 목에 뱀 한 마리가 의지하듯 매달려 있다. 이 태양 아래서 가장 긍지가 높은 짐승인 독수리와 이 태양 아래서 가장 영리한 뱀이 원을 그리며 하늘을 돌고 있다는 것이 의미한 바는 무엇인가? 그것은 바로 영겁 회귀, '동일한 것의 영겁 회귀$^{die\ ewige\ Wiederkehr\ des\ Gleichen}$'를 상징한다.

이 자라투스트라의 짐승들은 자라투스트라가 영겁 회귀를 어떻게 견디고 있는지를 알고자 하는 것이다. 영겁 회귀의 고통 속에서 자라투스트라가 아직 살아남아 있는지를 알아보기 위하여 하늘을 날고 있는 것이다. 자라투스트라 또한 자신이 진정 아직 살아 있는지를 묻는다. 그리고 사람들과 함께 있는 것이 짐승들과 함께 있는 것보다 더 위험한 것임을 깨닫는다. 자라투스트라는 위험한 길을 걷고 있는 것이다. 그리고 이 위험한 길

고대인들이 태양의 상징으로 여겼던 독수리와 어둠과 혼돈의 상징으로 여겼던 뱀을 니체는 긍지와 영리함의 짐승으로서 묘사하고 나아가 서로 투쟁적인 관계가 아니라 상호 협력적인 관계로 그려내고 있다.

에서 그의 짐승들이 그를 인도해주기를 원한다. 즉 자라투스트라가 지니고 있는 긍지와 영리함이 그를 인도하기를 원한다. 그러나 그는 우려한다. 그의 영리함이 그를 떠나버릴 것 같은 불길한 예감을 느낀다. 그리하여 간절히 바라건대 그의 긍지가 영리함을, 즉 목에 감겨 있는 뱀을 잃지 않기를 염원한다. 그러나 그는 뱀이 달아나면 독수리도 함께 날아가버리길 소망한다. 자라투스트라는 긍지 없는 뱀이나 영리함 없는 독수리가 얼마나 덧없는 것인지를 알고 있는 것이다. 이와 같은 회의와 통탄 속에 자라투스트라는 몰락해간다. 과연 그는 자신의 몰락을 통하여 비약할 것인가 아니면 추락할 것인가? 인간 속에 이와 같은 변화를 우리는 어떻게 이해할 수 있는가? 인간의 다양한 정신의 모습에 대한 니체의 비유적 통찰력이 정신의 3단계 변화상 속에서 구체화된다.

정신의 3단계 변화

최후의 인간에게는 어떤 근본적인 변화도 존재하지 않는다. 그의 정신은 이미 안전하다고 생각되는 그 단계에 못 박혀 있다. 그러나 위버멘슈, 즉 극복인으로서 인간은 자신과 세계의 만남 속에서 새로운 변화의 계기들을 발견한다. 그는 부단히 이행해 가는 열린 존재로서 삶을 살아간다. 그것은 익숙해진 것으로부터 벗어나는 과정이기에 고통스러운 과정이다. 또 비록 익숙한 것일지라도 그것이 존재를 병들게 할 경우에는 과감하게 그 병으로부터 자기를 치유하는 과정이기에 고통을 극복하는 과정이다. 그렇다면 우리는 지금까지 어떤 삶을 살아왔고 이와 같은 삶은 어떤 변화에 직면할 것인가?

니체는 삶이 여러 가지 변화에 직면하여 인간의 정신이 겪게 되는 변화상을 낙타, 사자, 어린이, 이 세 가지로 구분한다. 그리고 이 세 가지 상을 통하여 정신이 어떻게 낙타가 되고, 낙타가 사자가 되고, 사자가 마침내 어린아이가 되는지를 제시한다.

(1) 낙타의 단계

니체에게 있어서 낙타는 정신의 강인함을 나타낸다. 강인한 정신은 자신의 강인함으로 무거운 짐을 진다. 그리하여 낙타로의 변화를 겪는다. 낙타는 무거운 짐에 대한 공경과 두려워하는 마음을 지니고 있기에 짐이 아무리 무거워도 그것을 견딘다. 억센 정신의 낙타는 무릎을 꿇고 짐이 가득 실리길 기다리며 질 수 있는 모든 짐들에 도전한다. 모든 시련에 도전한다. 그는 견디

는 힘을 통하여 더없이 무거운 짐에
도 도전한다. 그는 신, 도덕 법칙, 내
세의 가치들이라는 짐을 자신의 등
위에 싣게 한다. 짐을 넉넉히 질 수
있는 정신은 이처럼 더없이 무거운
짐 모두를 짊어진다. 그리고 그는 마치 낙타처럼 그 자신의 사
막으로 달려간다. 외롭기 짝이 없는 사막에서 두 번째 변화가
일어난다.

 왜 낙타는 사막으로 달려간 것일까? 사막은 짐을 진 낙타의 마
음을 나타내는 것일까? 무엇이 낙타로 하여금 사막으로 가게 한
것일까? 형이상학적 신념에 사로잡힌 사막과 같은 세계에서는
낙타를 신봉하기 마련이다. 그곳에서는 낙타의 덕을 높이 평가
하고 모든 사람들이 낙타의 미덕을 가질 것을 강력히 추천한다.
때문에 낙타는 그 시대의 영웅과 같은 존재이다. 그러나 무거운
짐이 주는 고통을 견딜 수 있는 자, 그리하여 그 시대로부터 존
경을 받는 자인 낙타가 왜 사막으로 달려간 것일까? 등에 실려
진 짐 때문에 육체적으로 고단하지만 그 시대가 부여한 수많은
찬사들은 그 고통을 망각하게 할 만큼 강하지 않던가?

 그런데 왜 정신은 외롭기 짝이 없는 사막으로 달려간 것일까?
이 부분에 대해서 니체는 침묵한다. 다만 행간 속에서 대답을 모
색해본다면 그것은 어쩌면 낙타가 던졌던 질문에 대한 대답의 과
정 속에서 무엇인가 내적인 변화가 일어난 것이라고 볼 수 있다.
많은 짐을 질 수 있는 정신은 다음과 같이 묻는다.

너희 영웅들이여, 내가 그것을 등에 짊으로써 나의 강인함을 확인하고, 그 때문에 기뻐할 수 있는, 더없이 무거운 짐은 무엇인가?

《자라투스트라는 이렇게 말했다》

우선 정신은 자신의 강인함을 확인하고 싶어 한다. 그러나 정신은 이와 같은 확인에서 그치는 것이 아니라 그것으로 말미암아 기뻐할 수 있기를 바란다. 그래서 먼저 자기 자신의 강인함을 확인하기 위한 목록을 열거해본다. 자, 목록을 보자. 자신의 오만함에 상처를 주기 위하여 자신을 낮추기, 자신의 지혜를 비웃기 위하여 오히려 자신의 어리석음을 드러내기, 도모한 일이 잘 되었을 때 오히려 그 일에서 손을 떼기, 유혹하는 자를 오히려 유혹하기 위하여 높은 산에 오르기, 진리를 위하여 영혼의 굶주림을 참고 견디기 등을 살펴본다.

과연 저런 질문을 던지면서 정신 안에서는 어떤 대답과 변화가 일어난 것일까? 니체가 보기에 그것은 자기 학대일 뿐이다. 정신이 진정 자신의 강인함을 확인하기 위하여 행한 그러한 일로 기뻐할 수 있을 것인가?

인간에게 부과된 온갖 의무들, 그리고 그 의무들 중에 가장 무거운 것을 감내함으로써 정신이 자신의 위대함을 확인하고자 한다면, 정신은 운명적으로 그 과정에서 이미 가장 외로운 존재가 될 수밖에 없다. 왜냐하면 인간의 삶은 고행을 위하여 존재하는 것이 아니기 때문이다. 주어진 고행만으로도 벅찬 삶, 그리하여 실레노스가 차라리 태어나지 않는 것이 최상이라고 한 그 혹독한 삶에 자처하여 짐을 더 올려놓는다면, 정신은 결코 건강할 수 없다. 그리고 이와 같은 일을 정신에게 하도록 부추기는 시대는 건강한 시대가 아니라 데카당스 시대일 것이다.

그럼에도 그 시대가, 또 그 시대의 정신이 그와 같은 일을 도모한다면 그 결과는 자명하다. 그는 곧 그 고독한 사막에서 자신의 지금까지 삶의 가치와 의의를 자문하게 될 것이다. 그리고 그 가치와 의의의 중심에 삶의 건강을 둘 것이다. 그리하여 자신의 삶의 건강에 반하는 짐들을 기꺼이 내려놓고자 할 것이다. 자신의 짐의 가치에 대한 검토가 바로 정신의 두 번째 변화를 불러온다.

(2) 사자의 단계

이제 정신은 낙타에서 사자로 변화한다. 사자가 된 정신은 더 이상 짐을 지고 가는 것으로 만족하지 않는다. 그가 질 짐을 스스로 결정하고자 한다. 그리고 짐을 질 것인지 지지 않을  것인지도 선택하고자 한다. 하고자 하는 것을 하기 위하여 그에게 필요한 것은 자유이다. 그는 자유를 통하여 비로소 복종하는 자가 아니라 주인이 되고자 한다. 그가 주인이 되고자 하는 대상은 세상이 아니라 그 자신이다. 지금까지 자신을 지배해왔던 주인으로부터 자유를 쟁취하여 자신이 자신의 주인이고자 한다. 따라서 여기서 그는 지금까지 자신의 주인이었던 자, 즉 마지막 주인을 찾는다. 그것은 신이다.

정신은 자신의 마지막 주인인 신에게 대적한다. 그러나 이 대적을 승리로 이끌기 위해서 거쳐야 할 관문이 바로 그의 신을 지키고 있는 거대한 용과의 일전이다. 그렇다면 정신이 더 이상 그의 주인이라고 부르려 하지 않는 그 거대한 용의 정체는 무엇인가? 그 거대한 용의 이름은 '너는 마땅히 해야 한다'이다. 그것은 용을 지탱하고 있는 황금의 비늘들이다. 용의 몸에는 천 년이나 나이 먹은 가치의 비늘들이 번쩍인다. 용은 정신이 무엇을 원하는지를 묻지 않는다. 그 대신이 정신이 무엇을 해야만 하는지를 명령한다. 용의 위용은 지금까지 정신으로 하여금 그 가치들을 묵묵히 따르는 낙타가 되기를 명했다. 그리고 그 가치 목록들은 정신을 낙타로 만들기 위한 목록들이었다. 그러나 이제 사자가 된 낙타는 과감하게 그 가치들에 저항한다.

사자의 정신은 용에 대항하여 "나는 하고자 한다"고 말한다. 즉 해야 할 것이 아니라 자신이 하고자 하는 일을 할 것임을 주장한다. 사자에 대항하여 천년의 비늘로 뒤덮인 용은 다음과 같이 선포한다.

> 모든 가치는 이미 창조되었고, 이 창조된 일체의 가치, 내가 바로 그것이다. 따라서 '나는 하고자 한다'는 요구는 더 이상 용납될 수 없다. 《자라투스트라는 이렇게 말했다》

사자가 자유를 쟁취하기 위해서는 용과의 일전은 불가피한 일이다. 왜냐하면 용은 결코 정신으로 하여금 자신이 원하는 것을 하도록 허용하지 않을 것이기 때문이다. 용은 모든 정신에게 자신의 가치의 목록이 지켜질 것을 요구하며, 그렇지 않을 경우, 용이 지니고 있는 괴력으로 정신을 위협하여 복종을 명할 것이다. 만일 그렇게 된다면 정신은 다시 낙타의 삶을 살아야 한다. 낙타로서의 삶으로부터 정신이 자유로워지기 위하여 꼭 필요한 것이 자유이다. 자유는 천년의 가치의 목록들에서 자유롭게 새로운 가치를 창조하기 위한 전제 조건이다. 사자의 일은 가치의 서판에 새로운 가치를 새기는 것이 아니라 그것에 새로운 가치를 새기기 위한 자유를 쟁취하는 일이다. 이것은 일종의 약탈일 수밖에 없다. 따라서 이것은 약탈하는 짐승에 의해서만 가능하다. 용 자체가 괴력을 통하여 정신을 협박하고 있는 상황이기 때문에 인간이 자유를 얻기 위해서는 불가피하게 약탈이 필요하다. 그리고 이와 같은 일을 수행할 수 있는 존재가 바로 사자이다.

(3) 어린아이로의 변화

그러나 정신은 사자의 단계에서 멈추어서는 안 된다. 사자는 단지 자유를 쟁취하는 자이다. 자유는 단지 새로운 가치를 창조하기 위한 준비 작업이다. 이 준비 작업이 끝날 때 정신은 사자에서 어린아이로 변화한다.

> 어린아이는 천진난만, 망각, 새로운 시작, 놀이, 스스로의 힘에 의하여 돌아가는 바퀴, 최초의 운동, 거룩한 긍정이다.
> 그렇다. 나의 형제들이여. 창조의 놀이를 위해서는 거룩한 긍정이 필요하다. 정신은 이제 자기 자신의 의지를 요구하며, 세계

를 상실한 자는 자신의 세계를 되찾는다.

《자라투스트라는 이렇게 말했다》

낙타의 긍정이 기존의 질서, 천 년이 된 용의 비늘, 가치들의 목록과 같은 외적인 권위에 대한 긍정이라면, 어린아이의 긍정은 자기 자신의 의지에 대한 긍정이다. 자기의 의지는 천 년이 된 가치의 비늘이 철저히 금기시해왔던 것이다. 그러나 비록 낙타인 사자로서 정신이 자신 속에 각인되었던 저 천년의 가치 서판으로부터 자유로울 권리는 갖게 되었지만, 어떻게 그것으로부터 자유로워질 수 있는가? 용의 죽음으로 인하여 용으로부터는 자유로워졌으나 정신 속에 각인되어 있는 용의 서판으로부터 자유로워진 것은 아니다. 이미 피와 살이 되어버린 용의 가치 목록으로부터 자유로워질 수 있는 방법은 무엇인가? 이 방법과 이것의 결실이 바로 어린아이라는 니체의 비유 속에서 드러난다. 그리고 이 비유를 가장 잘 풀어놓은 두 개념이 바로 '동일한 것의 영겁 회귀'와 '운명애'이다.

동일한 것의 영겁 회귀와 운명애

어린아이는 존재에 대한 긍정의 대명사이다. 니체에 있어서 세계 속에서의 어린아이의 삶은 '긍정', 그것도 '거룩한 긍정' 이외의 다른 것이 아니다. 이때 그것의 긍정이 거룩하기조차 한 이 긍정의 대상은 도대체 무엇인가? 그것은 긍정의 가장 무거운 대상인 동일한 것$^{das\ Gleiche}$이며, 동일한 것의 존재 양식인 반복이며, 이 반복의 시간성인 영원성이다. 이것이 바로 삶의 최고의 정식인 '동일한 것의 영겁 회귀$^{die\ ewige\ Wiederkehr\ des\ Gleichen}$'라는 무서운 사실이자 불가피한 사실이다. 여기서 과연 동일한 것이 뜻하는 것은 무엇이며 그것이 영원히 다시 돌아온다는 영겁 회귀는 무엇을 의미하는가? 그리고 그 사상을 통하여 니체는 무엇을 말하고자 했는가?

우선 동일한 것의 영겁 회귀는 우리가 삶에서 피해 갈 수 없는 절대 정식을 의미한다. 비록 다양한 탈출이 시도되고 있음에도 불구하고, 우리가 거주하는 현실이라는 곳과 이곳에 거주하고 있는 우리 자신의 존재론적 상황은 삶의 변하지 않는 조건이다. 이 조건에 대한 통찰이 비록 삶 자체에 대한 현기증과 구토를 일으킨다고 해도 우리가 삶과 관련하여 일차적으로 직면해야 하는 진리는 바로 동일한 것의 영겁 회귀라는 사실이다. 이 무서운 사실에 직면하여 이 사실을 기꺼이 긍정할 수 있을 때 비로소 우리의 삶은 시작된다.

그러나 비록 영겁 회귀라는 삶의 진실이 인지되었다고 할지라도, 그것에 대한 긍정이 기피되거나 거부된다면 이 영겁 회귀는 인간에게 있어서 존재론적 트라우마에 지나지 않는다. 만일 삶이 달콤한 가상 세계를 위안 삼아 현실의 잔혹함을 견디었다면, 이것을 부정하고 삶의 이 잔혹함을 자인하는 일은 결코 쉬운 일이 아니다. 따라서 영겁 회귀 사상 자체에 대한 인식만으로는 니체에게 있어서 어떠한 의미도 없다. 아니 오히려 그것에 대한 인식이 삶을 위협할 수도 있다. 따라서 인식 중 가장 위험한 인식은 영겁 회귀에 대한 인식일 것이다.

　동일한 것의 영겁 회귀에 대한 인식은 과연 우리의 삶과 어떤 관계를 맺을까? 그것은 파괴적일 수도 있고 창조적일 수도 있다. 그것이 파괴적인 이유는 바로 위에서 말한 삶의 정체와 관련된 군더더기 없는 적나라한 진실성이다. 이 파괴적 가능성의 순간을 니체는 비유적으로 묘사하고 있다. 들판에 잠들어 있는 목동의 입속으로 들어온 검은 뱀의 형상은 바로 동일한 것의 영겁 회귀 사상과 삶이 조우하는 순간을 나타낸다. 그리고 그다음 장면인 검은 뱀에 의해서 목구멍이 꽉 물린 목동의 상황은 영겁 회귀 사상을 알아채버린 순간에 인간이 받는 위험을 의미한다. 영겁 회귀 사상을 의미하는 동시에 영리함을 의미하기도 하는 이 검은 뱀은 영겁 회귀 사상에 대면한 정신의 영리함이 다시 우리를 공격하는 역설적 상황을 잘 묘사하고 있다. 영겁 회귀에 대한 우리의 인식은 오히려 우리를 파괴하는 비극적 상황, 즉 아는 것이 병이 된 상황이다.

　이와는 달리 영겁 회귀에 대한 앎은 창조적일 수 있다. 이 상황을 니체는 뱀과 목동의 조우를 보고 있는 자라투스트라의 등장을 통해서 묘사하고 있다. 이 절체절명의 위기 순간은 어떻게 전개될 것인가? 목동은 검은 뱀에게 물려 죽을 것인가? 목동이 이 위기에서 살아나기 위하여 취할 수 있는 방법은 무엇일까? 니체는 자라투스트라의 충고와 이 충고를 실행하는 데 따르는 어려움에도 이것을 행하는 목동의 용기 속에서 그 해답을 찾는다. 자라투스트라가 고함을 쳐서 목동에게 방법을 알려준다. 그 방법이란 목동의 목을 물고 있는 뱀의 머리를 물어뜯으라는 주문이다. 목동은 이 주문을 실천함으로써 비로소 살아난다.

영겁 회귀 사상 자체, 삶의 무서운 진실은 그것을 아는 것 자체만으로도 인간의 삶에 치명적인 위협일 수 있다. 존재 운동이 영원히 반복된다는 사실을 인식하는 것은 인식으로 끝나는 것이 아니라 존재의 운동 자체에 엄청난 지진을 수반한다. 만일 인간 실존이 어느 날 이 엄청난 사실과 대면한다면, 인간의 삶은 그 순간 몰락할 수도 있다. 그것은 인간의 실존을 송두리째 집어삼킬 수도 있는 진리이다. 영겁 회귀 사상이 이 치명성으로부터 창조성으로 전이되기 위해서는 단순한 영리함이나 앎 이외의 것이 필요하다. 그것이 바로 니체의 운명애 사상이다. 동일한 것의 영원한 회귀라는 무서운 삶의 진실은 운명애를 만났을 때에만 창조적으로 될 수 있다.

그렇다면 이 무서운 영겁 회귀 사상과 운명애의 조우를 암시하는 니체의 묘사를 살펴보자.

> '네가 지금 살고 있고 과거에 살았던 이 삶을 너는 다시 한 번 그리고 수없이 여러 번 살아야만 한다. 거기에는 아무것도 새로운 것이 없을 것이다. …… 저 사유가 너를 엄습한다면, 그것은 현재 있는 너를 변화시킬 것이며 그리고 아마도 분쇄해버릴 것이다. 그리고 모든 일 하나하나에 대하여 던져지는 '너는 이것이 다시 한 번 그리고 수없이 반복되기를 원하는가?'라는 물음은 너의 행위에 최대의 무게로 놓일 것이다. 《즐거운 학문》

영겁 회귀라는 사실에 대한 자각 자체는 인간을 분쇄시키는 대지진이다. 우리의 현재 삶에서 겪는 모든 것들이 앞으로도 그러할 것이라는 점을 우리가 어느 날 불현듯 느꼈을 때, 이 자각은 얼마나 불쾌한 방문자가 될 것인가? 이제 그것이 자각되는 순간부터 우리는 삶의 매 순간에 '너는 이것이 다시 한 번 그리고 수없이 반복되기를 원하는가?'라는 질문에 당면하게 된다. 이 문장에서 특히 주목해야 할 부분은 반복 자체의 사실에 대한 자각을 넘어서 그것을 원하는가의 문제이다.

이 수수께끼 같은 물음을 우리는 '너는 살기를 원하는가?'라는 물음으로 바꾸어 풀어볼 수 있다. '너는 살기를 진정 원하는가?' 동일한 것의 영겁 회귀에도 불구하고 너는 삶을 원하는가? 이것은 이 무서운 운명에 대한 나의 관계 방식에 대한 물음으로서 저 시시포스Sisyphos의 노역을 너는 감내할 수 있느냐는 물음일 뿐만 아니라 그것을 기꺼이 할 수 있느냐의 물음이다. 이제 이 물음은 실존에 대한 협소한 윤리적 책임, 즉 해야만 하니까 해야 하는 윤리적 차원을 넘어서 자신의 운명 자체에 대한 자신의 적극적 긍정을 묻는 존재론적 물음인 것이다.

실존의 치명적인 순간은 늘 영겁 회귀의 자각이라는 대지진과 함께 우리를 엄습한다. 그리고 이 물음에 대한 우리의 대답은 우리 삶의 마침표일 수도 있고 새로운 시작표일 수도 있다. 이러한 맥락에서 보자면 동일한 것의 영겁 회귀에 대한 인식은 바로 실존으로 하여금 완전한 허무주의의 두 양식, 즉 극도의 허무주의와 극단의 허무주의의 맹아를 싹틔운다.

아, 어떻게 나는 나의 삶을 견뎌낼 수 있는가! 어떻게 나는 지금

죽어야 한다는 것을 견뎌낼 수 있는가! 《자라투스트라는 이렇게 말했다》

　자라투스트라가 난장이를 향하여 자신의 심연 사상의 존재에 대해서 이야기하고 그리고 그것을 난장이는 결코 견디지 못함을 이야기할 때, 그 심연 사상은 바로 영겁 회귀이다. 그러나 자라투스트라는 '용기'가 바로 최상의 살해자라고 한다. 무엇의 살해자라는 말인가? 아마도 자라투스트라를 위협하는 그 영겁 회귀라는 유령의 살해자이기를 원했던 것일까? 그러나 그는 이 공격적인 용기를 다음과 같이 표현하고 있다.

　　"그것이 생이었던가? 좋다! 그렇다면 다시 한번"이라고 말함으
　　로써 용기는 죽음을 죽이기까지 한다. 《자라투스트라는 이렇게 말했다》

　이 극단적인 허무주의 앞에서 인간을 지켜주는 것은 바로 운명애의 용기, 즉 그것이 생이라면 내가 생으로서 그것을, 최고의 긍정의 형식으로서 그것을 다시 살 수 있을 긍정이다. 이 순간은 인간 삶의 근원적인 변화의 순간이다. 영겁 회귀에 대한 인식의 공포에서 벗어나 이제 그것을 다시 살 용기, 영겁 회귀를 삶 속에서 살아내고자 결심하는 순간은 바로 거대한 긍정의 시간이다. 영겁 회귀에 대한 최초의 자각이 실존을 그 근원으로부터 위협했다면, 이제 그 영겁 회귀 자체와 삶의 필연적 연관성에 대한 자각은 더 이상 실존을 위협하지 못한다. 오히려 정신은 영겁 회귀를 삶 속에 대담하게 긍정한다. 그리하여 죽음을 선택하는 대신 기꺼이 다시 한번 살고자 한다.

운명애가 지닌 긍정의 또 다른 형식이 바로 어린아이의 거룩한 긍정이다. 목동이 자신의 목으로 기어 들어온 검은 뱀과의 끔찍스러운 사투의 순간에 역겨움과 절망으로 인하여 죽음을 선택하는 대신에, 생성과 삶을 되찾게 되는 것은 저 거룩한 긍정의 힘에 의해서이다. 그러나 영겁 회귀에 대한 인식이 인간의 존재를 그 뿌리부터 뒤흔드는 상황에서 뱀의 머리를 물어뜯음으로써 목동이 획득한 것은 뱀의 위험으로부터 자유만은 아니다. 그는 단지 위험에서 안전해진 것뿐만 아니라 위험 자체의 뿌리를 제거한 것이다. 그는 영겁 회귀와의 고투에서 승리한 것이다. 이제 우리는 두려움에 떨면서 영겁 회귀에 굴종할 일도 없고 그것으로부터 끝없는 도주의 불안에 시달릴 필요도 없다.

이제 목동은 지상의 그 누구도 웃어보지 못한 그러한 웃음을 웃을 수 있게 되었다. 영겁 회귀에 의해서 삶의 불면증에 시달리는 실존이 결코 웃을 수 없었던 그 웃음을 그는 찾은 것이다. 영겁 회귀와의 일전은 바로 자라투스트라의 마지막 과제이자 니체의 마지막 과제였을 것이다. 그리고 그것의 트라우마로부터 자유를 획득하는 것은 바로 그들 사상의 목표 지점이었을 것이다. 인간이 극복되어야 할 무엇이듯이 영겁 회귀 사상 또한 극복되어야 할 그 무엇이다. 그리고 이 극복에 이르는 마지막 비유적 상징이 바로 어린아이이다. 이제 다시 한번 반복하여 니체의 마지막 사상을 들어보자.

> 어린아이는 천진난만, 망각, 새로운 시작, 놀이, 스스로의 힘에 의하여 돌아가는 바퀴, 최초의 운동, 거룩한 긍정이다.

그렇다. 나의 형제들이여. 창조의 놀이를 위해서는 거룩한 긍정이 필요하다. 정신은 이제 자기 자신의 의지를 요구하며, 세계를 상실한 자는 자신의 세계를 되찾는다.

《자라투스트라는 이렇게 말했다》

Arthur Schopenhauer

Chapter 3

🎙 대화

TALKING

Friedrich Nietzsche

🎙 대화

돈 후안의 연인, 쇼펜하우어와 '소크라테스적 대화'를 나누다

▬

때: 가을이 깊어지면서 춘천의 물안개가 자욱한 2010년 10월 말 어느 오후
장소: 강원도 춘천시 교외의 전원적인 분위기가 물씬 풍기는 '쇼펜하우어 철학 상담소'
등장인물: 40대 말의 철학 상담사 쇼펜하우어, 20대 중반의 아름답고 건강하며 사려 깊은 눈을 지니고 있지만 우수에 가득 찬 여성

1

|쇼펜하우어| 안녕하세요. 어떻게 오셨습니까?

|돈 후안의 연인| 안녕하세요. 저는 요즘 강렬한 사랑에 빠져 있습니다. 그리고 이 사랑은 저를 그 어느 때보다도 행복하게 해줍니다. 그러나 언제부터인가 문득문득 알 수 없는 두려움에 빠지고는 합니다. 그래서 저는 이것에 관하여 사랑의 전문가인 선생님과 이야기를 나누고 싶었습니다. 사랑에 대해서 더 잘 알게 된다면 사랑을 더 잘 지켜나갈 수 있을 거라는 생각을 했어요. 그러면 당연히 저의 두려움도 사라질 것이라고 생각했습니다.

|쇼펜하우어| 아, 그러셨군요. 저는 제가 도울 수 있는 만큼 당신을 도울 것입니다. 그러나 저는 단지 돕는 일을 할 뿐입니다. 당신의 두려움의 원인을 찾고, 그 원인을 해결하는 일은 당신 스스로 하셔야 합니다. 그리고 당신은 충분히 그럴 만한 힘을 지니고 계십니다. 우리 함께 노력해보죠.

|돈 후안의 연인| 네, 좋습니다. 그렇게 하고 싶습니다.

|쇼펜하우어| 무엇이 당신을 두렵게 하는 것 같습니까?

|돈 후안의 연인| 글쎄요. 아직 그 원인에 대해서 생각해본 적은 없지만…… 음…… 어쩌면 비록 돈 후안과 제가 지금은 너무 사

랑하고 있다고 할지라도 과연 우리들의 사랑이 얼마나 지속될 수 있을지가 두려운 것 같아요. 음, 그리고 어쩌면 더 두려운 것은 이별 뒤에 닥칠 상상할 수도 없는 상실감과 고통 때문에 두려운 것 같아요.

| 쇼펜하우어 | 자, 그러면 우리 함께 시작해볼까요? 당신은 미래를 두려워하고 있는 것 같습니다. 현재와는 다른 미래를 두려워하고 계시는 것 같아요. 그리고 현재의 상태를 유지하고 싶어 하시고요.

| 돈 후안의 연인 | 네, 그렇습니다.

| 쇼펜하우어 | 그렇다면 당신은 또한 당신의 과거로도 돌아가고 싶지 않으신 것이겠지요?

| 돈 후안의 연인 | 네, 그런 것 같습니다. 사실 돌이켜보니 저는 과거의 삶으로 돌아가는 것을 두려워하는 것 같아요. 저는 어쩌면 만성적 권태주의자였던 것 같아요. 그 당시에는 그것을 몰랐던 것 같아요. 지금 생각해보니 그때는 그것을 당연하다고 생각하며 살았던 것 같아요.

| 쇼펜하우어 | 그때를 한번 생각해보시겠어요?

| 돈 후안의 연인 | 아, 그때 저의 삶은 별 감각이 없었던 것 같아요.

별 기쁨도 없고 그렇다고 별 슬픔도 없었어요. 무감각하게 일상을 살았습니다. 사실 저는 행복한 것보다도 불행하지 않은 것, 기쁜 것보다는 오히려 슬프지 않은 것이 더 중요하다고 생각한 것 같아요. 세상은 고통스러운 것이므로 행복하지 않더라도 적어도 고통스럽지만 않으면 그것으로 족하다고 생각했던 것 같아요.

|쇼펜하우어| 그렇다면 지금은 어떠신지요?

|돈 후안의 연인| 그런데 저는 돈 후안을 만나면서부터 낙관주의자가 되었어요. 사는 것이 너무 즐거워요. 이제는 고통스럽지 않은 것보다 훨씬 좋은 것이 제게도 찾아왔어요. 저는 사실 고통스럽지 않으려고, 불행해지지 않으려고 늘 무의식적으로 저의 감수성을 마비시켜왔어요. 그러나 돈 후안을 만나서 저는 자연의 아름다움과 삶의 생동감과 예술이 선물한 풍부한 감수성을 느낄 수 있게 되었어요. 그것은 돈 후안도 마찬가지였어요. 과거에는 공부와 성적 그리고 그 후에는 일과 경력에 자신의 삶을 다 바쳤던 그의 삶도 우리의 사랑을 통해서 비로소 삶의 진정한 느낌을 찾을 수 있게 되었어요. 우리는 더 이상 흑백 TV가 아니라 총천연색의 컬러 TV 속에 살고 있어요. 이 행복은 마치 꿈같아서 어느 순간 갑자기 이 꿈에서 깨어나버릴 것 같아요. 그러나 저는 이 꿈에서 깨어나고 싶지 않아요.

|쇼펜하우어| 당신은 다시 무감각주의자나 염세주의자로 돌아가고

싶지 않은 것이군요. 당신의 일상이었던 염세적 삶이 보여준 암울함이나 시큰둥함이 그와의 사랑의 힘을 통해서 완전히 핑크빛으로 바뀌었군요.

| 돈 후안의 연인 | 네, 정말 그렇습니다.

2

| 쇼펜하우어 | 어느새 당신은 미래에 닥칠지도 모르는 어떤 불행이나 고통이 현재의 행복과 기쁨을 위협하는 것을 느꼈군요? 자, 그렇다면 그 불안은 모든 연인들의 불안에 속하는 것일까요? 아니면 당신만의 것일까요?

| 돈 후안의 연인 | 아마 저만의 것인 것 같아요. 왜냐하면 돈 후안은 정말 멋진 남자예요. 제 친구들이 늘 저를 부러워하고는 해요. 하지만 저는 사람들이 저를 부러워하는 만큼 더 행복하지만 동시에 그만큼 더 불안해요. 그가 너무 귀한 것을 가지고 있어서 그와 함께하는 것이 자랑스럽고 행복하지만 다른 한편으로는 누군가가 그것을 빼앗아 갈 것 같은 두려움에 빠지는 것 같아요. 맞아요. 그래서 그렇게 두려웠던 것 같아요. 아, 쇼펜하우어 선생님과 대화를 나누다 보니 제가 이전에 생각하지 못했던 것들을 생각하게 되는군요. 참, 신기합니다. 저의 막연했던 두려움이 이제 조금씩 정체를 드러내는 것 같아요. 저는 그것을 조금 더

자세히 보고 싶어지는군요.

|쇼펜하우어| 당신의 두려움의 원인을 당신 스스로 서서히 찾아가고 있는 모습이 참 놀랍습니다. 자, 그렇다면 조금 더 생각을 진척시켜보도록 할까요? 당신이 두려워하는 것은 돈 후안을 잃는 것일까요? 아니면 사랑을 잃는 것일까요? 무엇인 것 같습니까? 당신의 마음속을 들여다보는 것은 당신이 당면한 문제의 진정한 원인을 찾는 데 큰 도움을 줄 수 있을 것입니다. 쉽지 않겠지만 다시 한번 시도해보시겠습니까?

|돈 후안의 연인| 음……. 뭔가 잡힐 듯하면서도 잘 잡히질 않는군요. 음, 어쩌면 돈 후안을 잃는 것을 두려워하는 것 같아요.

|쇼펜하우어| 잃는 것을 당신이 두려워하는 이유는 무엇일까요?

|돈 후안의 연인| 그가 저를 더 이상 사랑하지 않게 되는 것이 두려운 것 같아요. 그렇게 되면 저는 엄청난 상처를 받을 것입니다. 그리고 그 상처는 저의 삶을 고통으로 몰아넣을 것 같아요. 저는 그것이 두렵습니다.

|쇼펜하우어| 그렇다면 반대의 경우를 한번 생각해볼 수도 있을 것 같습니다. 돈 후안이 영원히 당신만을 사랑하고, 당신의 곁에 머문다면 당신은 영원히 행복할 것이라고 생각합니까?

| 돈 후안의 연인 | 음, 당연히 지금으로서는 그러리라고 믿습니다. 하지만 왠지 현실적으로 보자면 영원히 사랑한다는 것도 너무 이상적인 바람인 것 같은 생각이 드는군요.

| 쇼펜하우어 | 그렇다면 당신은 어떤가요? 돈 후안에 대한 당신의 사랑은 영원할 것 같습니까? 그리고 당신이 돈 후안을 영원히 사랑한다면 그가 영원히 행복할까요?

| 돈 후안의 연인 | 돈 후안이 저를 영원히 사랑하는 것도 가능하지 않겠지만 제가 그를 영원히 사랑하는 것도 가능하지만은 않을 것 같아요. 우리의 사랑이란 언젠가는 변하게 마련이겠지요. 모든 존재는 변할 수 있기에 우리의 사랑도 변할 수밖에 없을 것 같아요.

| 쇼펜하우어 | 변하는 순간이 동시에 오면 좋겠지만 그것은 사실 불가능한 것이겠죠? 그렇다면 당신이든 돈 후안이든 두 분이 사람인 이상 두 분 중 누군가의 사랑이 먼저 변할 것입니다. 그리고 그것에 대하여 누군가는 고통스러워하지 않겠습니까?

| 돈 후안의 연인 | 언젠가 그런 날이 올 것은 우리들이 피할 수 없는 현실인 것 같습니다.

| 쇼펜하우어 | 당신은 당신의 문제를 보는 것을 두려워하지 않는군요. 헤어져서 불행해하는 것은 인간의 운명입니다. 그러나 우리

는 자연이 우리에게 선물한 다른 면 또한 잊어서는 안 될 것 같습니다.

|돈 후안의 연인| 아, 지금의 저희들의 행복 말씀이시군요.

|쇼펜하우어| 네, 정확히 맞습니다. 불행과 마찬가지로 행복 또한 누구도 피하기 어려운 것이겠지요. 우리는 어떤 때는 행복만 생각하여 그 행복을 너무 빨리 보내버리게 되고, 어떤 때는 불행만 생각하여 오는 행복도 되돌려 보내버리는 경우들이 많습니다. 헤어짐을 두려워하는 사람은 만남을 두려워합니다. 이별의 고통을 너무 두려워하게 되면 만남의 기쁨까지도 포기하면서 헤어짐의 고통으로부터 벗어나려고 하겠지요. 당신이라면 어떤 선택을 하시겠습니까?

|돈 후안의 연인| 저는 차라리 헤어짐의 고통이 있더라도 만남의 기쁨을 포기하고 싶지는 않습니다.

|쇼펜하우어| 아직도 당신은 견디기 힘들 정도로 두 분의 사랑이 두려우신가요?

|돈 후안의 연인| 아니요. 여전히 두렵기는 하지만 견디지 못할 정도는 아닌 것 같아요. 그리고 그러한 두려움 자체가 그렇게 두렵게만 느껴지지 않는 것 같아요.

3

| 돈 후안의 연인 | 하지만 의문이 하나 들어요. 인간이 사랑을 하는 것도 그리고 이별을 하는 것도 인간으로서는 피할 수 없는 어떤 것이기만 할까요?

| 쇼펜하우어 | 글쎄요. 당신이 보시기에는 어떻습니까? 저로서는 우리가 사랑을 하는 것도 이별을 하는 것도 운명일 뿐 그 이상도 이하도 아닌 것 같습니다.

| 돈 후안의 연인 | 돈 후안이 저를 더 이상 사랑하지 않는 경우를, 그것의 이유를 생각해볼 수 있을 것 같아요. 저에 대한 사랑이 자연의 이치대로 식어서 그럴 수 있을 것 같아요. 저도 그렇고요. 하지만 우리의 사랑은, 어떻게 보면 본능에 따라 그 욕망의 시간이 지나가면 그것으로 그만일까요? 본능만이 있다면, 연애는 있어도 결혼은 불가능할 것 같아요. 그러나 결혼을 해서 사는 사람들이 연애만 하는 사람들보다 많잖아요. 그리고 연애도 하지 않는 사람들도 있잖아요. 그렇다고 연애를 하는 사람들이 결혼을 하는 사람들보다 늘 더 행복한 것도 아니고, 연애를 하는 사람들이 연애를 하지 않는 사람보다 더 행복하기만 한 것도 아닌 것 같아요. 참 이상하군요. 이런 현상을 어떻게 봐야 할지요?

| 쇼펜하우어 | 당신은 참 흥미로운 사실을 깨달으셨군요. 연애를 하

는 사람, 연애를 하지 않는 사람, 결혼을 하는 사람들이 있네요. 그들 중 어떤 특정한 경우의 사람만이 고통스럽고 다른 경우의 사람들은 행복한 것은 아닌 것 같군요. 그렇다면 연애만이 인간의 행복의 전부는 아닌 것 같습니다. 연애만을 한 돈 후안 유형도 있지만 결혼생활을 한 소크라테스 유형도 있겠네요. 그렇다면 그러한 차이가 어디에서 오는지에 관하여 생각해보는 것도 당신의 물음에 접근하기에 좋은 방법일 것 같습니다. 어떠세요?

돈 후안의 연인 | 그것은 우리가 꼭 본능의 지배하에만 있는 것인지 아니면 그것의 지배로부터 벗어날 수 있는 가능성들이 있는지의 물음과 연결되는 듯해요.

쇼펜하우어 | 훌륭한 깨달음입니다. 정말 훌륭하십니다. 어쩌면 우리의 희로애락은 단지 자연이 부여한 생물학적 본능의 충족 여부에 의해서만 결정되는 것이 아니라 그것 외에 어떤 다른 것이 있을 것 같다는 말씀이시지요?

돈 후안의 연인 | 네, 그렇습니다. 아, 단지 선생님과 대화를 하고 있을 뿐인데, 놀랍게도 제가 이전에는 전혀 생각해본 적도 없는 새로운 것에 대한 생각을 해내고 있습니다. 이 생각이 저를 고통에서 조금씩 자유롭게 해주는 것을 느낍니다.

쇼펜하우어 | 사람의 생각의 진정한 힘이라고 할 수 있는 깨달음은

인간을 고통에서 자유롭게 하는 인간만의 치료제인 것 같습니다.

|돈 후안의 연인| 사랑은 생각의 이전에 왔다가 역시 생각의 이전에 사라져버리니 우리로서는 그것을 어찌할 수 없는 것 같아요. 사랑과 관련된 여러 비극적인 이야기들은 사랑, 성욕, 욕망의 괴력을 충분히 우리에게 입증하고 있잖아요.

|쇼펜하우어| 좋은 생각을 떠올리셨군요. 그렇다면 당신이 행복할 때가 언제인지를 생각해보는 것도 좋은 방법일 것 같습니다. 당신은 사랑에 빠져 있을 때만 행복한가요?

|돈 후안의 연인| 아닌 것 같아요. 네, 분명히 그것은 아니죠. 저는 음악을 듣고 있을 때 행복합니다. 그리고 늦은 가을 조용한 오후 낙엽을 밟으며 산책을 할 때 행복합니다. 부모님께서 행복해하시는 모습을 보고 있을 때 행복합니다. 친구들과 어울려 함께 차를 마시며 수다를 떨 때도 행복합니다. 좋아하는 영화를 동생과 함께 감상할 때도 행복합니다. 쇼펜하우어 선생님, 생각해보니 많은 행복의 순간들을 그냥 스쳐 지나버려 마치 제 삶에는 행복이 없는 듯이 생각했던 것 같아요. 세상이 염세적인 것이 아니라 제가 염세적으로 세상을 본 것 같아요.

4

|쇼펜하우어| 자, 이제 서서히 본래의 문제로 돌아갈 시간이 된 것 같습니다. 당신이 두려운 이유가 무엇이었죠?

|돈 후안의 연인| 돈 후안과의 만남이 준 행복과 달콤함을 잃는 것에 대한 두려움이었어요.

|쇼펜하우어| 그럼 우리 다시 핵심 문제로 돌아가봅시다. 그것이 당신이 풀어야 할 본래의 문제이니 말이에요. 그러고 싶으세요?

|돈 후안의 연인| 네, 정말 그러고 싶어요. 핵심 문제를 풀면 저도 이 고통에서 어떻게 벗어날 수 있는 길을 발견할 수 있을 것 같아요.

|쇼펜하우어| 자, 그럼 물음의 방향을 조금만 바꾸어보도록 하겠습니다. 당신은 돈 후안과의 행복을 잃는 것이 두려운가요, 아니면 행복 자체를 잃는 것이 두려운가요? 당신에게 고통을 주는 그 두려움의 원인이 전자인가 후자인가에 따라서 당신의 문제를 해결하는 방향이 결정될 것 같습니다.

|돈 후안의 연인| 처음에 말씀드렸던 것처럼 저의 삶은 염세적이었어요. 왜냐하면 무감각, 매너리즘, 무취향에 빠져서 저의 삶은 마치 기계 같은 삶이었어요. 그 기계에 생명을 준 것이 바로 돈 후안과의 만남이었어요.

| 쇼펜하우어 | 그렇다면 당신에게 있어서 원점은 행복 그 자체이지만 당신의 삶에서 이 행복은 돈 후안을 통해서 비로소 가능해졌군요. 그렇다면 전자와 후자는 뗄 수 없는 관계가 된 것인가요?

| 돈 후안의 연인 | 네, 그렇습니다. 그러나 그것의 중심에는 행복이 있는 것 같습니다. 결국 저에게 소중한 것은 행복입니다. 그리고 그것은 저의 행복이자 제가 사랑하는 돈 후안의 행복입니다. 그러나 이제 저는 조금 생각이 달라졌음을 느낍니다. 결국은 우리의 행복이 중요하므로 만일 언젠가 우리의 사랑이 우리를 불행하게 한다면, 우리는 그 사랑을 그만둘 줄도 알아야 한다는 것입니다. 그리고 그것은 우리로서는 어쩔 수 없는 것입니다. 오히려 우리의 시간이 중요합니다. 누구도 영원한 사랑을 할 수는 없을 테니까요. 오히려 누군가가 그것을 원한다면 그것 자체가 우리의 시간 속에서의 사랑조차도 파괴할 수 있다는 것을 깨달아야 할 거예요.

| 쇼펜하우어 | 자, 이제 우리는 중요한 지점에 와 있습니다. 당신이 찾고자 한 원점을 찾으신 것이지요?

| 돈 후안의 연인 | 네, 맞습니다. 이제 저는 지금의 사랑을 소중히 하고, 그 사랑을 소중히 간직할 것입니다. 그리고 사랑 이외에도 세상에는 저를 행복하게 하는 것이 많다는 것을 알게 되었습니다. 돈 후안도 마찬가지이겠지요. 누구도 영원한 사랑을 할 수는 없지만 누구나 사랑을 합니다. 그래서 사랑이 소중한 것인 것 같

아요. 그리고 이 사랑을 통해서 우리는 세상을 사랑하는 특별 훈련을 받는 것 같아요.

| 쇼펜하우어 | 당신은 사랑의 이치를 들여다보신 것 같습니다. 그리고 당신은 그 이치를 받아들인 것 같습니다.

| 돈 후안의 연인 | 네, 돈 후안도 저도 인간이기에 누가 먼저든 마음이 변할 수 있으며, 그것은 비정상적인 것도 아니고 비도덕적인 것도 아니고 단지 자연의 이치이므로 가능하면 담담하게 그 사실을 받아들이고 싶어요. 우리는 변하는 인간이기에 지금 너무 미워하는 사람도 언젠가는 사랑할 수 있고 너무 사랑하는 사람도 언젠가는 미워하게 될 수도 있을 것 같아요. 그것을 강제로 제지하려고 하면 할수록 우리의 삶은 고통스러워질 것 같아요.

| 쇼펜하우어 | 당신은 지혜롭고 용감한 분이십니다. 당신은 언제든지 어떤 삶의 장애가 닥쳐도 함께 진솔하게 대화할 수 있는 사람만 있다면 그 장애를 극복할 수 있는 힘이 있습니다. 사실 우리 인간은 누구나 그러한 힘을 지니고 태어났지요. 당신은 그 힘을 잘 활용하고 계십니다.

| 돈 후안의 연인 | 쇼펜하우어 선생님, 세상을 조금 염세적인 관점에서 보는 것이 오히려 세상을 더 낙관적으로 살 수 있는 안전장치를 마련해주는 것 같아요. 선생님이 안내해주신 낙관주의 너머에 있는 우리의 또 다른 모습이 저를 이해하고 돈 후안을 이해하

는 데 많은 도움이 되었어요.

| 쇼펜하우어 | 너무 세상을 합리적인 관점이나 도덕적 관점 혹은 낙관적 관점으로만 보게 되면 세상은 훨씬 염세적으로 변합니다. 염세주의적인 관점에서 보면 세상을 이해하고 보듬기가 훨씬 쉬워질 수도 있습니다. 기대를 너무 많이 하면 실망이 커서 그 실망 때문에 인생이 하루아침에 몰락할 수도 있는데, 그것이 바로 반대 이치 때문이겠지요.

| 돈 후안의 연인 | 아, 이젠 돈 후안과 헤어질 때를 미리 고민하지 말고 함께하는 지금을 마음껏 즐겨야겠어요. 사랑할 때 최선을 다해서 사랑하면 이별도 그만큼 덜 아쉬울 것 같다는 생각이 들어요.

| 쇼펜하우어 | 당신은 당신의 문제에 대해서 생각하는 것을 두려워하지 않음으로써 당신의 핵심 문제를 발견하고, 그 문제를 해결했습니다. 당신은 소크라테스적 대화와 성찰이라는 힘을 통하여 당신의 문제를 스스로 풀고 그것에서 수반되는 고통을 스스로 치유했습니다. 이번 철학 훈련이 당신의 삶에 늘 힘이 되기를 바랍니다.

| 돈 후안의 연인 | 쇼펜하우어 선생님, 선생님의 대화에 정말 감사드립니다. 선생님과의 대화를 통해서 저는 자신의 본래 문제를 발견하고 그것의 근본 원인을 발견했습니다. 이 대화를 통해서 문

제를 해결할 수 있었습니다.

|쇼펜하우어| 안녕히 가십시오, 고뇌의 동료님, 하하하.

|돈 후안의 연인| 안녕히 계세요, 행복의 동료님, 호호호.

Arthur Schopenhauer

Chapter 4

이슈
ISSUE

Friedrich Nietzsche

이슈

고통의 근원을 찾는 이유

고통치료사 쇼펜하우어와 니체의 후예들: 철학상담치료사

불교의 유마^{維摩} 거사의 이야기를 담고 있는 1세기경의 불교 경전 《유마경維摩經》에 보면, 유마라는 거사가 병이 나서 석가모니^{釋迦牟尼}가 병문안 갈 사람을 찾는 대목이 나온다. 그런데 그 쟁쟁한 석가모니의 제자들과 보살들이 유마에게 병문안 가는 것을 꺼린다. 결국 대지혜를 상징하는 문수보살이 병문안을 가게 된다. 병이 든 이유를 묻는 문수보살의 질문에 대하여 유마 거사는 "보살은 본래 병이 없으나 중생이 병들었기 때문에 보살도 병이 든다"라고 대답한다.

이 대목은 자신의 개인적 고통에서 이미 자유로운 이가 타인의 고통을 함께 느끼는 동고^{Mitleid}가 어떤 이치에서 그러한지를 잘 암시하고 있다. 뿐만 아니라 대지혜를 상징하는 문수보살이 지니고 있는 한계, 어쩌면 철학자의 한계 또한 여실히 보여주고 있다. 즉 세상은 병과 고통으로 시달리고 있는데 자신 혼자 경지에 도달하여 홀로 초연하고 평온한 삶을 누리고 있는 자에 대한 날카로운 문제 제기를 담고 있다.

중생이 아파서 자기가 병이 든다는 사실은 바로 유마거사가 중생의 삶과 부단히 소통하는 삶을 살고 있음을 의미한다. 자기의 병의 치료는 바로 중생의 치료를 통해서만이 가능함을 역설했던 유마거사의 이야기는 고통이라는 화두의 중요성을 드러낼 뿐만 아니라 고통에 대한 개인적 차원의 극복이나 치료의 한계를 그대로 드러낸다. 이는 철학 상담 치료사가 수행하고자 하는 마음병 치료의 근본적 힘이 바로 타인의 고통을 함께 나눌 수 있는 데에 있음을 역설한다. 나아가 인간과 인간 사이의 연대의 중요성을 드러내는 부분이라고 할 수 있다.

현대인들이 고통에 시달리고 있다면 철학은 단지 인식적 차원에서 그 문제를 다루는 데서 끝나는 것이 아니라 그 고통에 눈물을 흘릴 수 있는 동고의 진실함과 절실함이 있어야 한다. 철학이 현대인들의 아픔을 치료하고자 한다면, 철학은 무엇보다도 그들의 아픔을 함께 할 수 있어야 한다. 이를 통해서만이 철학은 진정한 치료의 힘을 지닐 수 있다. 치료의 진정한 힘은 아픔을 물화시켜 객관화하는 것뿐만 아니라 정신화하고 주관화시키는 과정을 필요로 한다. 이 주관화가 바로 쇼펜하우어가 동고라는 개념을 통하여 말하고자 한 것이다. 동고의 아픔을 가질 수 있는 사람만이 진정한 마음의 치료사가 될 수 있지 않을까? 영혼을 지닌 인간의 병이란 곧 영혼의 아픔을 의미한다. 그 영혼 치료의 최고의 길은 그 영혼의 고통을 영혼으로 함께 하는 것이다. 그리고 그곳에서 비로소 철학자는 그 고통의 근원을 알게 될 것이다.

국내의 한 시사지에서 쾌락중추와 중독의 연관성에 관해서 다음과 같은 내용을 다룬 적이 있다. 내용인 즉, 1954년에 캐나다 맥길대학교 심리학과의 제임스 올즈^{James Olds}와 피터 밀너^{Peter Milner}는 쥐를 이용해 자극과 임무 수행에 관련된 실험을 하던 중에 뇌의 특정 부분을 자극하면 쥐가 이를 쾌락으로 받아들인다는 사실을 알아냈다. 이들은 이 결과를 바탕으로 뇌 변연계 부위에 미소 전극을 삽입하고 우리 안에 이와 연결된 레버를 만들어 쥐가 레버를 눌러 스스로의 뇌에 자극을 가하는 장치를 만들었다. 결과는 쥐가 레버 누르기를 좋아하는 정도를 넘어서, 지독하게 집착하는 모습을 보여준 것이다. 레버 누르기에 심취한 쥐는 먹는 것도 자는 것도 잊은 채 탈진할 때까지 연속으로 26시간 동안 5만 번이나 레버를 눌러댔다고 한다.

이 가여운 쥐뿐만 아니라 인간 또한 고통을 피하고 쾌를 추구하고자 한다. 쇼펜하우어와 니체가 인간의 삶이 수반하는 고통의 근거를 파악하고자 한 것은 고통 그 자체를 아는 것을 궁극적인 목적으로 한 것은 아니다. 그들의 궁극적인 목적은 오히려 쾌나 행복의 추구이다. 건강한 삶은 건강한 쾌를 수반하고 이는 삶의 행복을 수반하기 마련이다. 때문에 고통 자체의 원인에 대한 연구는 고통을 극복할 수 있는 방법에 대한 연구를 필요로 한다. 그리고 고통을 극복할 수 있는 방법에 대한 연구는 곧 건강과 행복에 도달하는 사다리를 마련하는 일이다.

인간이 자신의 고통을 극복할 수 있는 방법을 이념에 대한 인식 속에서 찾았던 쇼펜하우어는 이념에 대한 인식이야말로 우리를 구속하고 있는 개별화의 원리로부터 자유로워질 수 있는 최고의 방법이라고 생각했다. 이때 이념의 인식이란 플라톤에게서부터 시작되었던 철학의 가장 고전적이며 가장 심원한 방법이다. 그러나 우리는 다시 물을 수 있다. 이념에 대한 인식에 도달함으로써 자신의 고통으로부터 벗어난 사람은 이제 어떤 고통으로부터도 자유로운가? 아니 조금 각도를 틀어서 보자면, 인간은 모든 이념에 대한 모든 인식에 도달해야하는가? 행복하기 위해서는 모든 이념에 대한 모든 인식이 필요한가? 완전한 인식을 통한 완전한 행복을 필요로 하는가?

철학자가 고통을 문제의 대상으로 삼았다면, 이때의 고통은 개별적인 고통을 말하는 것이 아니라 보편적인 고통을 말한다. 따라서 고통에서 벗어나는 방법도 개별적인 방법이 아니라 보편적인 방법을, 인식되어야 할 이념도 특정의 개별자에 대한 이념이 아니라 개별자들 자체에 대한 보편적 이념을 말한다.

이와 같은 물음은 철학 상담 치료사에게는 어떻게 적용될까? 철학 상담 치료사는 철학자인 동시에 상담 치료사이다. 따라서 철학 상담 치료사는 철학자로서의 과제를 자신의 과제로 삼기에 보편적 문제 대상과 보편적 해결 방법을 추구한다. 그러나 이와 동시에 철학 상담 치료사는 상담 치료사로서 철학적 내담자가 풀고자 하는 특정의 문제 영역을 철학적으로 접근하는 것을 돕는 조력자의 역할을 한다. 이때 철학적 내담자가 철학자처럼 자신의 삶 전체 또는 삶 자체를 대상으로 자신의 삶의 총체적 문제 자체를 해결할 방법, 즉 보편적인 대상과 보편적인 해결 방법을 꼭 모색해야만 하는 것은 아니다. 오히려 철학 상담 치료의 과정에서 철학적 내담자는 자신의 특정의 고통을 대상으로 함으로써 특정의 해결 방법을 찾는다. 따라서 보편적인 대상에 대한 인식과 보편적인 방법을 추구하기보다는 개별적인 문제 영역에 대한 개별적인 해결 방법을 모색한다. 그러므로 여기서 시도되는 이념에 대한 인식은 세상사에 대한 일반적 이념 인식, 즉 세상의 이치를 모두 인식하는 것이라기보다는 자신의 문제 영역과 관련된 특정의 대상에 대한 인식에 집중된다.

매리노프(Lou Marinoff)가 지적하였듯이 인생은 질병이 아니다. 인생에 고통이 있고 문제가 있는 것은 자연스러운 일이다. 따라서 모든 고통과 문제가 철학 상담 치료의 현장에서 다루어지는 대상은 아니다. 왜냐하면 이와 같은 자연스럽고 일상적인 고통과 문제들은 우리의 삶 속에서 자연스럽게 해결되는 경우들 또한 많기 때문이다. 따라서 이것들은 엄밀한 의미에서 보자면 제거되고 치료되어야 할 질병이 아니라 오히려 삶의 자연스런 모습들이다. 철학 상담 치료사가 다루고 있는 대상은 이와 같은 일상의 문제들 중에 정도를 넘어서 일상생활에 심각한 영향을 미치고 있는 치명적인 고통이나 문제들이다. 따라서 철학적 내담자가 지니고 있는 문제는 인생의 총체적인 문제가 아니라 특정의 문제를 대상으로 하며, 이에 따라서 고민해야 할 방법도 총체적인 방법이라기보다는 당면한 문제에 집중된 특정의 방법이라고 할 수 있다. 인식해야 할 이념 또한 세상사 일반이 아니라 자신의 당면 문제와 관련된 당면 대상들의 이념에 대한 인식이다.

이와 같은 맥락에서 철학 상담 치료를 한다는 것은 마치 철학자처럼 철학 자체를 하는 것이라기보다는 특정의 철학을 하는 것이다. 철학과 철학 상담 치료는 상호보완적이다. 철학 상담치료를 더 잘하기 위해서는 더 잘 철학해야 한다. 마찬가지로 철학을 더 잘하기 위해서는 철학 상담 치료의 화두를 진지하게 통찰할 수 있어야 한다. 왜냐하면 삶 자체에 대한 전문적인 연구인 철학적 전문성이 떨어질수록 이들의 구체적인 문제 영역이라고 할 수 있는 철학 상담 치료의 문제 영역에 접근할 수 있는 전문성 또한 약해질 수밖에 없으며, 마찬가지로 개별적인 현실의 문제 영역에 무관심한 보편적인 철학이란 공허할 수밖에 없기 때문이다.

행복의 산파로서 철학상담치료사

이는 철학이 학으로서 정립되기 위해서 필요한 이론적 지식과 실천적 지식이라는 양축의 균형감과 더불어 이들 상호 간의 밀착된 통섭적 관계의 중요성에 대한 환기의 필요성을 시사한다. 철학을 구성하는 본질적 영역인 인식론, 형이상학, 존재론, 윤리학, 미학과 같은 분과들과 더불어 철학의 다양한 방법론들은 철학을 위해 존재하는 것이 아니라 인간을 위해 존재하는 것들이다. 이들은 방편이지 그 자체가 목적은 아니다. 이는 유독 철학이라는 학문뿐만 아니라 다른 모든 학문에서도 마찬가지로 해당된다. 모든 학의 존재이유는 인간의 삶, 나아가 존재하는 모든 것들이 행복하게 상생할 수 있는 방법을 모색하기 위함이다. 인간은 결코 학문의 대상이 아니다. 인간은 모든 학문의 목적이다.

개별 학문들이 인간을 연구 대상으로 할 때조차도 그것의 근원적인 이유는 바로 인간을 목적으로 해야만 한다.

철학이나 철학 상담 치료의 공동 목적도 마찬가지로 인간을 대상으로 하는 연구 자체에 있는 것이 아니다. 연구 자체의 목적은 인간의 행복한 삶이어야 한다. 그리고 이것이 단지 명분에 머무르는 것이 아니라 항상 환기되어야 한다. 실증주의의 출현과 더불어 시작된 학문의 조건으로서 객관적 대상에 대한 집착은 그 대상이 목적임을 망각하는 데 일조를 해왔다. 철학 상담 치료는 이와 같은 문제의식 속에서 인간의 고통이나 문제를 화두로 하며, 그 목적은 당면한 고통의 해소이자 문제의 해결이며 이를 통한 삶의 행복이다.

고대 철학자들의 지혜가 알려주듯이 철학의 궁극적인 목적은 인식 자체가 아니라 행복^{eudaimonia}이다. 따라서 철학자나 철학상담 치료사의 공동 목표는 인간의 행복의 근원에 대한 연구와 더불어 행복에 이르는 적극적 방법을 터득하고자 하는 것이어야 한다. 문제를 해결하고 고통을 해소하는 것은 소극적 의미의 행복이다. 문제가 없는 것, 고통이 없는 것이 곧 행복인가? 분명 이것도 행복의 중요한 조건이라고 할 수 있다. 그러나 이것은 필요조건이지 충분조건은 아니다. 1950년에 이미 세계보건기구 WHO(World Health Organization)는 건강을 다만 질병이 없거나 허약하지 않다는 것을 말하는 것이 아니라 신체적, 정신적 그리고 사회적으로 완전히 안녕한 상태에 놓여 있는 것(Health is a state of complete physical, mental and social well-being and not merely the absence of disease or infirmity)이라고 정의했다. 이는 신체적 건강을 건강의 핵심으로 보았던 기존의 건강의 정의가 정신적이고 사회적인 영역으로까지 확장되고 있을 뿐만 아니라 질병이 없거나 허약하지 않은 건강의 소극적 정의에서 한걸음 더 나아가 세 영역의 완전히 안녕한 상태라고 하는 적극적 정의로 확장된 것이라고 할 수 있다.

이미 61년 전에 확장된 이와 같은 건강 개념이 확장된 것은 신체적인 건강만으로 인간의 건강이 유지되지 않을 뿐만 아니라 질병이 없는 상태가 인간의 건강을 보장하거나 유지해 줄 수 없음을 인식했기 때문이다. 인간의 건강은 다양한 요인들에 의해서 영향을 받으며 건강의 유지 또한 소극적 건강의 개념만으로는 성공적으로 이루어질 수 없다. 인간은 불행하지 않은 것만으로 삶을 연명할 수 없다. 인간의 삶이 연명되고, 그것도 활기차게 연명되기 위해서는 행복이라는 보다 적극적인 개념을 필요로 한다.

따라서 철학이나 철학 상담 치료에 있어서도 단지 고통이 없거나 문제가 없는 행복의 소극적 조건에서 한걸음 더 나아가 즐겁고 행복이 넘치는 적극적 조건에 대한 연구로 나아가야 한다. 이 지점은 바로 심미적 존재로서 인간, 즉 호모 에스테티쿠스$^{homo\ aestheticus}$에 대한 적극적 관심의 환기를 요청한다. 이성에 집중했던 철학자의 시선을 감성으로 확장해야 한다. 마찬가지로 이성 중심의 상담 치료에서 감성과 더불어서 하는 상담 치료로 확장되어야 할 것이다.

에필로그
Epilogue

1 지식인 지도
2 지식인 연보
3 참고 문헌
4 찾아보기

EPILOGUE1

지식인 지도

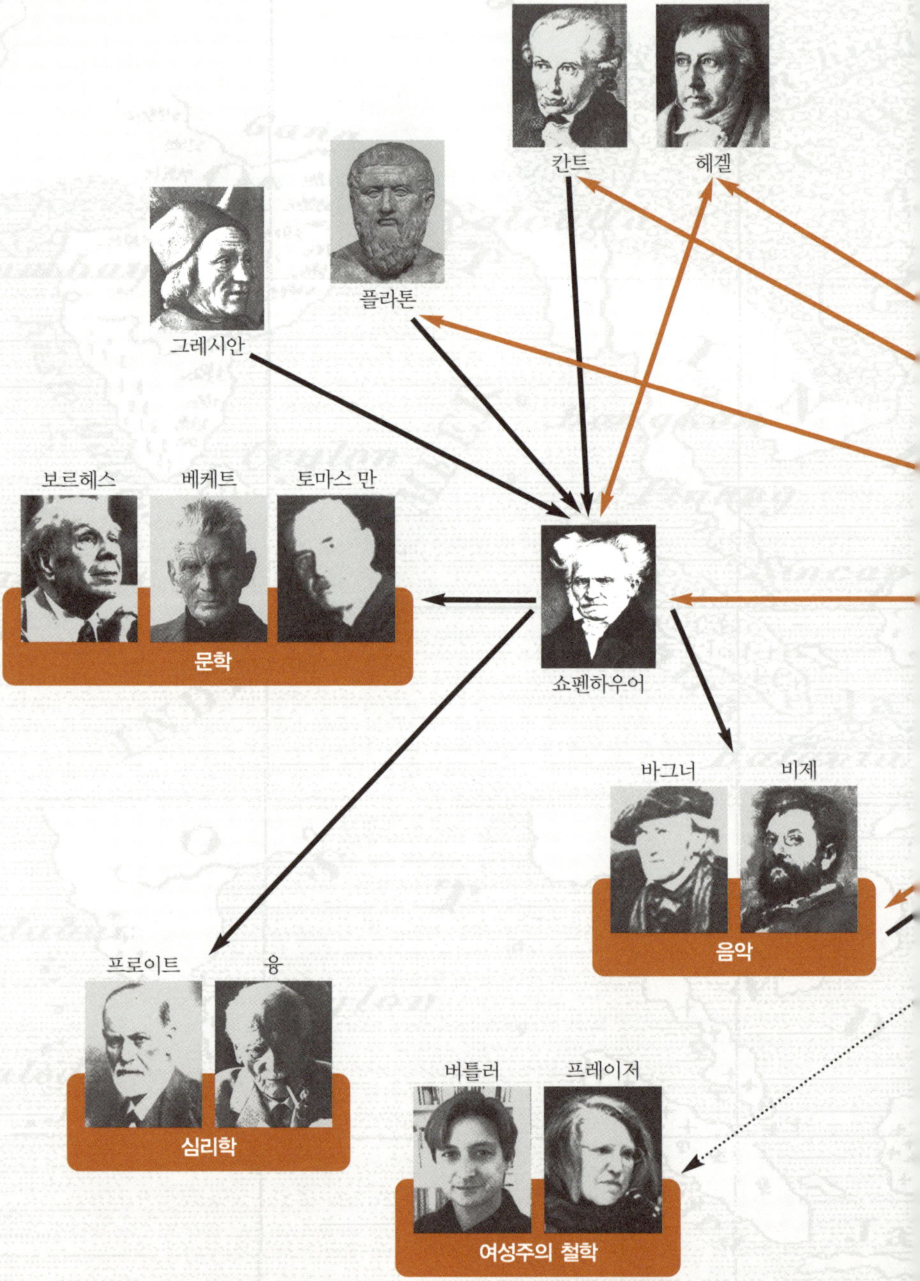

칸트 헤겔

플라톤

그레시안

보르헤스 베케트 토마스 만

문학

쇼펜하우어

바그너 비제

음악

프로이트 융

심리학

버틀러 프레이저

여성주의 철학

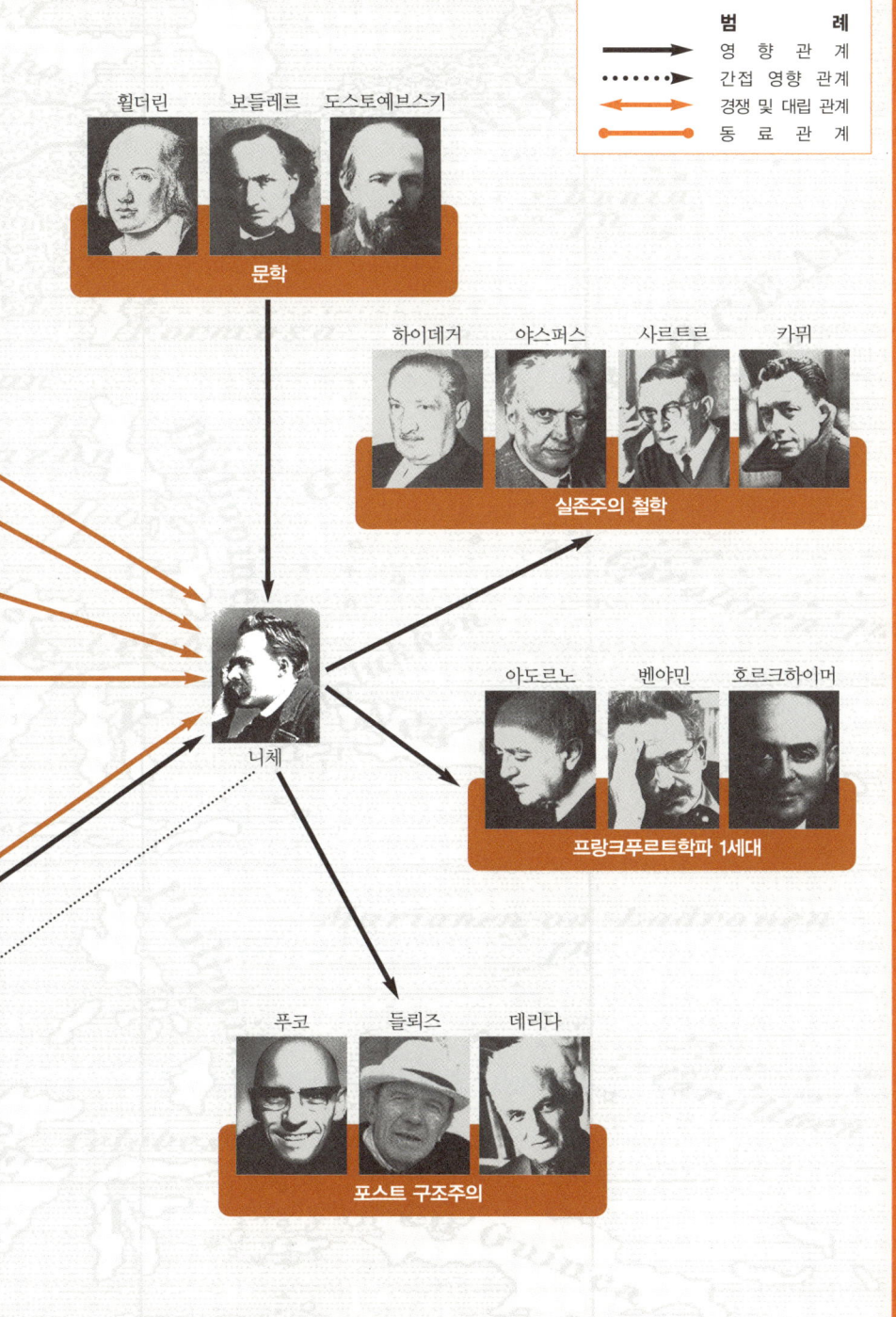

EPILOGUE2

지식인 연보

• 쇼펜하우어

1788	상인 하인리히 쇼펜하우어와 여류작가 요한나 사이에서 출생
1793	함부르크로 이주
1803	가족과 함께 유럽을 여행하던 중 프랑스 툴롱 감옥에서 노예들의 비참한 광경을 목격
1805	함부르크의 예니슈 상점에 들어감
1805	아버지 하인리히 쇼펜하우어 사망
1807	고타의 김나지움에 입학하여 그리스어와 라틴어를 공부함
1809	괴팅겐 대학교 입학
1813	《충족 이유율의 네 가지 뿌리에 관하여》 논문으로 예나 대학에서 철학박사 학위 취득
1819	《의지와 표상으로서의 세계》 출간
1820	베를린 대학의 강사로 강의를 시작함
1831	당시 유행하던 콜레라를 피해 프랑크푸르트로 옮김
1839	〈인간의지의 자유에 관하여〉로 노르웨이 왕립 아카데미에서 수상
1851	철학 에세이 〈부록과 첨가〉를 출간하며 세계적으로 인정 받음
1858	베를린 왕립 아카데미에서 회원으로 추대되었으나 거절함
1860	폐렴으로 사망

- **니체**

1844	라이프치히 근고에서 목사인 아버지 칼 루트비히 니체와 어머니 프란치스카 사이의 장남으로 태어남
1849	뇌경화증으로 아버지 사망
1850	동생 요셉 사망
1854	김나지움에 입학
1860	기숙학교 슐포르타에 입학하여 고전어를 배우던 중 문학과 음악을 위한 단체 〈게르마니아〉 만듦
1864	본 대학에 입학하여 신학과 고전문헌학을 공부함
1865	은사 프리드리히 리츨 교수를 따라 라이프치히 대학으로 옮김 쇼펜하우어의 《의지와 표상으로서의 세계》를 읽고 감명 받음
1867	나움부르크의 포병대에 입대했다 낙마사고로 병역 만료 전 병가를 받음
1868	라이프치히에서 바그너와 만남
1870	바젤의 정교수가 됨. 독불전쟁에 지원간호병으로 출전했다 중병으로 바젤에 돌아옴
1872	《비극의 탄생》 출간
1873	《반시대적 고찰》 1편 출판
1874	《반시대적 고찰》 2, 3편 출판
1876~1878	《인간적인 너무나 인간적인》 1부 완성
1881	비제의 〈카르멘〉을 듣고 감명을 받음
1883	《자라투스트라는 이렇게 말했다》 1부 출간
1884	《자라투스트라는 이렇게 말했다》 2, 3부 출간
1888	《바그너의 경우》 출간
1900	바이마르에서 사망

EPILOGUE 3

깊이 읽기

철학자들의 새로운 시도인 철학상담치료와 관련된 기초 읽을거리들

- 김선희 외, 《인문치료》 — 강원대학교출판부, 2009
- 김선희 외, 《인문치료와 철학》 — 강원대학교출판부, 2010
- 김영진, 《철학적 병에 대한 진단과 처방: 임상철학》 — 철학과 현실사, 2004
- 김영필 외, 《정신치유의 철학적 지평》 — 철학과 현실사, 2008
- 김정현, 《니체, 생명과 치유의 철학》 — 책세상, 2006
- 미셸 푸코, 심세광 옮김, 《주체의 해석학》 — 동문선, 2007
- 보에티우스, 정의채 옮김, 《철학의 위안》 — 성바오로출판사, 1993
- 어빈 얄롬, 임옥희 옮김, 《니체가 눈물을 흘릴 때》 — 리더스북, 2006
- 이광래, 김선희, 이기원, 《마음, 철학으로 치료한다》 — 지와사랑, 2011
- 카이 호프만, 이규호 옮김, 《철학이라는 이름의 약국》 — 더불어책, 2004
- 칼 야스퍼스, 김정현 옮김, 《기술시대의 의사》 — 책세상, 2010
- 플라톤, 최명관 옮김, 《향연·파이돈·니코마코스 윤리학》 — 을유문화사, 2005
- 피터 B. 라베, 김수배 옮김, 《철학상담의 이론과 실재》 — 시그마프레스, 2010

본 저서의 집필 계획에 따라 필자는 우선 집필의 핵심적인 내용들을 철학계의 학술지에 투고하여 그 객관성을 검토하고자 하였다. 그 후에 이 연구 성과들을 바탕으로 필자는 쇼펜하우어와 니체가 지니고 있는 고통과 치료의 사상을 더 세심하게 체계화하여 한 권의 책으로 엮었다. 기초가 된 연구 논문들로는 다음과 같은 논문들이 있음을 밝힌다.

- 〈하버마스의 니체 비판에 대한 니체의 가상적 답변: 니체 철학의 규범성에 대한 고찰〉, 《니체연구》, 제11집 — 한국니체학회편, 2007
- 〈비판, 파르헤지아 그리고 아이러니: 상이성의 공존을 위한 철학적 사유〉, 《강원인문논총》, 제17집 — 인문과학연구소, 2007
- 〈니체에 있어서 디오니소스적 예술가와 삶의 실천: 현실, 꿈, 도취와의 유희〉, 《니체연구》, 제13집 — 한국니체학회편, 2008
- 〈인문치료, 고통에 대해 묻다?: 쇼펜하우어에 있어서 고통과 치료의 해석학〉, 《동서철학연구》, 제54집 — 한국동서철학회편, 2009
- 〈니체와 쇼펜하우어에 있어서 예술의 치료적 양면성: 성중독을 중심으로〉, 《니체연구》, 제19집 — 한국니체학회편, 2011

EPILOGUE 4

찾아보기

ㄱ

게노스 p. 210
〈계몽이란 무엇인가?'라는 물음에 관하여〉 p. 186
〈계몽이란 무엇인가?'라는 물음에 대한 답변〉 p. 187
계보학 p. 71, 168, 169, 181
고전적 염세주의 p. 179
《고타 강령 비판》 p. 42
골동품적 역사 p. 191
괴테, 요한 Göethe, Johann p. 41
구에르치노 Guercino p. 131
《국가》 p. 207
〈그리스 비극 시대의 철학〉 p. 171, 172
그비너, 빌헬름 Gwinner, Wihelm p. 49
극단의 허무주의 p. 217
극도의 허무주의 p. 217
극복인 p. 215, 217, 221, 225
기, 콩스탕탱 Guys, Constantin p. 204, 205
기념비적 역사 p. 191
꿈 p. 134, 135, 142, 147, 156, 160, 161
꿈현실 p. 142

ㄴ

낙타의 단계 p. 230
낭만적 염세주의 p. 179
네이, 엘리자베트 Ney, Elisabet p. 48
〈니벨룽겐의 반지〉 p. 118, 122, 124
《니체 대 바그너》 p. 122, 125, 126
니체, 프리드리히 Nietzsche, Friedrich p. 16, 32, 169, 173

ㄷ

데카당스 p. 17, 115, 121, 123, 233
다이몬 p. 75
《담론과 진리》 p. 206
데카르트, 르네 Descartes, René p. 61
《도덕의 계보》 p. 51, 168, 174, 177, 182
도취 p. 100, 134, 135, 150, 154, 156, 159, 160, 168, 169
동고 p. 51, 104, 109, 264
디오니소스 p. 21, 139, 152
〈디오니소스적 세계관〉 p. 156
디오니소스적 염세주의 p. 179
디오니소스적 예술가 p. 154, 159
디오티마 p. 74

ㄹ

《라케스》 p. 209
래비노, 폴 Rsbinow, Paul p. 206
레브 p. 146
루크레티우스 Lucretius p. 141
루푸스, 무소니우스 Rufus, Musonius p. 212
룽게, 요한 Runge, Johann H. C p. 35

ㅁ

마르크스, 카를 Marx, Karl p. 42
마이어, 프리드리히 Majer, Friedrich p. 41
마테시스 p. 212
매기, 브라이언 Magee, Bryan p. 102

모르페우스 Morpheus p. 144
미다스 왕 p. 20, 131, 132, 137
미래의 염세주의 p. 179

ㅂ

바그너, 빌헬름 Wagner, Wilhelm p. 121~127
《바그너의 경우》 p. 121~123
《반시대적 고찰》 p. 177, 191~193, 195, 197
《변신 이야기》 p. 144, 148
보들레르, 샤를 피에르 Baudelaire, Charles Pierre p. 203
《부록과 첨가》 p. 18, 19, 47, 54
《비극의 탄생》 p. 122, 131, 136, 137, 140, 142, 143, 150, 156, 157, 177
비제, 조르주 Bizet, Georges p. 116, 122, 124
비판적 역사 p. 191, 193, 194

ㅅ

사자의 단계 p. 233
살가두, 세바스치앙 Salgado, Sebastiao p. 50
선험 철학 p. 61, 186
〈성숙이란 무엇인가?〉 p. 206
《성의 역사 3》 p. 146, 147
세네카 p. 94
세멜레 p. 21
소크라테스 p. 23, 24, 27, 28, 71, 74, 118, 150~154, 178, 207, 209~211
〈소크라테스와 그리스 비극〉 p. 153
소크라테스적 대화 p. 24, 246
소포클레스 Sophocles p. 152
솜누스 Somnus p. 144, 146
쇼펜하우어, 아델레 Schopenhauer, Adele p. 40
쇼펜하우어, 아르투어 Schopenhauer, Arthur p. 16
쇼펜하우어, 요한나 Schopenhauer, Johanna H. p. 40
《쇼펜하우어의 치료》 p. 14, 17
《순수 이성 비판》 p. 61, 185

순수 정관 p. 98
스토아학파 p.95, 96
시시포스 p. 240
실레노스 p. 20, 21
《실천 이성 비판》 p. 185
싯다르타 p. 131, 132

ㅇ

아가톤 p. 73
아레스 p. 74
아렉시마코스 p.
〈아르카디아에도 나는 있다〉 p. 131
〈아르카디아의 목자들〉 p. 130, 131
아르테미도로스 Artemodoros p. 146
아리스토파네스 p. 72
아스케시스 p. 110, 211, 212
아스케제 p. 212
아우렐리우스 p. 94
아이스킬로스 Aeschylos p. 152
《아침놀》 p. 171
아트만 p. 46
아폴로 p. 77, 78
아폴론 p. 21, 141
아헨바흐, 게르트 Achenbach, Gerd p. 23
얄롬, 어빈 Yalom, Irvin D. p. 17
어린아이로의 변화 p. 235
에누프니온 p. 146
에로스 p. 26, 71~73
에우리피데스 Euripides p. 151, 152
에픽테토스 p. 93, 95
엔소르, 제임스 Ensor, James p. 80
염세주의 p. 52, 130, 179
예나 대학교 p. 44
예술 p. 20, 31, 41, 52, 65, 103, 107, 116, 118~120, 129, 134~139, 141, 149, 150, 151, 153, 159, 162, 176, 177~179, 181, 192, 201

오네이로스 p. 146
오비디우스 Ovidius p. 144
오성 p. 91, 188
《우상의 황혼》 p. 117, 118
우파니샤드 철학 p. 30
《위대한 철학자들》 p. 102
위버멘슈 p. 221, 224, 226, 230
《위스트민스터 리뷰》 p. 47
《유마경》 p. 264
유희 p. 135, 147, 156, 158, 168, 173, 177
의지 p. 28, 51, 52, 64, 68~70, 81~83, 93, 98, 102, 107, 109, 110, 112~115, 118, 123, 124, 133, 156, 168, 171, 223
《의지와 표상으로서의 세계》 p. 18, 44, 48, 58, 59, 66, 81, 85, 97, 124
《이 사람을 보라》 p. 117, 125
이념 p. 52, 65, 98, 100, 102, 103, 110, 139, 268
이성 p. 30, 54, 77, 108, 136, 165, 167, 168, 170, 174~176, 185
《이성의 한계 내에서의 종교》 p. 189
《이온》 p. 210
이유율 p. 61, 63, 64
《인생론》 p. 18

ㅈ

자기배려 p. 209
《자기비판의 시도》 p. 178
《자라투스트라는 이렇게 말했다》 p. 220, 221, 223, 224, 228, 232, 234, 236, 241, 243
정관 p. 52, 60, 109
제논 p. 95
제우스 p. 21, 73,
《즐거운 학문》 p. 239

ㅊ

철학 프락시스 p. 23, 24
《충족 이유율의 네 가지 뿌리에 관하여》 p. 17, 44

ㅋ

〈카르멘〉 p. 116, 122~124
칸트, 이마누엘 Kant, Immanuel p. 28, 30, 46, 58, 59, 60, 61, 63, 67, 96, 98, 99, 108, 184~190, 199
코플스턴, 프레더릭 Copleston, Frederick p. 102, 103
키르케고르, 쇠렌 Kierkegaard, Søren p. 47, 125
〈트리스탄과 이졸데〉 p. 122, 124

ㅍ

〈파르치팔〉 p. 124, 128
파르헤지아 p. 199, 200, 206~213
파우사니아스 p. 72
《파이드로스》 p. 71, 86
파토스, 익시온 p. 103
《판단력 비판》 p. 185
판타소스 Phantasos p. 145
페니아 p. 26, 27
페르노프, 카를 Fernow, Carl p. 41
평정 p. 17, 93, 95, 218
포로스 p. 26, 27
포베토르 Phobetor p. 145
포스트모더니즘 p. 164~168
표상 p. 35, 37, 46, 49, 52, 53, 58~64, 66, 67, 69, 70, 77, 79~81, 85, 89, 90, 96, 97, 104~109, 124, 218
푸코, 미셸 Foucault, Michel p. 29, 146, 184, 199~213, 220
프랭클, 빅토어 Frankl, Victor p. 67
프로이트, 지그문트 Freud, Sigmund p. 66, 67, 147

쾨니히스베르크 회의 p. 46, 185
플라톤 p. 26, 30, 59, 71, 76, 86, 96~99, 103, 118, 119, 144, 150, 152~154, 207~209, 211, 267
피타고라스 Pythagoras p. 146

ㅎ

하버마스, 위르겐 Habermas, Jürgen p. 164~173, 182
한계 태도 p. 205
《해몽의 열쇠》 p. 146
《향연》 p. 26, 71, 152
헤겔, 게오르그 Hegel, Georg p. 45, 54
헤로도토스 p. 26
헤시오도스 p. 71
《현대성에 대한 철학적 담론》 p. 168
호접몽 p. 133, 134
힘에의 의지 p. 67, 168~174, 215, 219

⊙ 이 책의 저자와 김영사는 모든 사진과 자료의 출처 및 저작권을 확인하고 정상적인 절차를 밟아 사용했습니다. 일부 누락된 부분은 이후에 확인 과정을 거쳐 반영하겠습니다.

Arthur Schopenhauer
&
Friedrich Nietzsche